ちくま学芸文庫

意識に直接与えられたものについての試論

アンリ・ベルクソン
合田正人・平井靖史 訳

筑摩書房

目次

はじめに　009

第一章　心理的諸状態の強度について　011

強度量と外延量　013
数々の深い感情　018
美的な感情　022
筋肉の努力　032
注意と緊張　039
激しい情動　040
情緒的諸感覚　043
表象的諸感覚　050
音の感覚　054
熱と重さの感覚　058
光の感覚　061

精神物理学……071
強度と多様性……082

第二章　意識的諸状態の多様性について――持続の観念……089

数的多様性と空間……090
空間と等質的なもの……107
等質的時間と具体的持続……115
持続は計測可能か……120
運動は計測可能か……123
エレア派の錯覚……126
持続と同時性……131
速度と同時性……133
内的多様性……136
実在的持続……139
自我の二つの様相……144

第三章　意識的諸状態の有機的組織化について——自由　159
物理的決定論　163
心理的決定論　175
自由な行為　182
実在的持続と偶然性　195
実在的持続と予見　203
実在的持続と因果性　219
自由の問題の起源　239
結論　245
訳註　264
解説　平井靖史　271
訳者あとがき　合田正人　301

Henri Bergson

ESSAI SUR LES DONNÉES IMMÉDIATES DE LA CONSCIENCE

1889

凡例

一、翻訳の底本としては、一九五九年にベルクソンの生誕百年を記念して刊行された、*Œuvres*, Presses universitaires de France, 1959 を用いたが、*Essai sur les données immédiates de la conscience*, 1927, 155ᵉ édition : 1982, Presses universitaires de France をも参照した。

二、本文中に付した（1）（2）……の数字は原註の所在を表しており、原註は各章の末尾に収めた。

三、本文中に付した〔1〕〔2〕……の数字は訳註の所在を表しており、訳註は一括して巻末に収めた。

四、本文ならびに原註で〔 〕で示された部分は訳者が補った部分を表しているが、人物の説明など、簡単な訳註を添える際にもこの記号を用いた。

意識に直接与えられたものについての試論

慎んで
学士院会委員にして
視学総監であられる
ジュール・ラシュリエ先生に
本書を捧げます

はじめに

われわれは、自分の考えを表現するのに必ず言葉を用いるし、また、大抵は空間のなかで思考する。言い換えるなら、言語は、われわれの抱く諸観念のあいだに、物質的諸対象のあいだに見られるのと同じ鮮明ではっきりした区別、同じ不連続性をうち立てることを要請する。このような同一視は、実践的な生においては有用（utile）であり、大部分の学問においては不可欠である。しかし、ある種の哲学的な問題が引き起こす乗り越えがたい困難は、まったく空間を占めないものを空間のうちに何としても併置しようと固執することに起因するのではないか、また、繰り広げられる論争の中心に置かれているいくつかの粗雑なイメージを捨象することで、そうした論争に終止符を打つことができるのではないか、と考えることもできるだろう。非延長的なものを延長へ、質を量へと不当に翻訳することによって、立てられた問いの核心に矛盾が持ち込まれてしまった以上、その問いに与えられる答えのうちにも矛盾が見出されたとしても、果たして驚くことがあろうか。

われわれは様々な問題のうちでも、形而上学と心理学に共通な問題を選ぶことにした。すなわち自由の問題である。われわれとしては、決定論者とその敵対者たちとのいかなる議論も、持続と延長、継起と同時性、質と量との混同という前提を含んでいるということを確証するべく努めてみたい。だから、ひとたびこの混同が払拭されるなら、おそらくは自由に対して立てられる反論も、それに与えられる定義も、更にある意味では、自由の問題そのものも、立ち消えるのが見て取られることだろう。これを証明するのが、本書の第三部の目的である。初めの二つの章では、強度（intensité）と持続（durée）の概念が研究されるが、これらは第三章への導入として役立つように書かれている。

H・B

一八八八年二月

第一章　心理的諸状態の強度について

意識の諸状態、様々な感覚や感情、情念、努力といったものは通常、増減を容れるものと考えられている。それどころか、ある感覚は同じ本性の他の感覚よりも二倍、三倍、四倍強いと言える、とまで断定するひともいる。後で検討するつもりだが、こうした説は、精神物理学者のものである。しかし精神物理学の敵対者たちでさえ、ある感覚は他の感覚よりも強いとか、ある努力は他の努力よりも大きいなどと語ることに、そしてまた、純粋に内的な諸状態のあいだに量的差異をうち立てることになんの不都合も認めない。この点に関する常識（sens commun）の立場にはいささかの躊躇もない。つまり、ひとは、より暑い、より寒い、より悲しい、より嬉しいなどと口にするものだし、この大小の区別が主観的な諸事象や、非延長的な諸事物の領域にまで拡張されたときでも、それに驚くひとはまずいない、というのだ。しかしながら、それこそが実にあやふやな点であって、この問題は一般に考えられているよりもはるかに重大なものなのである。

ある数は他の数より大きいとか、ある物体は他の物体より大きいと主張する場合には、実際、ひとは自分が何をしゃべっているのかをよく承知している。というのも、これら二つの場合には、少し後で詳しく示すように、同等ならざる空間が問題となっているのであって、もう一方の空間を含む空間がより大きい空間と呼ばれているからである。しかし、いったいどうやって、より強い感覚がより弱い感覚を含みうるというのか。前者は後者を前提としている、すなわち、より高い強度の感覚へと達するにはまず同じ感覚の数々のより低い強度を経由した後でなければならないというのだろうか。そして、ここにもまた、ある意味で含むものと含まれるものとの関係があるというのだろうか。強度量（grandeur intensive）についてのこうした考え方は、常識の考え方であるように見えるが、紛れもない悪循環に陥ることなしに、これを哲学的釈明にまで仕立て上げることはできない。なぜだろうか。たしかに、ある数が他の数を超えるのは、その数が数の自然な系列において当の数の後に現れるときであることには異論の余地はない。しかし、そもそも数を大きさの順に並べることができたのは、それらのあいだにまさに含むものと含まれるものとの関係が存在しているからであり、また、自分は一方の数が他方の数よりもいかなる意味で大きいのかを適確に説明できると思うからに他ならない。とするなら、重ね合わせることのできないものたる諸々の強度でもって、いかにして数系列のごとき系列を形成できるのか、そしてまた、この系列の諸項が、たとえば減少しているのではなく増大していると認められるのはいかなる意味でなのか、それを知ることが肝要であろう。このことも結局は、強度（intensité）が大きさ（grandeur）と同一視されうるのはなぜか、と問うことに帰着する。

強度量と外延量

通常そうされているように、二種類の量を区別して、一方は外延的かつ計測可能な量、他方は強度的で計測を容れないが、にもかかわらず他の強度よりも大きいとか小さいと語ることはできる、などとするのは、問題を回避することである。というのも、そうやって両者いずれをも量と呼び、双方共に等しく増減を容れるものと表明している以上は、まさにこれら二つの量のあいだに共通点を認めていることになるのだから。しかし、量の観点から言って、外延的なものと強度的なもののあいだ、延長と非延長とのあいだにいったい何が共通なものとしてありえるだろうか。外延的なものや延長において、他のものを含むもののほうをより大きな量と呼ぶにしても、強度的なものや非延長におけるがごとく、もはや含むものも含まれるものもないときになお、どうやって量とか大きさについて語ることができるだろうか。ある量が増減することができ、より多いものの只中により少ないものがいわば覚知されるのであれば、その量はまさにそのことによって分割可能であり、まさにそのことによって延長的なのではないか。とすれば、その際にも非外延的な量について語ることは、矛盾を含まないだろうか。にもかかわらず常識は、哲学者たちと一致して、純粋な強度をひとつの延長とまったく同様のものとみなして、それを大きさへと仕立て上げるのだ。純粋な強度と延長に関して、われわれは同じ語を用いるわけだが、加えてわれわれは、より大きな強度のことを考えるにせよ、より大きな延長を問題にするにせよ、どちらの場合にも相似た印象を抱かされる。すなわち、「より大きい」とか「より小さい」といった措辞は、どちらの場合にも同じ観念を惹起するのだ。今この観念の本義がどこに存しているのかと問うとして、その際、意識がわれわれに提供するのはまたしても、含むものと含まれるもののイメージである。たとえば、われわれはより強い努力のことを、より長い糸の巻かれた糸巻きのようなものとして、あるいはまた、伸びたときに占める空間がより大きな発条《ばね》のごときものとして表象する。強度の観念のうちに、そしてそれを翻訳する言葉のうちにも見いだされるのは、現在は収縮（contraction）していて、したがって将来は拡散（dilatation）するであろうもののイメージ、すなわち潜在的な延長（étendue virtuelle）のイメージ、こういってよければ圧縮された空間のイメージである。それゆえ、こう考えるのでなければなるまい。すなわち、われわれは強度的なものを外延的なものへとすでに翻訳しているのであって、二つの強度のあいだの比較がなされる、あるいは少なくとも、こうした比較が表現されるのは、二つの延長のあいだの関係を漠然とした仕方で直観することによってである、と。しかし、こうした操作の本性を確定することこそ至難の業であるように見える。

このような道にひとたび入り込んでしまったときに、すぐさま心に浮かぶ解決と言えば、ある感覚なり、自我のある状態なりの強度を、それを生んだいくつかの客観的な、それゆえ計測可能な原因の数と大きさによって定義することであろう。光源が同一で、その光源からの距離も等しいと想定すれば、光についてのより強い感覚が、より多くの光源から得られた、あるいはまた得られるであろう感覚であること、この点には異論の余地はない。

しかし、大多数の場合において、われわれは、原因の本性について知りもしないで、ましてやその大きさなど知らないままに、結果の強度を口にしている。むしろ逆に、しばしばわれわれは結果の強度に導かれて、原因の数や本性について大胆な仮説を立て、初めは些末なものと思われていた感覚についての判断を思い直したりすることにもなる。その場合、われわれは自我の現在の状態を、それに先立つある状態――そこではわれわれは原因を全面的に知覚すると同時に原因の結果を感得するとされている――に比しているのだと主張しても無駄である。なるほど、きわめて多くの場合にわれわれはそのように事を進めている。しかし、それでは、もはや外的な原因からではなくわれわれ自身から発するような深層の（profond）心理的事象のあいだに、われわれが確立する強度の差異は、何ら説明されない。それに、われわれがある心理的な状態の強度をかくも臆面もなく口にするのは、まさに現象の主観的な相のみがわれわれを打つ場合であり、また、当の現象が結びつけられている外的な原因が計測を容れがたいものである場合に他ならないのだ。たとえば、一本の毛よりも一本の歯が抜かれるのを感じる時の方が強い痛みを体験するというのはわれわれには明証的なことと見えるし、芸術家は、商店の看板よりも巨匠の絵画の方が強い喜びを与えてくれることを疑いなく知っている。更に、薄い鋼板を曲げるほうが鉄の棒を曲げようとするよりも少ない努力で済むということを主張するのに、凝集力について聞き知っている必要はまったくない。このように、二つの強度の比較は大抵、原因の数や、その作用の仕方やその延長を少しも評定することなくなされているのだ。

なるほど、これと同じ本性のものでも、より精緻な仮説を立てる余地はなおありえるだろう。周知のように、力学、それもとりわけ動力学の諸理論は、物体の見かけ上の可感的な諸特性を、当の物体の要素部分のはっきり規定された運動によって説明する傾向があるし、諸々の質、すなわちわれわれの諸感覚のあいだの強度的な差異は、いつの日か、それらの背後で行われる諸々の変化のあいだの外延的な差異に還元されるだろうと予想する者もいる。これらの理論の知識を有しているとは言わないまでも、われわれは少なくともそれらについての漠たる予感めいたものを有しているのだ、と主張することは許されないだろうか。より強い音の下《もと》にわれわれが見分けるのは、より大きな振幅の振動が震える媒体の只中を伝播する様であって、ある音について、それがより高い強度を呈していると断言する際には、われわれは、たとえ漠然とした仕方でしか覚知されないにせよ、きわめて明確な数学的連関のことを暗示しているのだ、と。そこまで言わないとしても、意識状態はどれも大脳実質の分子と原子のある種の振動に対応していて、ある感覚の強度は、この分子運動の振幅や複雑さや延長の尺度となっているということを原理としてたてることはできないだろうか。この後者の仮説は、少なくとも先の仮説と同程度には真実味をもつが、やはり問題の解決を押し進めるものではない。というのも、ある感覚の強度が、われわれの身体組織のなかで遂行される仕事の大小の証左となることはありえるにしても、意識によってわれわれに与えられるのは感覚のほうであって、この機械的な仕事ではないからだ。それどころか、われわれはむしろ感覚の強度にもとづいて、遂行された仕事量の大小を判断しさえする。その限りでは、強度は、少なくとも見かけ上は、感覚の一特性にとどまることになる。こうして、またしても同じ問いが提起されてしまう。すなわち、なぜわれわれはある高度な強度についてそれがより大きいと言うのか。なぜわれわれはより大きな量なり空間なりのことを考えてしまうのか。

数々の深い感情

おそらくこの問題の困難は、何よりもわれわれが、大いに異なった本性に属する数々の強度を、同じ名で呼び、同じ仕方で表象する点に存している。たとえば、感情の強度と、感覚や努力の強度とを、である。努力はある筋肉感覚を伴うし、感覚それ自身もある種の身体的条件に結びついているから、これらの身体的条件はたぶん努力の評定に大いに関係があるのだろうが、ここに見られるのは意識の表面で生じる現象であって、後で見るように、こうした現象は、外的な運動なり対象なりについての知覚と連合している。ところが、ある種の魂の状態は、事の真偽はともかく、それ自身で自足しているように見える。たとえば深い喜びや悲しみ、反省された情念、美的な情動などがこれに当たる。いかなる外的要素もそこに介入していないかに見えるこうした単純な事例において、純粋な強度はより簡単に定義されるはずだ。実際、やがて分かるだろうが、純粋な強度はここでは、心理的諸状態の大なり小なりの集塊を色づけているある質やニュアンスに、というか、こう言ってよければ、根本的な情動に浸透している単純な諸状態の数の大小に還元されているのだから〔1〕。

たとえば、ある漠然とした欲望（désir）が徐々に深い情念になった場合を考えてみよう。お分かりのように、この欲望の強度の弱さとはまず、その欲望が孤立していて、諸君の内的な生の残りの部分のいずれとも疎遠なものと思われた点に存する。しかし、この欲望は徐々により多くの心理的な諸要素に浸透していき、それらをいわば自分の色で染めていったのだ。しかし、そうなるともう、事態の総体に対する諸君の視点が変わってしまったように諸君には思えてくる。事実、ある深い情念にひとたび捕らわれるや、諸君は紛れもなく、同じ事物がもはや同じ印象を生まなくなってしまうことに気づくではないか。すべての感覚、すべての観念が諸君には一新されたように見える。あたかも新たな幼年期が訪れたかのようだ。われわれはある種の夢のなかでも似た事柄を体験する。われわれが夢のなかできわめて日常的なこと以外の何も想像しないにしても、えも言われぬ独特の音色がそれを貫いて響き渡っているものだ。これはすなわち、意識の深みに降りていくにつれて、心理的諸事象を、互いに併置される諸事物として扱う権利が失われていくということだ。ある対象が魂に大きな場所を占めるとか、更には、その全面を覆っているとか言うにしても、それによって意味されているのはただ、その対象のイメージが、無数の知覚や記憶のニュアンスを変容させたということ、そしてこの意味で、気づかれないうちに前者が後者に浸透するということでしかないはずである。しかし、このようにまったく動的な表象は、反省された意識にはそぐわない。反省された意識は、語によって容易に表現される截然とした区別や、輪郭のはっきり定まった対象——空間のうちに認められるような対象——を好むのだから。そこで、反省された意識は、残りのすべては同一にとどまったままで、ある欲望は複数の大きさを継起的に経由したと想定することになろう。あたかも、もはや多様性も空間もないというのに、なおも大きさについて語ることができるかのように。やがてわれわれは、意識が、身体の表面で行われるより多くの筋肉収縮を身体組織の一定の点に集中させて、それを、強度を高めつつあるひとつの努力に仕立て上げるのを見ることになるだろうが、それと同様に、意識は、共存する心理的諸事象の錯雑な集塊のうちに生じる漸進的な諸変容を、ひとつの肥大しつつある欲望の形で、他と切り離して結晶化させるだろう。しかし、そこにあるのは大きさの変化というよりもむしろ質的な変化なのである。

希望がかくも強い快楽であるのは、未来というものが、それをわれわれが自在に操れる限りでは、いずれも同程度に好ましく、同程度に可能であるような多くの形で同時にわれわれに対して現れるからである。しかし、たとえそれらの形のうちで最も望ましいものが実現したとしても、やはり他のものは犠牲にされざるをえず、結局われわれは多くを失ったことになるだろう。無限の可能性に満ちた未来の観念は、したがって未来そのものよりも豊饒であって、だからこそ、ひとは所有よりも希望に、現実よりも夢に魅力を見出すのである。

喜びや悲しみが強まっていく場合、その強度の本義はどこに存しているのか。これを、いかなる身体的な徴候も介入しないような例外的な事例において摘出するべく試みてみよう。情念と同様、内的な喜びも、最初は心の一隅を占めていて、徐々にその場所を拡げていくようなひとつの孤立した心理的事象ではない。その最も低い段階では、内的な喜びは、われわれの意識状態の未来へ向けての方位づけにかなり類似している。次いで、この牽引力によって意識状態の重みが軽減されるかのように、われわれの観念や感覚の相互継起は速度を増していく。われわれは運動するに際してもはやこれまでほどの努力を傾ける必要がなくなる。そして最後に、喜びの極限に達すると、われわれの知覚と記憶は、熱や光にも比すべきある定義しがたい質を獲得するのだが、この質のあまりの新奇さゆえに、時にわれわれは自分自身を顧みて、自分が存在することへの驚きとでもいったものを覚えることにもなる。そういうわけで、純粋に内的な喜びには多くの特徴的な形態があって、相継起するその段階の各々が、われわれの心理的状態の集塊の質的変容に対応しているのだ。これらの変容の各々と係る心理的状態の数には大小があるし、その数をわれわれは明確に数えることはないのだが、たとえそうだとしても、われわれは、たとえば自分の喜びがその日のすべての印象に浸透しているのか、それとも、かかる浸透を逃れる印象があるのかということをよく心得ている。われわれはこうして、喜びの二つの継起的な形態を分かつ間隙のうちにいくつかの分割点を設置するのだが、喜びがある形態から別の形態へと段階的に歩むことから、今度はこれらの形態のほうが、同じひとつの感情の複数の強度であるように思えてくる。その場合には、同じひとつの感情が大きさを変えることになるだろう。悲しみの様々な度合いもまた質的な諸変化に対応していることは、苦もなく示すことができるだろう。最初は、悲しみは過去への方位づけ、われわれの感覚や観念の貧困化でしかない。いうなれば、感覚や観念の各々が今や、悲しみの与えるわずかなものに丸ごと収まってしまって、未来がわれわれにとっては閉ざされてしまうのだ。そして最後には、悲しみは、粉砕されたとの印象に行き着く。そのため、われわれは虚無を希求するようになり、新たな不運におそわれるたびに、闘争が役に立たないことをより深く思い知らされて、苦い快楽を味わうのである。

美的な感情

新たな眼に見える要素が次々と根本的な情動のうちに介入し、実際にはかかる情動の本性を変容させているだけなのに、外見的には情動の大きさを増大させているかに思える、そのような事例として、更に際だった事例を提供してくれるのは美的な感情である。美的な感情のうちで最も単純なもの、すなわち優雅(grâce)の感情を考察してみよう。まずは優雅さとは外的な運動におけるある種の心地よさ、ある種の容易さの知覚にすぎない。ところで、容易な運動とは個々の運動が互いを準備し合うような運動であるから、われわれは遂には、予見された運動のうちに、そしてまた、来るべき態度を指示し、それらをいわばあらかじめ形成するような現在の態度のうちに、より高度な容易さを見出すに至る。ぎくしゃくした運動が優雅を欠くのは、その個々の運動が自足していて、それに後続する運動を告知してくれないからである。優雅が折れ線よりも曲線を好むのは、曲線が絶えずその方向を変えるにもかかわらず、その新たな方向の各々がそれに先立つ方向のうちですでに指示されているからである。したがって、運動することの容易さの知覚は、ここでは、いわば時間の歩みを引き留めて現在のうちに未来を保持することの快楽と一体をなしているのだ。優雅な運動があるリズムに従い、音楽を伴っているような場合には、第三の要素が介入してくる。すなわち、リズムと拍子のおかげでダンサーの運動がよりよく予見されるために、今度はわれわれ自身がその運動の主《ぬし》であるような気がしてくる。ダンサーがとろうとしている姿勢がほとんど見抜けてしまうので、彼が実際にその姿勢をとるときには、彼のほうがわれわれに従っているように見えるのだ。リズムの規則性は彼とわれわれのあいだにある種の交流関係《コミユニカシオン》をうち立て、拍子の周期的回帰はというと、その各々が、われわれによって操られる架空の人形の一本の見えない糸のごときものなのだ。それどころか、不意にその人形が止まってしまおうものなら、われわれの手はこらえきれなくなって動きだし、その人形を押して、この運動の只中にそれを置き戻そうとせずにはおれず、そうなると、かかる運動のリズムがわれわれの思考と意志のすべてであることになる。このように、優雅の感情にはある種の身体的・物理的な共感（sympathie）が関与している。この共感の魅力を分析してみれば分かることだが、われわれがこの共感を好むのは、それが精神的・道徳的な共感と類似しており、諸君に対して精神的・道徳的な共感の観念を巧みに暗示してくれるからである。共感というこの最後の要素——他の諸要素もこの最後の要素をいわば告げ知らせた後には、それと一体になってしまう——によって、優雅の抗しがたい魅力が説明される。というのも、スペンサー〔Herbert Spencer, 1820-1903. イングランドの哲学者〕が主張したように、もし優雅を努力の節約などに還元してしまうならば[1]、優雅がわれわれのうちに惹起する快楽は理解できなくなってしまうからだ。しかしながら、本当のところは、きわめて優雅なものなら、どんなもののなかにも、動性の徴しである軽快さに加えて、われわれに対する可能的な運動——潜在的な共感、それどころか現に生まれつつある共感——への指示を見分けることができるとわれわれは思う。この動的共感はつねに今にも与えられる寸前の状態にあるのだが、それこそがより高度な優雅の本質なのである。こうして、美的な感情の増大する強度も、ここではその強度と同じだけの様々な感情に還元される。この感情の各々は、それに先立つ感情によってすでに告知されていたもので、やがてこの先行的感情のうちで顕著になり、ついでこれを決定的に凌駕してしまう。この質的な進展を、われわれは大きさの変化の意味に解釈してしまう。なぜなら、われわれは単純な事物を好んでいるし、われわれの言語は心理学的分析の機微を言い表すには不都合だからである。

いかにして美の感情それ自体が複数の度合いを伴いうるのかを理解するためには、この感情を詳細に分析してみなければなるまい。おそらくこの感情を定義する際に感じられる困難は、とりわけ、自然の美が芸術の美に先行するものと考えられていることに起因している。そうだとすれば、芸術の数々の手法は、芸術家が美を表現する際の手段にすぎなくなるだろうし、美の本質は神秘的なものにとどまる。しかし、われわれにおける芸術の数々の手法のいくつかと運良く符合することなしに自然が美しいなどということがあるのだろうか。それに、ある意味では、芸術が自然に先行するということもあるのではないだろうか。そこまで言わなくても、まずは意識的な努力によって生み出された諸作品における美を研究し、次いで、感知できないほど徐々に移行して、芸術から、それなりに芸術家であるところの自然へと下降していくのが、健全な方法の規則によりかなっているように思われる。この観点に立つことで分かるのは、われわれの考えでは、芸術の目的が、われわれの人格の能動的な、というよりもむしろ反抗的な諸力能を眠らせ、われわれを完全に従順な状態に導いて、それが暗示する観念をわれわれに実現させ、こうして表現された感情にわれわれを共感させることにあるということだ。芸術の数々の手法のうちには、通常は催眠状態を得る際に用いられるような手法が、弱められ、洗練され、いわば精神化された形態において見出されるだろう。[2]われわれ——たとえば音楽では、リズムと拍子は、われわれの感覚と観念の通常の流れを一時中断し、われわれの注意をして複数の固定点のあいだを往復させ、きわめて大きな力でわれわれを捕らえるので、そのため、あるうめき声を模倣したものがあれば、たとえそれが限りなく控えめなものであっても、それだけでわれわれを極度の悲しみで満たすのに十分であろう。音楽の音が、自然の音よりもわれわれにより強く働きかけてくるのも、自然が感情を表現するにとどまるのに対して、音楽のほうはわれわれにその感情を暗示するからである。詩の魅力は何に由来するのか。詩人とは、感情をイメージへ、イメージそれ自体を今度は言葉へと、それもリズムに忠実な言葉へと発展させて、感情を言い表そうとする、そのような人物である。これらのイメージがわれわれの眼前に再び浮かび上がるのを見るなら、詩人ならざるわれわれも、これらのイメージのいわば情動的な等価物であった感情を抱くことになるだろうが、しかし、リズムの規則的な運動がなかったとしたら、それらのイメージがこれほどの強度でわれわれに対して実現されることはなかっただろう。リズムによって、われわれの魂はあやされ、眠らされ、夢心地で我を忘れて、詩人とともにものを考え、ものを見ることになるわけだ。これと同種の効果を、様々な造形芸術は、生に突如として固定性を課すことで得るのだが、この固定性は身体的な感染によって鑑賞者の注意へと伝達されていく。古代の彫像師の諸作品が、軽微で、微風のように作品上をかすめるだけの情動を表現しているのに対して、石のもつ蒼白の不動性は逆に、そこに表現された感情やそこで開始された運動に、えも言われぬ何か決定的で永遠なものを付与し、われわれの思考はそこに吸収され、意志もそこで消失してしまう。建築においても、ひとをはっとさせるこのような不動性の只中に、リズムの効果に似た効果がいくつか見出されるだろう。形態の対称性や同じ建築的モチーフの無際限な反復によって、われわれの知覚能力は、同じもののあいだを行き来することを強いられ、日常の生においてつねにわれわれを自分の人格についての意識へと連れ戻すところの不断の変化と絶縁することになる。そうなるともう、ある観念が指示されるだけで、たとえそれが軽微な指示であっても、その観念がわれわれの魂の全体を満たすには十分である。このように、芸術は様々な感情を表現する（exprimer）ことよりも、感情をわれわれのうちに刻印する（imprimer）ことを目指す。芸術はわれわれにこれらの感情を暗示するのだが、自然の模倣よりも効果的な手段が見出されるのであれば、自然の模倣なしで済ますことも厭《いと》わない。自然も芸術と同じく暗示によってことを運ぶ。ただし、リズムを自在に操ることはない。それを補うのに、自然は、共通の影響を蒙ってきたがゆえに自然とわれわれとのあいだに創り上げられた古馴染みの関係をもってするのだが、この関係によって、われわれは、慣れた被験者が催眠術師の身振りに従うのと同様に、ある感情がほんの少し指示されただけでそれに共感するようになる。ただ、この共感が生み出されるのはとりわけ、正常な均衡を有した諸存在を自然がわれわれに呈示する場合である。こうした形態においては、われわれの注意はそのすべての部分に等しく向けられ、どれかひとつに固定されたりはしないのだが、かくして、われわれの知覚能力はこの種の調和によってあやされ、感性が自由に飛翔するのを妨げるものは何もなくなり、今や感性は、障害が除去されて、共感で自分が感動させられるのをひたすら待望するだけのものとなる。——以上の分析から帰結するのは、美の感情は何か特別な感情ではないということであり、また、われわれが抱く感情ならどれでも、それが因果的に惹起されたものではなく暗示されたものであったならば美的な性格を帯びるだろう、ということだ。そうなれば、美的な情動がなぜ、強度の複数の度合いを、そして高揚の複数の度合いをも容れるものとしてわれわれに現れるのかも了解されるだろう。実際、暗示された感情が、われわれの経歴を成す心理的諸事象の目の詰んだ生地をなかなか中断させることができない場合もあれば、それがわれわれの注意を心理的諸事象から引き剝がすにしてもそれらをわれわれに見失わせるほどではない場合もあれば、最後に、この感情が心理的諸事象に置き換わってしまってわれわれを呑み込み、魂全体を独占してしまう場合もあるのだから。したがって、催眠状態においてもそうであるように、ひとつの美的感情の進展には複数の互いに区別される局面があるわけだ。そしてこれらの局面は、度合いの変動に対応するというよりも、状態の差異あるいは本性の差異に対応している。しかし、芸術作品の美点は、暗示された感情がわれわれを領するその力能によってよりもむしろ、この感情そのものの豊かさによって測られる。言い換えれば、強度の度合いに加えて、われわれは深さあるいは高揚の度合いを本能的に区別しているのだ。この後者の概念を分析してみれば、芸術家がわれわれに暗示する感情や思考が、彼の経歴の一部を多かれ少なかれ表現し、要約しているのが分かるだろう。感覚しか与えてくれない芸術が低次の芸術であるのは、ある感覚を分析してみても、その感覚以外のものを取り出せないのがしばしばだからである。しかし、大部分の情動は、数多の感覚、感情、観念に満たされ、浸透されているものだ。だから、こうした情動の各々はその類においての唯一の状態であり、定義不能であって、その複雑な独自性を捉えるためには、その情動を感得している当人の生を生き直さねばならないかに思える。しかしながら芸術家は、われわれをかくも豊かで、かくも人格的で、かくも新奇な情動へと導いて、了解させようもないものをわれわれに感得させることを目指している。したがって芸術家は、みずからの感情がまとう諸々の外的顕現のうちでも、われわれの身体がそれに気づくや否や、わずかなりとも機械的に模倣してしまうような顕現を選んで固定し、そうすることで、これらの顕現を喚起した定義しがたい心理的状態のなかへと、もう一度われわれを一挙に移行させる。芸術家の意識とわれわれの意識とのあいだに、時間と空間が設けていた障壁は、こうして崩れ落ちるだろう。彼がわれわれを引き込む際の外枠となる感情が、より多くの観念に富み、より多くの感覚と情動で肥大していればいるほど、表現される美もよりいっそう深さや高揚を得るだろう。したがって美的感情の相継起する強度は、われわれのうちに不意に生じる状態の変化に対応し、深さの度合いは、根本的な情動における基礎的な心理的諸事象――ただし、それらは判明な仕方で取り出されるわけではない――の数の大小に対応している。

数々の道徳的な感情をこれと同じ種類の研究に付すこともできる。哀れみ（pitié）を例にとって考察してみよう。哀れみとはまず、思考上で他人たち（autres）の立場に身を置いてみて、そのひとの苦しみを味わうことに存する。しかし、何人かのひとが主張してきたように、もし哀れみがそれ以上のものでないのだとしたら、われわれは、哀れな人々に救いの手を差し伸べるよりも、彼らを避けるべきだとの思いを抱くことだろう。というのも、苦しみは本性的にわれわれのうちに恐怖を引き起こすものであるから。哀れみの起源にこのような恐怖の感情が存しているということもありうるだろうが、たとえそうだとしても、ただちにある新たな要素がそこに加わってくる。同類のものたち（semblables）を助け、彼らの苦しみを取り除きたいとの欲求が、である。この点に関しては、共感と称されているものは打算であって、「来るべき災禍の抜け目ない予見」〔4〕である、とラ・ロシュフコー〔La Rochefoucauld, 1613-1680. フランスのモラリスト〕に倣って言うべきだろうか。実際、こうした危惧はおそらく、他者（autrui）の災禍によって惹起される同情（compassion）になおも何らかの仕方で関与しているのだから。しかし、そこにあるのはつねに哀れみの低次の形態でしかない。真の哀れみは、苦しみを危惧することよりもむしろ、苦しみを欲することに存している。それは軽微な欲望であって、その実現を目にしようとはまず思わないほどであるのに、それでも意に反して抱いてしまう欲望なのだが、それはあたかも自然が何か大きな不正を犯していて、われわれにはその自然との共犯の嫌疑を一掃する必要があるかのようである。したがって、哀れみの本質は卑下すること（s'humilier）への欲求であり、下降することへの希求である。もっとも、この痛苦な希求もそれなりの魅惑（charme）を有している。なぜなら、この希求によってわれわれは自身の評価を高めるのだし、感覚的な財のことから瞬間的に思考を切り離して、自分がそうしたものを超えたところに立っていると感じることができるのだから。それゆえ、哀れみの漸増する強度は、ある質的な進展のうちに、すなわち嫌悪から危惧への、危惧から共感への、そして共感そのものから卑下への移行のうちに存しているのだ。

この分析を更に押し進めるつもりはない。われわれがたった今、その強度を定義したばかりの心理的諸状態は深層の状態であるが、こうした状態はその外的な原因と連帯しているようには少しも思えないし、同じく筋肉収縮についての知覚を含むようにも見えない。ただし、こういう状態は稀にしか見られない。情念や欲望、喜びや悲しみで、身体的な徴候を伴わないものはほとんどないし、それに、この徴候が見られるところでは、それが強度を評定するうえで何らかの役に立つというのはほぼ間違いない。本来の意味での感覚について言えば、それらが外的な原因に結びついているのは明らかで、この原因の大きさによって感覚の強度を定義することはできないにしても、これら二つの項のあいだにはおそらく何らかの連関が存在している。のみならず、意識はそのいくつかの顕現においては、あたかも強度が延長へと展開するかのように、外部へと開花していくように見える。筋肉の努力がこれに当たる。直ちにこの後者の現象の前に身を置いてみることにしよう。かくしてわれわれは、心理的諸事象の系列の反対の極に、一飛びに身を移すことになる。

筋肉の努力

量の形をまとって、あるいは少なくとも大きさの形をまとって無媒介的・直接的に意識に対して現れるかに見える現象があるとすれば、それは文句なしに筋肉の努力である。心理的な力は、アイオロス〔ギリシャ神話の風神〕の洞穴に囚われた風のように魂のうちに幽閉されていて、ただ外に解き放たれる機会を窺うのみであるように、われわれには思える。その場合には、意志がこの力を見張っていて、時折この力に出口を開いてやり、思い通りの結果になるようその流れを調節することになるだろう。それだけではない。よく反省してみれば分かるだろうが、努力についてのこのかなり粗雑な概念は、われわれの強度的な大きさについての信念に大きく関与しているのだ。筋肉の力は空間のうちで展開し、測定可能な現象によって顕現するから、その顕現に先立ってあらかじめ存在していたかの効果を与える。ただしその際、筋肉の力はほんのわずかの容積しか有さないものとして、いわば圧縮された状態で存在しているのであって、それゆえわれわれは、躊躇《ためら》うことなくこの容積を次第に縮小していき、遂には、ある純粋に心理的な状態が、もはや空間を占めていないにもかかわらず、やはりある大きさをもつ、ということを自分が了解していると思い込むに至る。因みに、この点については科学が常識の錯誤を後押しする傾向がある。たとえばベイン氏〔Alexander Bain, 1818-1903. スコットランドの心理学者〕は、筋肉運動に随伴する感性は神経的な力の遠心的な流れに合致すると述べている。[5] だから、意識が何かに気づくとすれば、それはこの神経的な力の発散そのものであろう。ヴント氏〔Wilhelm Max Wundt, 1832-1920. ドイツの哲学者・心理学者〕も同様に、中枢に起源をもつ感覚は筋肉の随意的な神経支配を伴うと語っている。彼が例として引くのは中風患者である。中風患者は、足を持ち上げようとするときに展開される力について、足そのものは反応しないままであるにもかかわらず、きわめて鮮明な感覚をもっている。[2] 論者たちのほとんどがこの見解に与《くみ》しているのだが、この見解はというと、数年前にウィリアム・ジェームズ氏〔William James, 1842-1910. アメリカの哲学者・心理学者〕が生理学者たちの注意を引いて、それまでほとんど注目されてこなかったが、大いに注目に値する現象のいくつかを取り上げなかったならば、実証科学を支配することにさえなっていただろう。

　中風患者が手足を持ち上げようと努力しても反応がない場合には、確かに彼はこの運動を遂行していないわけだが、おそらく、否応なしに何か別の運動を遂行してはいる。何らかの運動が、どこかで遂行されている。さもなければ、努力感覚はまったく生じないだろう[3]。すでにヴュルピアン氏〔Alfred Vulpian, 1826–1887. フランスの医学者〕が指摘していたことだが[6]、半身不随の患者にその麻痺した拳を握るように要求すると、その患者は無意識のうちに、患っていないほうの拳でこの行動を達成する。フェリアー〔Sir David Ferrier, 1843–1928. イングランドの生理学者・心理学者〕はもっと興味深い現象を指摘している[4]。ちょうどピストルの引き金を引こうとでもするような形で、人差し指を軽く曲げた状態で腕を広げてみるといい。そうすると、指を動かさず、手の筋肉を何ら収縮させず、目に見える運動を何も生み出していないのに、エネルギーが消費されるのを感じることができるだろう。しかしながら、詳細に眺めてみれば、諸君は、この努力感覚が胸の筋肉の固定に合致していることや、声門が閉じられたままになっており、呼吸筋が能動的に収縮させられていることに気づくだろう。呼吸が通常の流れを取り戻すや、実際に指を動かすのでない限り、努力の意識は立ち消える。この事実だけでもすでに、われわれは力の発散を意識しているのではなくて、その成果たる筋肉の運動を意識している、ということを示しているように思えた。しかるに、ウィリアム・ジェームズ氏の独創は、この仮説を、それに完全に離反すると思える例でもって検証した点にある。たとえば、右眼の外直筋が麻痺している場合には、患者が眼を右側に向けようと努めても無駄である。にもかかわらず、当人には対象が右側に逃げていくように思える。意志の働きが何の結果も生み出さない以上、ヘルムホルツ〔Hermann Helmholtz, 1821-1894. ドイツの物理学者・心理学者〕が述べていたように[5]、意志の努力そのものが意識に顕現するのでなければならない。——しかし、ジェームズが応じているように[7]、これまで斟酌されてこなかったのは、他方の眼の側で生じていることなのである。こちらの眼は実験中覆われたままになっている。それでもこの眼は動いているし、そのことは苦もなく納得されることだろう。この左眼の運動こそが、意識に知覚されて、努力感覚を与えるのであり、同時に、右眼によって覚知される対象の運動をわれわれに信じ込ませもする。こうした観察や他のそれに類似した観察によって、ジェームズ氏は、努力の感情は求心的であって遠心的ではないと主張するに至った。われわれは、自分がみずからの有機体のうちで放出しているであろう力を意識してはいない。展開された筋肉エネルギーについてわれわれがもつ感情は、「複合的な求心性の感覚であって、それは、収縮した筋肉や、張った靭帯《じんたい》や、締め付けられた関節や、固定された胸部や、閉じられた声門や、顰《しか》められた眉や、食いしばった顎などからやって来る」。要するに、努力が変容をもたらすところの末梢的な点すべてから、この感情はやって来るのである。

この論争に加わって自身の立場を表明するのはわれわれの仕事ではない。そもそも、われわれが専心している問題は、努力の感情が中枢から来るのか末梢から来るのかを知ることではなく、その強度についてのわれわれの知覚が正確にはいったい何に存しているのかを知ることなのだから。ところで、この点に関してあるひとつの結論に達するためには、自分自身を注意深く観察してみれば足りる。この結論をジェームズ氏は定式化することこそなかったが、それは彼の教説の精神にまったく適ったものであると思われる。われわれはこう主張する。すなわち、ある努力が増大していくかの印象をわれわれに与えれば与えるほど、共感的に収縮する筋肉の数は増大していくし、そしてまた、有機体のある点で努力の強度が増大していくことについての明白な意識は実際には、この操作に関与する身体の面積が増えていくことの知覚に還元される、と。

たとえば、拳を「次第に強く」握りしめるべく努めてみよう。努力感覚は、手の内に丸ごと局所化されて、その大きさは継起的に増大していくように諸君には思われる。しかし現実には、手はつねに同じものを感得している。ただし、最初は手に局所化されていた感覚は、腕を襲い、肩にまで昇っていく。そして遂には、反対の腕もこわばり、二本の足もそれを模倣し、呼吸は止まってしまう。まさに全身が身を捧げているわけだ。しかし諸君は、指摘されでもしなければ、この随伴運動に判明な仕方で気づくことはない。それまで諸君は、自分はただひとつの意識状態と係っていて、それが大きさを変えているのだと考えていた。唇を次第に強く噤《つぐ》んでみるとき、諸君は、この場所で同じひとつの感覚が次第に強まっていくのを感得したと思い込む。ここでもまた、更に反省してみれば気づかれることだが、この感覚は同一のものにとどまっているのに、顔面と頭部の筋肉のいくつかが、次いで身体の残りの筋肉の全体が、この操作に関与していた。諸君が感じているのはこの漸進的な浸食、この面積の増大であって、かかる浸食や増大はなるほど、紛れもない量の変化である。しかるに、諸君は噤んだ唇のことを何よりも考えていたために、関与した筋肉の面積の拡大を唇という場所に局所化し、そこで消費された心理的な力を、この種の力が延長を有さないにもかかわらず、あるひとつの大きさたらしめたのである。少しづつ重さを増していく錘りをある人物が持ち上げる場面を注意深く検討してみよう。筋肉の収縮は次第にその人物の全身を覆うようになる。仕事をしている腕に特に感じられる感覚について言えば、それは実に長いあいだ恒常的なものにとどまっていて、ほとんどその質を変えることはないのだが、重さの感覚はというと、それはある瞬間に疲労に変わり、疲労は苦痛に変わっていく。ところが被験者は、心理的な力が腕に殺到して、連続的に増大していくのを意識したと思い込むことだろう。指摘されるのでない限り、被験者は自分の誤りを認めないだろう。それほどまでに彼は、ある心理的な状態を、それに随伴する意識的な運動によって測定することに慣れてしまっているのだ。この事実およびこれに類する多くの事実から、以下のような結論を取り出すことができるとわれわれは思う。すなわち、筋肉の努力の増大についてのわれわれの意識は、末梢感覚の数の増加ならびに、それらのあいだで生じる質的な変化についての二重の知覚に還元される、と。

かくしてわれわれは、魂の深い感情の強度と同様、表層的な努力の感覚をも定義するに至った。どちらの場合にも、漠然とした仕方でしか覚知されないとはいえ、質的な進展と複合性の増大がある。にもかかわらず意識は、空間のうちで思考し、自分が思考していることを自分自身に対して話す習慣を有しているために、唯一の語でこの感情を指示し、努力を、有益な成果が得られるようなある明確な一点へと局所化してしまう。そうなると、努力はつねにそれ自身に類似し、感情もその名を変えないことになるから、意識は、自分の指定した場所で努力が増大し、本性を変えることなく感情が肥大するのを覚知することになる。ほぼ間違いなく、われわれは、意識の同じ錯誤を、表層的な努力と深い感情に挟まれた中間的な状態にも見出すことになるだろう。実際、大多数の心理的状態は、筋肉の収縮と末梢感覚を伴っている。これらの表層的な要素は、純粋に思弁的な観念によって互いに秩序づけられることもあれば、実践的な次元の表象によって秩序づけられることもある。前者の場合には、知的な努力あるいは注意がある。後者の場合には、激しいとか鋭いとか呼びたくなるような様々な情動が生じる。たとえば怒りや恐れ、ある種の喜びや苦しみや情念や欲望である。強度についての同様の定義が、こうした中間的な状態にもあてはまることを、手短に示しておこう。

注意と緊張

注意は純粋に生理学的な現象ではないが、それに数々の運動が随伴するのを否定することはできない。これらの運動は現象の原因でも成果でもない。むしろ運動は、リボー氏〔Théodule Armand Ribot, 1839-1916. フランスの心理学者・精神物理学者〕がきわめて見事に示したように、(6) 現象の一部を成しており、現象を延長へと表現するものなのだ。すでにフェヒナー氏〔Gustav Theodor Fechner, 1801-1887. ドイツの哲学者・心理学者で精神物理学の始祖〕は、諸感官器官における注意の努力についての感情を、「ある種の反射作用によって、様々な感覚器官と係わる筋肉を運動させることで生み出される」(8) 筋肉の感情へと還元していた。彼は、何かを想起しようとして多大な努力を払う際に感得される、頭皮の緊張と収縮についてのきわめて判明なあの感覚、頭蓋全体に感じられる外から内へのあの圧迫に、すでに注目していたのである。リボー氏は、意志的注意(9) を特徴づける数々の運動について、更に詳細に研究した。彼は言っている。「注意は前頭部を収縮させる。この筋肉は……眉を自分の方に引き寄せ、それを持ち上げ、額を横切る皺を刻む……。それが極まると口が大きく開く。子供や多くの大人においては、注意は唇の突出やある種の顰《しか》め面をもたらす」、と。なるほど、意志的な注意には、つねにある純粋に心理的な要因が係っている。ただ、心理的な要因といっても、それは、自分の専心しようとしている観念に疎遠な一切の観念を意志によって除去することにすぎないのだが。それでもなお、ひとたびこの除去がなされてしまえば、われわれは、魂の緊張が増大していき、非物質的な努力が大きくなっていくのを意識していると思い込む。この印象を分析してみたまえ。諸君がそこに見出すのは他でもない、ある筋肉収縮の感情が面積を広げ、本性を変えていく様であり、緊張が圧迫、疲労、苦痛と化していく様であろう。

激しい情動

ところで、われわれは、注意の努力と、猛烈な欲望、荒れ狂う怒り、情熱的な愛、激しい憎悪など、魂における緊張の努力と呼びうるものとのあいだに、本質的な差異を認めたりはしない。これらの状態の各々は、あるひとつの観念――注意においては多かれ少なかれ反省された認識観念(idée de connaître)であり、情動においては反省されざる行動観念(idée d'agir)である――によって秩序づけられた筋肉収縮の系に還元されるだろうと、われわれは考えている。したがって、これらの激しい情動の強度は、それらに随伴する筋肉の緊張以外のものであるはずがない。ダーウィン〔Charles Robert Darwin, 1809-1882. イギリスの生物学者〕は、憤怒の生理学的な徴候を見事に記述している。「心臓の鼓動が速まり、顔面は赤らんだり死体のように蒼ざめたりする。息苦しくなり、胸はむかつき、鼻孔は痙攣し開いてくる。体全体が身震いすることもしばしばである。声はうわずる。歯は食いしばられ歯ぎしりが起きる。筋肉系は一般に何か激しい、ほとんど熱狂的な動きへと駆り立てられる……。身振りは、その完全さに差はあれ、殴打や敵との戦闘の動きを表すようになる。(7)」われわれは、ウィリアム・ジェームズ氏のように、(8)憤怒の情動がこうした有機体的諸感覚の総和に還元されるとまで主張する気はない。怒りには、ある心理的要素が還元不能なものとしてつねに係わっているのだから。たとえ、ここにいう心理的要素が、ダーウィンの語る殴打や闘争の観念、つまり多様な運動にひとつの共通の方向を刻印する観念にすぎないとしても、そうなのだ。しかるに、この観念が情動的状態の方向を規定し、それに随伴する運動の方位づけを行うのであれば、状態そのものの強度の増大とは、われわれの考えでは、有機体の振動の深まり、すなわち、関与する表面の数と延長でもって意識によって容易に計測される振動の深まりに他ならない。押し殺されたがゆえに、より強さを増すような憤怒が存在するではないか、と主張してみても無駄である。なぜこうした事態が生じるかというと、情動が自由に振る舞うところでは、意識は随伴的な運動の細部に頓着しないが、反対に、意識がそれらの運動を隠蔽しようとする場合には、意識は立ち止まってそれらに集中するからなのだ。最後に、有機体的振動のどんな痕跡をも、筋肉収縮へのどんな些細な意志(velléité)をも除去してみるといい。怒りのうちにはひとつの観念しか残らないだろうし、仮にこの観念をひとつの情動に仕立てることになおも固執したところで、それに強度を割り当てることはできまい。

「強い恐れというものは、叫びや、隠れたり逃げたりする努力によって、動悸と痙攣によって表現される」、とハーバート・スペンサーは言う。[9] われわれは更に進んで、これらの運動は恐れそのものの一部をなす、と主張する。これらの運動によってこそ、恐れはひとつの情動と化し、様々な強度の度合いを経由しうるものとなる。運動を完全に抹消してしまえば、強度の大小を容れうる恐れに、恐れの観念、すなわち避けられるべき危険についてのまったく知的な表象が取って代わるだろう。また、喜びや苦しみ、欲望や嫌悪、更には恥にすら、鋭さというものが存在するが、その存在理由は、有機体が開始し、意識が知覚するところの自動的反応に伴う数々の運動のうちに見出すことができるだろう。ダーウィンが言うところでは、「恋愛によって、鼓動は高まり、呼吸は速まり、顔は赤らむ」。[10] 嫌悪は、毛嫌いする対象のことを考えるときに知らず知らずのうちに反復している不快の運動によって示される。恥を覚える場合には、たとえそれが回顧的なものであっても、赤面し、思わず引き攣ってしまう。こうした情動の鋭さは、それに随伴する末梢感覚の数と本性によって評価される。情動的状態がその激しさを失って深さを増すにつれて、末梢感覚は徐々に内的な要素に場所を譲るようになる。そうなると、もはやわれわれの外的な運動ではなく、われわれの観念や記憶、われわれの意識的諸状態こそが、その数は増減するとしても、総じてある一定の方向へと方位づけられることになろう。したがって、強度の観点から言えば、この研究の冒頭で話題にした深い感情と、たった今吟味したばかりの鋭く、激しい情動とのあいだには本質的な差異はない。愛、憎しみ、欲望が激しさを増すと述べることは、それらは外部へと投射され、表面で放射し、内的な要素が末梢感覚によって置換されると表現するのに等しい。しかし、表層的なものにせよ、深層のものにせよ、激しいものにせよ、反省されたものにせよ、こうした感情の強度はつねに、単純な諸状態——意識がそれを判明に取り出すことはない——の数の大小のうちに存しているのである。

情緒的諸感覚

われわれはここまで感情や努力を取り上げるにとどめてきたが、感情や努力は複合的な状態で、その強度は必ずしも外的な原因に依存してはいない。それに対して、様々な感覚(sensations)は単純状態としてわれわれに現れる。では感覚の大きさとは、いったい何に存するのであろうか。諸感覚は、外的な原因の意識面での等価物として通用しており、その強度は外的な原因と同様に変動する。では、非外延的で、しかも今度は不可分な結果のうちに量が侵入することをいかにして説明するというのか。この問いに答えるためには、いわゆる情緒的感覚(sensations affectives)と表象的感覚(sensations représentatives)とをまずは区別しなければならない。なるほど、一方から他方へと段階的に移行することはできるし、なるほど、われわれが抱く単純な表象の大部分には、ある情緒的な要素が含まれている。しかしそれでも、この要素だけを抽き出して、快楽や苦痛といったある情緒的感覚の強度が何に存しているのかを別個に探究することには何の支障もない。

おそらくこの問題の困難は、何よりも、情緒的状態のうちに、有機体の振動の意識面での表現、あるいはまた外的な原因の内部への反響以外のものを見まいとする点に存している。ある神経的振動の増大には一般にある感覚の強度の増大が対応すると指摘されている。しかし、振動がそれとはほとんど似ても似つかない感覚という相貌を意識に対してまとう以上、振動はそれが運動である限りで無意識的なものなのだが、そうだとすれば、この振動がいかにしてその大きさの幾ばくかを感覚に伝達できるのかは分からなくなってしまう。というのも、繰り返しておくが、たとえば振動の振幅のような重ね合わせの利く大きさと、何ら空間を占めることなき感覚とのあいだには、共通点は存在しないのだから。より強い感覚がより弱い感覚を含むようにわれわれに思われるのは、また、有機体の振動そのものと同様に、感覚がわれわれにとって大きさの形態を帯びるのは、ほぼ間違いなく、感覚がそれに対応する身体的な振動の何がしかを保持しているからである。ただ、もし感覚が分子運動の意識面での翻訳にすぎないとすれば、感覚はそこから何も保持することはないだろう。というのも、まさにこの運動が快楽や苦痛といった感覚に翻訳されるからこそ、この運動は分子運動である限りでは無意識なものにとどまるのだから。

しかし、快楽や苦痛は、通常そう考えられているように、単に有機体のうちで生じたことや現に生じていることだけを表現しているのではなく、そこでこれから生じようとしていること、生じる傾向にあることをも指し示しているのではないだろうか。実際には、かくも根深く功利的なものである自然が、ここで意識に、過去や現在のことをわれわれに知らせるというまったく科学的な役目——というのも、過去や現在はもはやわれわれに依存するものではないから——を割り振ったというのは、ほとんど真実味がないように思われる。加えて指摘しておくべきは、自動的な運動から自由な運動への上昇は感知不能な諸段階を経てなされるということで、前者と後者の違いはというと、とりわけ後者が、それにきっかけを与えた外的な作用と、それに続く望まれた反作用とのあいだに挿入されたある情緒的感覚をわれわれに呈示する点に存している。われわれの行為はすべて自動的であると考えることさえできるだろうし、更に、外的な刺激によって、意識の仲介なしに所定の反作用を生み出すような生物が無数に存在するということも分かっている。快楽や苦痛が若干の特権的な生物において生じるのは、ほぼ間違いなく、反応が自動的に生じてしまうことに対する抵抗を、これらの生物がみずから認可するためである。感覚には存在理由がないか、それとも、感覚は自由の始まりであるかのどちらかである。しかし、感覚が、準備されつつある反応の本性を何らかの明確な徴しによってわれわれに知らしめるのでなければ、いかにして感覚は、この種の反応に抵抗することをわれわれに許すのだろうか。それに、ここにいう徴しは、感得された感覚の只中に未来の自動的な運動を素描し、いわばあらかじめ形成すること以外の何でありうるというのか。そうだとすると、情緒的状態とは、すでに生じた身体的な振動、運動、現象にのみ対応するのではなく、準備されつつあり、今にも生じようとしている振動、運動、現象にも、いや、とりわけそれらにこそ対応するものでなければならない。

たしかに、この仮説が問題をいかに単純化してくれるかは最初のうちは分からない。なぜなら、われわれは、大きさの観点から見て身体的現象と意識状態との共通点とは何でありえるかを探究しているのであって、それゆえ、現在の意識状態を、過去の刺激の心理的な翻訳というよりもむしろ、来るべき反応の指標たらしめたとしても、困難を裏返しているにすぎないように思われるからだ。しかしながら、これら二つの仮説のあいだの差異は顕著である。というのも、先ほど語ったばかりの分子運動に関しては、それが感覚へと翻訳されると、当の分子運動の何ものももはやそこでは存続しない以上、かかる分子振動は必然的に無意識なものなのだが、それに対して、蒙られた刺激に後続する傾向を有した自動的な運動――これは当の刺激の自然的な延長をなすものであろう――はというと、ほぼ間違いなく、運動である限りで意識的なものであるからだ。さもなければ、こうした自動的な反応と他の可能な運動とのあいだでの選択をわれわれに促すところの感覚は、いかなる存在理由ももたないことになるだろう。したがって、情緒的感覚の強度とは、無意識的な運動が開始され、当の状態のうちでいわば素描されることについて、われわれが抱く意識に他ならない。因みにこの運動は、仮に自然がわれわれを意識的な存在ではなく自動機械たらしめていたなら、みずからの自然な流れに従っていたことだろう。

この推論が根拠をもつとすれば、強度を増す苦しみは、次第に響き渡っていくひとつの音階音にというよりも、むしろ楽器の増加を聞き取ることができるようなひとつの交響楽《サンフォニー》にこそ比せられるべきであろう。他のすべての感覚に音調を付与している特徴的な感覚の只中から、意識は、末梢の様々な点に発するところの複数の——数の多寡はあれ——感覚を、筋肉収縮などあらゆる種類の有機体的運動を取り出してくる。こうした要素的な諸々の心理状態が催すコンサートは、新たに生起した状況を前にして、有機体が新たにうち立てる諸々の要請を表現している。言い換えれば、われわれはある苦しみの強度を、まさにこの苦しみと係ろうとする有機体の部分の大小によって評価するのだ。リシェ氏(11)〔Charles Richet, 1850-1935. フランスの精神物理学者〕のなした観察によれば、苦痛が弱ければ、ひとはそれだけ正確に痛みの場所を特定できるが、苦痛が強まると、痛みを、病んでいる手足の全体に帰してしまう。そこでリシェ氏は、結論として、「苦痛はそれが強ければ強いほどより広範囲に拡散する(12)」と述べている。われわれはどうかというと、この命題の前後を逆転して、苦痛の強度のほうを、意識に公認されつつ苦痛に共感し、それに反応するところの身体部位の数と延長によって定義しなければならないと考える。この点を納得するためには、同じ著者による、嫌悪感についての見事な記述を読むだけで十分だろう。

「刺激が弱ければ、吐き気も嘔吐も生じないことがありうる……。しかし刺激が強まってくると、それは肺や胃にとどまることなく拡散して、有機体的生命系のほぼ全体に及ぶ。顔は蒼ざめ、皮膚の平滑筋は収縮し、皮膚は冷や汗で覆われ、心臓は鼓動を中断する。一言でいえば、延髄の刺激に引き続いて、有機体の全般的妨害が生じるのであって、この妨害こそ、嫌悪感の至高の表現なのである。(13)」――しかし、それは表現にすぎないのだろうか。いったい、嫌悪の一般的な感覚は、これら基礎的な感覚の総和以外に、何に存するだろうか。すでに覚知された諸感覚に付加されるのが、つねに増え続ける感覚の数でないとしたら、ここで強度の増大という語によって何を理解すればよいのだろうか。ダーウィンは、次第に鋭さを増す苦しみに後続する反応について、はっとするほど鮮やかな描写を遺している。「苦しみは、それを生み出す原因を逃れるために、きわめて激しく、きわめて多様な努力を遂行するよう動物たちを駆り立てる……。強い苦痛においては、口はきつく収縮し、唇は痙攣し、歯は食いしばられる。目が大きく見開かれることもあれば、眉がきつくしかめられることもある。体は汗まみれになる。呼吸と同様、循環作用も変調を来す。(14)」――われわれが苦痛の強度を測るのはまさしく、それと係る筋肉のこうした収縮によってではないのか。諸君がみずから極端な苦痛と呼ぶものについて抱く観念を分析してみよう。極端な苦痛ということで、諸君は、この苦痛が耐えがたいものであること、すなわち、この苦痛によって有機体が、それを逃れるための無数の多様な行動へと駆り立てられるということを言わんとしているのではないのか。ある神経がいかなる自動的反応からも独立した苦しみを伝達するということは納得できる。また、刺激の強弱がこの神経に多様な仕方で影響するということも納得できる。しかし、多かれ少なかれ延長的で、多かれ少なかれ重々しい反応を諸感覚に結びつけるのでない限り――もっともこれらの反応は感覚に随伴するのがつねなのだが――、諸感覚の差異が意識によって量の差異として解釈されることはまったくないだろう。刺激に後続するこれらの反応がなかったとすれば、苦しみの強度はひとつの大きさではなく、ひとつの質とみなされることだろう。

複数の快楽を互いに比較するについても、われわれはこれ以外の手法をほとんど有していない。より大きな快楽とは、より好ましい快楽でなくして何であろう。また、われわれの好みというのは、われわれの諸器官の一定の性向でなくして何でありえよう。二つの快楽がわれわれの精神に同時に姿を現した場合、われわれの身体がそのうちの一方へと傾くのも、この性向によってである。かかる傾向性そのものを分析してみれば、関与する諸器官や、更には身体の残りの部分においてさえ、さながら有機体が表象された快楽を迎え入れるかのように、数多の微少な運動が開始され、素描されつつあるのが見出されるだろう。傾向性が運動として定義されるとして、この定義は隠喩を弄しているのではない。知性によって抱かれたいくつもの快楽を前にした場合、われわれの身体は、あたかも反射作用によるかのように自発的に、それらのうちのひとつに方位を定める。この反射作用を中断するかどうかはわれわれ次第だが、快楽の魅惑（attrait）はというと、開始されたこの運動以外の何物でもないし、快楽の鋭さそのものは、快楽が味わわれているあいだは、快楽に耽って他のあらゆる感覚を拒む有機体の惰力に他ならない。惰力というこの力が意識されるのは、われわれに気散じを許すものにわれわれ自身が対置する抵抗によってであり、仮にこの力がなかったなら、快楽はひとつの状態にとどまって、もはや大きさとはならなかっただろう。精神の世界においても、物理的な世界においてと同様、引力（attraction）は運動を産出するよりも、むしろそれを説明するのに役立つ。

表象的諸感覚

ここまでわれわれは情緒的感覚を単独で研究してきた。今度は、表象的感覚の多くが情緒的な性格を有していて、それゆえ、われわれの側からのある反応を惹き起こすものであること、そしてまた、表象的感覚の強度を評定するに際してわれわれがこの反応を考慮に入れていることに注目してみよう。光量の著しい増大は、いまだ苦しみではないが、眩暈《めまい》といくつかの点で類似したある特徴的な感覚としてわれわれに翻訳される。音の振動の振幅が増大するにつれて、われわれの頭部、次いで身体が振動したり衝撃を受け取るかのような効果が生み出される。味覚や嗅覚や温感などいくつかの表象的感覚については、心地よいとか悪いとかの性格を帯びるのが恒常的でさえある。様々な苦さをした味からは、諸君はほとんど質的差異しか取り出せないだろう。それは同じひとつの色の微妙な濃淡のごときものなのだ。しかし、これらの質的差異は、その情緒的性格ならびに、それがわれわれに暗示する快楽や苦痛といった反応の多かれ少なかれ顕著な運動ゆえに、すぐさま量的差異として解釈されてしまう。加えて、感覚が純粋に表象的なものにとどまる場合でも、外的な原因がある一定の強弱の度合いを超えれば、われわれの側に諸々の運動を喚起せずにはおかず、この運動が当の感覚を測定するのに役立つことになる。実際、あたかもこの感覚が逃れていくかのように、それを覚知するためにわれわれが努力を強いられることもあれば、反対に、われわれがこの感覚によって浸食され、押し迫られ、呑み込まれてしまって、そこから身を引き剥がして自分を保つには、全力を尽くさねばならない場合もある。感覚は、前者の場合にほとんど強くないと言われ、後者の場合にきわめて強いと言われる。たとえば、遠くの音を知覚したり、軽微な匂いとか微弱な光と呼ばれるものを判別するためには、われわれはみずからの活動性の発条《ばね》全体を緊張させる。われわれは「注意する」のだ。その場合、これらの匂いや光がわれわれに弱きものと思えるのは、まさに、それらがわれわれの努力でもって強化されることを要請するからである。逆にわれわれは、ある感覚がわれわれの側に喚起する自動的反応の抗しがたい運動、もしくはそれがわれわれに刻印する無力をもって、極度の強度を有した感覚をそれと認める。耳元で撃たれる大砲の音や、突如として灯されるまばゆい光は、一瞬のあいだわれわれから人格の意識を取り除いてしまう。そのひとの体質によっては、この状態が引き延ばされることさえあるだろう。忘れずに付け加えておくと、いわゆる中程度の強度の領域においても、われわれは、自分自身と表象的感覚を互角のものとみなしつつも、しばしば、表象的感覚をそれと置き換わるもうひとつの感覚と比較したり、あるいはまた、それが舞い戻ってくる執拗さを考慮することで、その感覚の重大さを評定する。たとえば時計の刻む音は夜のほうが響き渡るように思えるが、それは、意識が感覚や観念をほとんど空虚にしているがために、その音にたやすく呑み込まれてしまうからである。われわれの知らない言語で言葉を交わす外国人が声高に話しているかの効果をもたらすのも、われわれの精神のうちに観念を喚起しないがために、彼らの言葉が、一種の知的沈黙のうちで響き、ちょうど夜中に刻まれる時計の音のようにわれわれの注意を独占してしまうからである。しかしながら、このいわゆる中程度の感覚においてわれわれが取り組むことになる一連の心理的状態の強度は、ある新たな意義を有しているに相違ない。というのも、大抵の場合、有機体は少なくとも明白な仕方ではほとんど反応しないにもかかわらず、われわれは音の高さや光の強度、色の彩度〔色彩心理学の用語で色体系の属性のひとつ〕をひとつの大きさに仕立て上げるからだ。なるほど、ひとが何らかの音調を耳にしたり、何らかの色を知覚したりする場合に、有機体の総体において生じていることを詳細に観察してみれば、われわれはいくつもの驚きを覚えるだろう。たとえばCh・フェレ氏〔Charles Samson Féré, 1852-1907. フランスの精神科医〕

は、あらゆる感覚が、力量計で計測可能な筋肉の力の増大を伴っていることを示したのではなかったか(15)。しかしながら、この増加は意識にはほとんど検知されない。ただ、われわれがいかに正確に数々の音や数々の色を、更には数々の重さや数々の温度までも区別しているかを反省してみれば、新たな評価の要素がここで作動し始めているに相違ないということは、苦もなく見て取れるだろう。しかも、この要素の本性を規定することは決して困難ではない。

実際、感覚がその情緒的性格を失って、表象の状態に移行するにつれて、それがわれわれの側に喚起していた反応的運動は消え去る傾向にある。しかし、われわれはまた、感覚の原因である外的な対象を覚知してもいる。たとえ今は覚知していないにしても、われわれはかつてそれを覚知したし、今もその外的な対象に思いを馳せている。さて、この原因は外延的であり、したがって計測可能である。すなわち、意識の最初の兆しと共に開始され、われわれの生存の全体を通して継続されるような経験は、いずれの瞬間においても、ある一定の値の刺激に対応した感覚の一定のニュアンスをわれわれに示しているのだ。その場合われわれは、結果のある質に、原因のある量を連合させ、最終的には――これは後天性のどんな知覚においても生じることだが――、感覚のうちに観念を、結果の質のうちに原因の量を置くようになる。まさにこの瞬間に、感覚のあるニュアンスなり質でしかなかった強度が、ひとつの大きさと化すのである。この過程は、たとえば右手にピンをもって左手に次第に深く突き刺してみれば、容易に確かめられる。初めに感じられるのは一種のくすぐったさであるが、次いで、接触の感じにちくりとした感じが続き、それから一点に局所化された苦痛が生じて、遂には周辺地帯にこの苦痛が拡散するに至る。このことをよく反省すればするほど、そこにあるのは、いずれも質的に他と区別された感覚であり、同じひとつの種に属する様々な変種であることが分かってくる。しかるに、最初はどうだったかというと、諸君は、ただひとつの同じ感覚が次第に周囲を浸食していくとか、ひとつのちくりとした感じが次第に強まっていくなどと語っていた。それはすなわち、気づかぬうちに諸君が、左手を刺す右手の漸増的な努力を、刺される左手の感覚のうちに局所化しているということだ。こうして原因を結果のうちに導入しては、諸君は無意識的に質を量と解釈し、強度を大きさと解釈するわけだ。どんな表象的感覚の強度も同じ仕方で解されるはずであることは、容易に見て取れる。

音の感覚

音の感覚は、われわれにきわめて鋭い度合いの強度を呈示してくれる。すでに述べたように、これらの感覚のもつ情緒的な性格や、有機体全体によって受け取られる動揺が考慮されなければならない。きわめて強い音とはわれわれの注意を呑み込み、他のすべての音に置き換わってしまう音である、ということはすでに示した。しかし、諸君がしばしば頭や体全体にさえ感じ取る、きわめて特徴的な衝撃や振動を捨象するとどうなるのか。同時に鳴り響く音同士の競合を捨象するとどうなるのか。その場合、聴取された音の有する、ある定義しがたい質以外にいったい何が残るであろう。ただし、この質も直ちに量として解釈されてしまう。なぜなら、たとえばある対象を叩くなどして、諸君は自分でも幾度となくこの音を獲得したことがあるからであり、そうやってこの音に一定量の努力を提供してきたからである。また、同じような音を出すためにはどれくらいまで声を張り上げなければならないかも、諸君は知っているから、音の強度を大きさに仕立て上げる際には、この努力の観念が即座に諸君の精神に浮かんでくる。ヴント[16]は、人間の脳のなかで、声帯神経と聴覚神経のあいだにまったく特殊な数々の連携が行われていることに注意を促した。事実、聞くこと、それは自分自身に語ること（se parler à soi-même）である〔10〕と言われてきたではないか。ある種の神経症患者は、会話に立ち会うと自分の唇を動かさずにはいられないが、それはわれわれの誰にでも起こることを誇張したものにすぎない。われわれは、聴取された音を内的に反復して、その音の出所である心理学的状態、初めの状態へと再び身を置くのだということを認めないとしたら、音楽の表現力、というかその暗示力は、果たして理解されるだろうか。もっとも、この初めの状態については、われわれはこれを表現する術を知らないとはいえ、われわれの身体の全体が採用する運動によってこれは暗示されているのだが。

したがって、中程度の力の音の強度がある大きさとして語られるとき、われわれは何よりも、再び同じ聴覚的感覚を得るために、われわれが払わねばならないであろう努力の大小を仄めかしているのだ。しかし、強度とは別に、われわれは音を特徴づけるもうひとつの特性を判別している。すなわち、音程である。われわれの耳が知覚するような音程の差異は、量的な差異であろうか。われわれとしても、より高い鋭さをもつ音が、空間内でのより高い位置というイメージを喚起することは認める。しかし、だからといって、音階の様々な音は、それらが聴覚的感覚である限り、質によって以外の仕方で互いに異なる、との帰結がそこから導かれるのだろうか。諸君には、物理学で学んだことは忘れて、高さの違う音調について抱かれる観念を念入りに吟味し、そして答えてもらいたい。声帯の張筋が自力でその音調をもたらすために払わねばならないであろう努力の大小のことだけを、自分が単に考えているのかどうかを。諸君の声がある音調から次の音調に移行する際の努力は非連続であるから、諸君はこの継起的な音調を空間内の諸点のごときものとして表象してしまうのだが、空間内の諸点については、唐突な飛躍によって、それらを分かつ空虚な間隙をその都度乗り越えつつ、その各々に到達できるにすぎない。こうして、ある音階に属する複数の音のあいだに間隙がうち立てられていくのだ。確かに、複数の音が並べられる際の線が水平よりもむしろ垂直であるのはなぜなのか、また、ある場合には音が上昇し別の場合には下降すると言われるのはなぜなのか、という問題は残っている。鋭い音調が頭に響き、低音が胸郭に響くかの効果を生み出すようにわれわれに思えるという点には異論の余地がない。おそらくはこの知覚こそ、それが実在の知覚であれ錯覚にすぎないにせよ、われわれをして音と音の間隙を垂直に数えさせるのに貢献しているだろう。ただし、未熟な歌手が胸声を出す際には、声帯の緊張の努力が増すにつれて、この努力に関与する身体の面積も増大するということをも指摘しておかねばならない。これはむしろ、歌手にとってその努力がより強いものと感じられる理由でさえある。加えて、この歌手は空気を下から上へと吐き出すから、彼は空気の流れが生み出すのと同じ方向を音に帰することだろう。かくして、声の筋肉に共感する身体の部分の増大は、まさに下から上への運動として翻訳されることになる。とすれば、音が高いと言われるのは、身体が、あたかも空間内の高い対象に届こうとするかのように努力するからである。こうして音階の各音に音程を割り振る習慣が身に付いてしまったからには、物理学者が音程を、一定の時間にこれに対応している振動数によって定義しえたときには、もはやわれわれは何の躊躇《ためら》いもなく、自分の耳は直接的にこの量的差異を知覚していると述べることができたのだ。しかし音は、それを生み出すであろう筋肉の努力や、それを説明してくれる振動を、われわれがそこに導入するのでなかったなら、純粋な質にとどまったことだろう。

熱と重さの感覚

ブリックス、ゴルトシャイダー、ドナルドソンによる近年の実験[17]を通じて、冷たさと熱さは身体表面の同じ点で感じられるのではないことが示された。したがって、生理学は現時点ですでに、熱さと冷たさの感覚のあいだに程度の区別ではなく本性の区別をたてる方向に傾いてきている。しかし、心理学的観察は更に先まで進む。というのも、熱の様々な感覚や、冷たさの様々な感覚のあいだに種差があることは、注意してみれば、意識によってたやすく見出されるだろうから。ある熱さより強い熱さとはまさしくその熱さとは別の熱さなのである。われわれがそれをより強い熱さと呼ぶのは、これまでに、ある熱源に近づいたり、その熱を刻印される自分の身体の表面が拡がるときに、幾度となくこの同じ変化を感得したことがあるからである。加えて、熱さと冷たさの感覚は瞬く間に情緒的なものと化し、そうなると、多少なりとも明確な諸反応がわれわれの側に喚起され、それらがこの感覚の外的原因を計測することになる。諸感覚が、それらとこの外的原因との媒介たる諸力能に対応している以上、そうした力能のあいだの差異に類似した量的差異を、どうしてこれらの感覚のあいだに確立しないでいられただろう。われわれとしては、これ以上とやかく言うつもりはない。この点については、感覚の原因について過去の経験が教えてくれたことをすべて白紙に戻し、感覚そのものと正面から向き合いながら、各人が綿密に自問してみるべきなのだ。この吟味の成果は、われわれには疑いの余地がないように思われる。すなわち、ただちに気づかれることだが、表象的感覚の大きさは結果のうちに原因を置いたことに由来し、情緒的要素の強度は、感覚のうちに、外的刺激を継続する反応運動の重大さの大小を導入したことに由来するのである。圧迫の感覚についても、また重さの感覚についても、同じ吟味をお願いしたい。手に及ぼされる圧迫が次第に強まっていくと諸君が言うとき、そのことによって諸君は、ある接触が圧迫になり、次いで苦痛になり、この苦痛それ自体もいくつもの局面を経由したうえで周辺領域に拡散していったとの表象を抱いているのではないのかどうか、その点をしかと見てほしい。更に、そして何よりも見てほしいのは、外的な圧迫と対立するに際して、諸君が、それとは反対の次第に強まっていく、すなわち次第に拡がっていく努力を介入させていないかどうか、ということである。精神物理学者は、より重たい錘りを持ち上げるとき、自分が感得しているのは感覚の増大であると言う。この感覚の増大はむしろ増大の感覚と呼ばれるべきものではないのかどうかを吟味してもらいたい。問題のすべてがここにある。というのも、前者の場合にはその外的原因と同様、感覚はひとつの量ということになるだろうが、後者の場合には、感覚はひとつの質であって、その原因の大きさを表象するものとなっているのだから。重い軽いの区別は、熱い冷たいの区別と同じくらい粗野で、同じくらい素朴なものと見えるかもしれないが、かかる区別の素朴さそのものが当の区別をひとつの心理的な実在たらしめている。重さと軽さはわれわれの意識にとって相異なる類を構成しているが、そればかりか、軽さや重さの諸々の度合いも各々これら二つの類にとっての種を成している。身体が所定の錘りを持ち上げるに際して傾けられる、多少なりとも拡がりを有した努力が原因で、ここでは質的差異が量的差異へとおのずと翻訳されてしまう、ということを付言しておかねばならない。このことは、籠を持ち上げるよう頼まれたとき、それには屑鉄が詰まっていると聞かされていたのに、現実には空《から》であるような場合を考えれば、たやすく納得されるだろう。その籠を摑むと平衡を失うような気がするだろう。あたかも、無関係なはずの筋肉がこの操作にあらかじめ関心を寄せていたが、突然この操作に失望を覚えたかのように。とりわけ、有機体の様々な点で遂行されるこうした共感的努力の数と本性をもって、諸君はあるひとつの点での重さの感覚を測定することになろう。そして、このようにしてある大きさの観念をそこに導入するのでなかったなら、この感覚はひとつの質にとどまったことだろう。更に、この点に関する諸君の錯誤を強化するものとしては、自分は等質的な空間で等質的な運動を無媒介的に知覚していると思いこむ習慣がある。私が腕で軽い錘りを持ち上げ、身体の残りの部分は動かさないでいるとき、私は、その各々が「局所指標」(signe local)[11]、すなわち固有のニュアンスを有した一連の筋肉感覚を感得するのだが、私の意識はこの系列を空間内の連続的運動の意味に解釈してしまう。次に、私がより重い錘りを、同じ高さまで同じ速度で持ち上げれば、私は新しい一連の筋肉感覚を経由することなるが、この系列に属する感覚の各々は、先の系列でそれに対応する項とは異なっている。これらの感覚をよく吟味することで、私はたやすくこのことを確信するだろう。しかし、私はこの新しい系列をも連続的運動の意味に解釈してしまうし、また、この運動も先の運動と同じ方向、同じ持続、同じ速度を有しているのだから、私の意識はまさに、後者の感覚の系列と前者の系列との差異を、運動そのものとは別の場所に局所化するのでなければならない。そうなると、意識はこの差異を物質化して、動く腕の末端に位置づけることになる。そして意識は、運動の感覚が二つの場合に同一であったにもかかわらず、重さの感覚が大きさを変えたのだと思い込む。しかし、運動と重さの区別は、反省された意識が施す区別でしかない。無媒介的・直接的な意識が有するのは、いわば重たい運動の感覚であって、この感覚そのものはと言えば、それに分析を加えれば、一連の筋肉感覚に解消されてしまうのだが、これらの感覚の各々は、そのニュアンスによって、自分が生み出される場所を、その色合いによって、持ち上げられる錘りの大きさを表している。

光の感覚

ではわれわれは、光の感覚については、それを量と呼ぶのだろうか、それとも、それをひとつの質として扱うのだろうか。十分には注目されてこなかった事柄かもしれないが、日常生活においては、実に多様な数多の要素が協働して、われわれに光源の本性を知らせてくれている。対象の輪郭や細部が見えにくくなったときには、この光が遠ざかっているか、消えかかっているのだということは、古くから知られている。ある場合に感得される眩暈《めまい》の前触れのような情緒的感覚は、より強い力能を有した原因に帰せられねばならないということを、われわれは経験から学んだ。光源の数を増やすか減らすかによって、物体の稜線も、投影される陰の浮き立ち方も異なってくる。しかし、われわれが思うに、光が弱いか輝かしいかの影響で、色面――スペクトルの純色でもいいが――が蒙る色調の変化には、より大きな重要性を認めねばなるまい。光源が近づくにつれて、紫は青みがかった色調を帯び、緑は白みがかった黄へと、赤は明るい黄へと傾いていく。逆に、この光が遠ざかると、群青は紫に、黄は緑に推移し、最後には、赤、緑、紫が白っぽい黄に近づいていく。こうした色調の変化は、いつ頃からか物理学者たち(18)によって指摘されるようになった。だが、われわれにとって、それよりもはるかに注目に値するのは、それに注意を払ったり、告げ知らされでもしない限り、大抵の人間がこの事実にほとんど気づかないという点である。質の変化を量の変化として解釈するべく決心したからには、われわれは、まず手始めに、どの対象も一定不変の固有色を有するということを原理として立ててしまう。そうなれば、対象の色合いが黄なり青に近づく時には、われわれは、照明の増減の影響で色が変化するのが見えると述べる代わりに、この色は同一にとどまるが、われわれが抱く光の強度の感覚が増大したり減少したりするのだと主張するだろう。したがって、われわれはまたしても、意識が受け取る質的印象を、われわれの悟性がそれに与える量的解釈によって置換するのである。ヘルムホルツは同じ種類の、ただしより複雑な解釈現象を指摘した。彼は言う。「スペクトルの二色で白を合成し、二つの有色光の強度を、その混合の割合が同じにとどまるように同じ連関で増大させたり減少させたりすると、結果として得られる色は同じにとどまるにもかかわらず、諸感覚の強度連関は顕著に変化する……。このことは、昼間は通常の白色であると考えられている太陽光も、光の強度が変動する場合には、これに類比的な変容を、そのニュアンスに刻まれるということに由来する。[19]」

われわれはしばしば周囲の諸対象の色調のあいだの相対的変化によって光源の変動を判断する。しかし、たとえそうだとしても、唯一の対象、たとえばひとつの白い面が継起的に様々な度合いの光度を経由していくような単純な事例においては、もはや事態はこのようには進まない。われわれはとりわけこの最後の点を強調しなければならない。実際、物理学は、光の強度の度合いを、真の量として語る。現に物理学はそれを光量計で計測するではないか。精神物理学者は更に進んで、われわれの目がそれ自身で光の強度を評価するのだと主張する。われわれの光覚による直接的な計測について、精神物理学的公式を確証するために、初めはデルブフ氏[20]〔Joseph Rémy Léopold Delbœuf, 1831-1896. ベルギーの哲学者・心理学者〕によって、次いでレーマン〔Alfred Georg Ludwig Lehmann, 1858-1921. デンマークの心理学者でヴントの弟子〕とネグリック両氏[21]によって、様々な実験が試みられた。

われわれはこの実験の成果に、ましてや光度測定の手続きの価値にも、異論を唱えるつもりはない。そうではあるが、一切はそれらについて与えられる解釈に懸っているのだ。

たとえば、四本の蠟燭によって照らされた一枚の紙を注意深く眺めながら、それらの蠟燭を、一本、二本、三本と継起的に消してみてほしい。面は白いままであるがその明るさが減少する、と諸君は言う。実際、諸君は先ほど蠟燭が一本消されたことを知っているのだから。たとえそのことを知らないとしても、諸君は、照明を減じたときに白い表面の相貌が、蠟燭を一本ずつ消したときと同様の仕方で変化したことに何度も気づいたことがあるはずだ。しかし、記憶と言語の習慣を捨象してみてほしい。そのとき諸君が真に覚知するのは、白い面の照明の減少ではなく、蠟燭が消された瞬間にこの面を横切る一層の影なのである。諸君の意識にとっては、この影も光そのものと同様にひとつの実在である。最大限に眩かった最初の面を白と呼んだのであれば、今見ているものには別の名前を与えなければならないだろう。というのも、それは別物なのだから。それは言ってみれば白のひとつの新たなニュアンスであろう。これ以上縷言《るげん》する必要があるだろうか。過去の経験によって、また物理理論によっても、われわれは、黒を光覚の欠如、とは言わないまでも少なくともその最小限とみなし、灰色の相継起する諸々のニュアンスを白色光の漸減する強度とみなすよう習慣づけられている。けれども、黒はわれわれの意識にとっては白と同じだけの実在性をもつし、一定の面を照らす白色光が次第に弱まっていく際に辿る諸々の強度は、先入見をもたない意識にとっては、その各々が別のニュアンスであって、それらはスペクトルの多様な色に酷似している。この点を見事に証明してくれるもの、それは、感覚においてはその外的原因においてとはちがって変化は連続的ではないということ、光のほうは増減しているのに、しばらくは白い面の照明がわれわれには変化するように思われないことがありうるということ、これである。実際、この照明が変化するように思われるのは、外的な光の増大ないし減少がある新たな質を作り出すに足るものとなったときだけだろう。したがって、ある一定の色の明るさの変動——先に話題にした情緒的感覚は捨象する——は、われわれが原因を結果のうちに置き、経験と科学から学んだことをもって素朴な直観に代える習慣を身につけなかったならば、諸々の質的な変化に還元されるだろう。彩度についても同じことが言えるだろう。実際、ある色の多様な強度がこの色と黒とのあいだに含まれた相当数の様々なニュアンスに対応するとすれば、彩度の数々の度合いとは、この同じ色と純白とのあいだに存する諸々のニュアンスのごときものである。われわれとしてはこう言いたい。どの色も、黒の観点からと白の観点からの二重の相のもとで考察されうる、と。その場合、黒の強度に対する関係は、白の彩度に対する関係なのである。

今や光量計の実験の意味が了解されるだろう。一本の蠟燭が、一枚の紙から一定の距離に置かれていて、一定の仕方でこれを照らしている。距離を二倍にすれば、同じ感覚を呼び起こすのに、四本の蠟燭が必要であることが確認される。そこから諸君は、光源の強度を増すことなしに距離を二倍にすれば、照明の効果は四分の一に減ずるとの結論を下す。しかし、ここで問題となっているのが物理的効果であって心理的効果でないことは、あまりにも明白である。というのも、われわれは二つの感覚を比較したのだとは言えず、むしろわれわれは唯一の感覚を利用して、二つの異なった光源——一方の光源は他方の光源の四倍の強さだが二倍遠い位置にある——を比較したのだから。一言でいえば、物理学者は、互いに他の二倍であったり三倍であったりするような諸々の感覚を介入させているのではなく、ただひとつの感覚を介入させて、これを二つの物理的量のあいだの媒介として役立てているのだ。そうなると、二つの物理量が互いに等しいものとみなされることもあるだろう。光覚はここで補助未知数の役割を演じている。数学者によって計算中に導入されはするが、最終的な結果からは姿を消してしまう補助未知数の役割を。

精神物理学者の目的はまったく異なる。彼が研究し、また計測していると称するのは、光覚そのものなのである。精神物理学者は、ある場合にはフェヒナーの方法に従って、無限小の差異の積分を行うだろうし、またある場合には、ある感覚ともうひとつの感覚とを直接的に比較するだろう。後者の方法は、プラトー〔Joseph Plateau, 1801-1881. フランスの精神物理学者〕とデルブフに由来するものだが、これまで思われてきたほどにはフェヒナーの方法と異なってはいない。ただ、この方法のほうがより本格的に光覚を取り上げているので、まずこちらに専念することにしよう。デルブフ氏は、明るさの変動する同心円状の三つの環の前に観察者を座らせる。巧妙な装置によって、デルブフ氏は、この環の各々が、白と黒に挟まれたすべての中間的色調を経由できるようにした。これら灰色の色調のうち二つが、二つの環の上で同時に生み出され、不変に保たれていると仮定しよう。これらをたとえばAとBと呼ぼう。デルブフ氏は、第三の環の明るさCを変動させて、灰色の色調Bがいつ他の二つと等距離に見えるかを告げるよう観察者に要求する。実際、時がくれば、観察者はABの対照がBCの対照に等しいと申告する。その結果、デルブフ氏によれば、各々の感覚から後続する感覚へと、つねに等しい可感的対照によって移行できるような光の強度の階梯が構築される。かくして、われわれの諸感覚は相互に計測し合うことになる。しかし、デルブフ氏がこの見事な実験から抽き出した結論には、われわれは賛同できない。本質的な問い――われわれに言わせれば、これが唯一の問いなのだが――は、要素AとBから成る対照ABが、別な仕方で構成された対照BCと真に等しいのかどうかを知ることである。同一ならざる二つの感覚が互いに等しくありうるということがいずれ確証されたならば、精神物理学は根拠づけられることになるだろう。しかし、こうした相等性には異論の余地があるようにわれわれには思われる。実際、ある強度の光の感覚が他の二つから等しい距離にあると言われうるのはいかにしてであるかは容易に説明される。

われわれが生まれて以来、ある光源の強度の変動が、われわれの意識には、スペクトルの多様な色彩の継起的な知覚として翻訳されてきたと、しばし仮定してみてほしい。その場合、これらの色が、ある音階に属するそれと同数の音として、ある階梯に属する高低の度合いとして、ひとことで言えば大きさとして現れるのは疑いない。他方で、これらの色の各々に、系列内での位置を割り振ることは、われわれにとって造作もない仕儀であろう。実際、外延的な原因がたとえ連続的な仕方で変動するとしても、色づいた感覚のほうは非連続な仕方で変化して、あるニュアンスから別なニュアンスへと移行するのだから。したがって、二つの色AとBのあいだに介在するニュアンスがどれほど多かろうとも、相変わらず、思考によって少なくとも大雑把には、その数を数えることができるだろうし、この数が、Bともうひとつの色Cを分かつニュアンスの数にほぼ等しいことを検証することもできるだろう。その場合、BはAとCから等しく隔たっていて、ABの対照とBCの対照は同等であると言われるだろう。しかし、これはやはり便宜的な解釈でしかない。というのも、介在するニュアンスの数が双方で等しいとしても、また一方から他方への移行が唐突な飛躍によるとしても、これらの飛躍が大きさであるか否かも、等しい大きさであるか否かも分からないのだから。とりわけ、計測に用いられた中間項が、計測された対象の只中にも、いわば再発見されるということを、われわれは示さなければならないだろう。さもなければ、ある感覚が他の二つの感覚から等しい距離にあると言えるのは、ただ隠喩によってのみであることになろう。

さて、光の強度についてわれわれが上に述べたことに同意していただけるなら、以下の諸点を認めていただけるだろう。すなわち、デルブフ氏がわれわれの観察に呈示した多様な灰色の色調は、われわれの意識にとっては複数の色とまったく同様のものであるということ、そして、われわれがある灰色の色調を他の二つの色調から等距離であると申告するのも、たとえば、橙が緑と赤から等距離にあると言われうるのと同じ意味においてであるということ、これである。異なるのはただ、われわれの過去の経験すべてにおいて、灰色の色調の継起は、照明の漸進的な増大ないし減少に際して生み出された、という点である。ここから、われわれは、色合いの差異に対してはまったく為そうと思わないことを、明るさの差異に対して為すようになる。つまり、質の変化を大きさの変動に仕立て上げてしまうのだ。それに、この種の計測は造作もなく行われる。それというのも、照明の連続的な減少によってもたらされる灰色のニュアンスの継起は、質であるがゆえに非連続であって、そのため、われわれは二つのニュアンスを分かつ中間項を概算的に数え上げることができるからである。そうだとすると、AとBの対照がBとCの対照に等しいと申告されるのは、われわれの想像力が、記憶力の助けを得て、双方に同数の指標点を介在させるときだろう。ただし、こうした評定はきわめて大雑把なものであるはずだし、それがひとによって著しく異なるであろうことは予想される。何よりも予期されるべきは、二つの環AとBのあいだの明るさの差異を増やせば増やすほど、評定に際しての躊躇やずれは大きくなるということである。というのも、介在する色調の数を評定するのに要求される努力は徐々に骨の折れるものになっていくからだ。まさにその通りであることは、デルブフ氏によって作成された二つの表[22]を一瞥すれば容易に納得されるだろう。外側の環と真ん中の環とのあいだの明るさの差異を増大させればさせるだけ、ひとりの観察者もしくは相異なる観察者たちが順次立ち止まる数値のあいだの隔たりはほぼ連続的に、三度から九四度へ、五度から七三度へ、一〇度から二五度へ、七度から四〇度へ、という具合に増大していく。ただ、これらの隔たりのことは脇に置いて、観察者たちがつねに自分自身に一致し、互いにも一致していると想定してみよう。しかし、これで、対照ABと対照BCが等しいことを確証できるだろうか。そのためにはまず、継起的な二つの基本的対照のあいだの量的相等性が証明されたのでなければならないだろうが、われわれが知っているのは単にそれらが継起的であることでしかない。次に、ある灰色の色調のうちにより低次の色調が再発見されるということが確証されたのでなければならない。より低次の色調を経由することで、われわれの想像力は光源の客観的な強度を評価するに至ったのであるから。ひとことで言えば、デルブフ氏の精神物理学は、このうえもなく重要なひとつの理論的な公準を想定しているのであって、それを実験の見かけの下に隠そうとしても無駄である。われわれとしては、この公準を以下のように定式化したい。「光の客観的な量を連続的に増大させると、数々の灰色の色調が継起的に得られるが、これらの色調のあいだの差異はいずれも、知覚されたもののなかでは最小の物理的刺激の増大であり、その量は互いに等しい。加えて、得られた諸感覚のうち任意のひとつは、感覚ゼロから当の感覚までの先行する諸感覚を互いに分かつ差異の総和に等しいとみなしうる」、と。——ところで、これこそまさにフェヒナーの精神物理学の公準である。これより、われわれはこの公準を検討することにしたい。

精神物理学

フェヒナー[12]は、ウェーバー〔Wilhelm Eduard Weber, 1804-1891. ドイツの物理学者〕によって発見されたある法則から出発する。ある感覚を喚起するある刺激が与えられた場合、意識が変化を覚知するためには、この刺激に何らかの刺激量を付加しなければならないのだが、この法則によると、付加されるべき刺激量は最初の刺激と恒常不変な連関を有している。たとえば、Eによって感覚Sに対応する刺激を指示し、ΔEによって、差異の感覚が生み出されるためにこの刺激に付加すべき同じ本性の刺激量を指示するなら、《$\Delta E/E=$定数》が得られるだろう。この公式は、フェヒナーの弟子たち〔デルブフとプラトー〕によってきわめて大きな変更を施された。ただ、われわれとしては論争に介入するつもりはない。ウェーバーによって確証された関係を採るか、それに取って代わった関係を採るかを決めるのは、実験の役目なのだ。もっとも、われわれとしても、この種の法則が存在するかもしれないということを認めるにやぶさかでない。実際、ここで問題となっているのは、感覚を計測することではなくて、単に、刺激の増大による感覚の変化が正確にいつ生じるかを規定することなのだから。さて、一定量の刺激が一定のニュアンスの感覚を生み出すのだとすれば、このニュアンスの変化を喚起するのに要請される刺激の最小限の量もまた決定されているのは明らかである。ただ、それが定数でない以上、この量は、付加される側の刺激の関数でなければならない。――しかし、刺激とその最小限の増加との関係から、「感覚の量」とその対応物たる刺激とを結びつける方程式へと、いかにして移行できるというのか。精神物理学の全体はこの移行に係っている。だから、それを注意深く研究することが肝要である。

ウェーバーの実験やこれに似たまったく別の系列の観察から、フェヒナーの法則のような精神物理学的法則へと移行する際の操作のうちに、われわれは、いくつもの様々な作為を見分けることだろう。まず、刺激の増大について抱かれる意識を、感覚Sの増大とみなすこととする。そこで、前者はΔSと呼ばれる。次に、ある刺激における知覚可能な最小の増大に対応するすべての感覚ΔSは互いに等しいということ、この点が原理として措定される。そうなると、これらの感覚は量として扱われるようになり、これらの量が一方では等しく、だが他方では刺激Eとその最小限の増加とのあいだに$\Delta E=f(E)$という関係が実験によって与えられるから、ΔSの恒常性は、Cを定数とすれば、$\Delta S=C\cdot\Delta E/f(E)$と書くことで表現される。最後に、極小の差異$\Delta$Sと$\Delta$Eを無限小の差異$dS$と$dE$によって置換することにすると、そこから今度は、微分方程式 $dS=C\cdot dE/f(E)$ が生まれる。こうなれば、後は両辺を積分するだけで、求められている関係すなわち $S=C\cdot\int_0^E \cdot dE/f(E)$ が得られる。[23] こうして、検証された法則から検証不能な法則への移行がなされる。前者の法則では、ただ感覚の出現だけが問題となっていたのに、後者の法則は感覚を計測するための尺度をもたらすというのだ。

こうした技巧的な操作をめぐる議論に深入りすることはやめにして、問題の真の困難をフェヒナーはどのように把握していたか、彼はいかにしてそれを乗り越えようとしたか、そして、われわれによれば、彼の推論の欠点はどこに存するのかを、手短に示すことにしよう。

二つの単純状態、たとえば二つの感覚の相等性やそれらの加算をまず初めに定義するのでなければ、心理学のうちに計測を導入することはできないということは、フェヒナーも理解していた。しかし、二つの感覚が相等しいことをまずもって看取できるのは、それらが互いに同一である場合を措いて他にないだろう。なるほど、物理学の世界においては、相等性（égalité）は同一性（identité）の同義語では決して ない。しかしそれは、どんな現象やどんな対象も、そこでは、一方では質的、他方では外延的という二重の相のもとに姿を現すからであって、その場合、前者を捨象することを妨げるものは何もないし、そうなればもはや、直接的にせよ間接的にせよ互いに重ね合わせることができ、ひいては、揃って同一視されるような諸項しか残るまい。しかし、計測を可能にするためにまずもって外的事物から排除されるこの質的な要素こそ、精神物理学者が保持し、かつ計測すると称するところのものなのである。精神物理学がこの質Qを、その下敷きとなる何らかの物理量Q′によって算定しようと努めても無駄である。というのも、そのためには、QがQ′の関数であることをあらかじめ示しておかねばならないからだが、このことは、まず初めに質Qをそれ自身の何らかの部分で計測しておかなければ不可能であろう。たとえば、熱の感覚を温度の度合いによって計測することを妨げるものはないけれども、それはひとつの規約にすぎない。精神物理学の本義はまさに、それが規約であることを拒絶しつつ、温度が変動するときに熱の感覚がどのように変動するかを探究することに存している。要するに、異なった二つの感覚が等しいと言われうるのは、それらの質的な差異を除去した後にも、何らかの同一の地が存続する場合のみである。ところが、この質的な差異こそわれわれが感覚するすべてなのだから、これをひとたび除去したときに何が存続しうるのかは不明である。

フェヒナーの独創的な点は、この困難を克服不能なものとは判断しなかったところにある。刺激が連続的に変動する際に感覚のほうは唐突な飛躍によって変動することを利用して、彼はためらうことなく、感覚におけるこれらの差異を同じひとつの名で指し示した。実際、それらはいずれも最小の差異である。というのも、これらの差異はいずれも外的刺激における知覚可能な最小の増加に対応しているのだから。このように複数の差異がひとつの名で指し示されるようになれば、諸君はこれらの継起的な差異に特有のニュアンスや質を捨象することができるし、その結果、これらの差異がそれを介していわば揃って同一視されるような共通の地も残るだろう。これらの差異はどれもが最小なのである。これこそ、相等性について求められていた定義である。加算の定義も自然にその後に続くだろう。というのも、刺激の連続的な増大に沿って相継起する二つの感覚のあいだに意識が覚知する差異を、ひとつの量として扱うならば、そしてまた、先行する感覚をS、続く感覚をS＋⊿Sと呼ぶのであれば、いかなる感覚Sも、それに到達する前に通過された数々の最小差異の加算によって得られるひとつの総和とみなされねばならないだろう。そうなると、残る課題は今や、この二重の定義を利用して、まずは差異⊿Sと差異⊿Eのあいだの関係を確立し、次いで、微分の媒介によって、二つの変数のあいだの関係を確立することだけだろう。なるほど、数学者たちならここで、差異から微分への移行に対して異議を唱えることができるだろう。また、心理学者たちなら、量⊿Sは、一定である代わりに、感覚Sそのものと同様に変動するのではないかと考えるだろう[24]。最後に、精神物理学的な法則がひとたび確立されたとしても、その真の意味については議論が分かれるだろう。ただし、⊿Sをひとつの量とみなし、Sをひとつの総和とみなすだけで、この操作全体の根本的な公準は認められたことになる。

しかるに、この公準こそ、われわれにとっては異論の余地があり、実に不可解とさえ思えるものなのである。実際、私がある感覚Sを感得していて、刺激を連続的に増大させながら一定の時間後にこの増大に気づく、と想定してみてほしい。ここで私は原因の増大を告げられたわけだが、しかし、この告知と〔刺激の増大に伴う〕差異とのあいだにいかなる連関を確立すればよいのか。おそらくこの場合、告知の本義は、最初の状態Sが変化したということ、SがS′になったということに存している。けれども、SからS′への移行が代数的な差異に比しうるものとなるためには、私はSとS′とのいうなれば間隙（intervalle）についての意識を有していなければならないし、私の感性は何かを加算することでSからS′へと上昇するのでなければならないだろう。この移行に名前を付けて、それを⊿Sと呼ぶことで、諸君はまずかかる移行を実在たらしめ、次いでそれをひとつの量たらしめる。しかるに諸君は、いかなる意味でこの移行がひとつの量であるかを説明する術をもたないし、加えて、この移行に省察を加えるなら、それがひとつの実在でさえないことにも気づくだろう。実在的であるのは、経由される状態SとS′だけなのだ。たしかに、仮にSとS′が数であるなら、たとえS′とSしか与えられていないとしても、S′とSの差の実在性を確証することはできるだろう。というのも、S′からSを引いた数は、それが諸単位のひとつの総和である以上、この場合まさに、SからS′への移行をもたらす加算の継起的な諸契機を表しているはずだから。けれども、SとS′が単純状態であるときには、これらを分かつ間隙は何に存するだろうか。それに、第一の状態から第二の状態への移行とは、二つの状態の継起を恣意的に、自分の都合のよいように、二つの大きさの相違と同一視してしまう思考の働きでないとしたらいったい何であろうか。

諸君は意識が諸君に与えるもので事足れりとするか、それとも、規約的な（conventionel）表象の仕方を援用するかのどちらかである。前者の場合には、諸君はSとS'のあいだに、虹の色々のニュアンスの差異にも似た差異を見出すだろうが、大きさを有した間隙を見出すことはまったくないだろう。後者の場合には、諸君はお望みならΔSという象徴（symbole）を導入できるだろうが、諸君が代数的な差異について語るのは規約によってであるし、諸君がある一定の感覚をある総和と同一視するのもまた規約によってである。フェヒナーの批判者たちのなかでも最も透徹した人物たるジュール・タヌリ氏〔Jules Tannery, 1848-1910. フランスの数学者〕は、この最後の点を明るみに出した。すなわち、「たとえば五〇度の感覚は、感覚の不在から五〇度の感覚に至るまでに相継起するであろう微分的諸感覚の数によって表現されるかのようである。……正当ではあるがそれと同じく恣意的なひとつの定義以外のものがここにあるとは私は思わない[25]」。

この方法についてこれまで何と言われてきたとしても、中間区分法（méthode des graduations moyennes）[13]が精神物理学を新たな途に導いたとはわれわれは思わない。デルブフ氏の独創的な点は、意識がフェヒナーの正しさを認めるような特殊な事例、常識それ自体が精神物理学者となるような特殊な事例を選択したことにある。ある種の感覚は、互いに異なっているにもかかわらず、相等しいものとしてわれわれに無媒介的・直接的に現れるのではないか、そして、これらの感覚の仲介によって、互いに二倍、三倍、四倍であるような諸感覚の表を作成することはできないか、と彼は考えた。フェヒナーの誤謬は、すでに述べたように、相継起する二つの感覚SとS′のあいだには単にひとつの移行があるだけで、語の代数的な意味における差異など存在しないにもかかわらず、両者のあいだにひとつの間隙があると思い込んだ点にある。ただし、その間で移行が行われるところの二つの項が同時に与えられうるとしたら、今度は移行に加えて対照があることになろう。この対照も依然として代数的な差異ではないのだが、ある面でそれに類似している。すなわち、比較される二つの項は、ちょうど二つの数のあいだで減算を行うときのように、互いに現前し合っているのだ。次に、これらの感覚が同じ本性のもので、しかも、過去の経験においてわれわれは、物理的な刺激が連続的に増大するあいだ恒常的にこれらの感覚の行列に立ち会ってきたと想定してみよう。その場合、われわれが原因を結果のうちに置いていること、対照という観念が代数的な差異という観念のうちに溶解してしまっていることは、限りなく真実に近い。他方、刺激の進展は連続的であるのに、感覚は唐突に変化するということはすでに認められているから、おそらくわれわれは、所定の二つの感覚のあいだの距離を、これらの唐突な飛躍の数、とは言わないまでも、少なくとも、われわれにとってほぼつねに標柱として役立つような中間的感覚の数——ただしそれも大雑把に再構成された数にすぎない——によって算定するだろう。要するに、対照は差異として、刺激は量として、唐突な飛躍は相等性の要素としてわれわれに現れるだろう。そしてわれわれは、これら三つの要因をひとつに結合することで、相等しい量的な差異という観念に達するだろう。ところで、明るさに相違のある同じ色の表面がわれわれに同時に姿を現すときほど、こうした条件が見事に実現される場合はどこにもない。ここには、相似た感覚のあいだの対照があるだけではない。これらの感覚は更にあるひとつの原因に対応してもいるのだが、この原因の影響はわれわれにはつねにその距離と密接に結びついたものと思われてきた。しかも、この距離は連続的に変動しうるのだから、われわれは過去の経験において、感覚の有する数えきれないほど多数のニュアンスが、原因の連続的な増大に沿って相継起するのに気づいたはずである。したがってわれわれは、たとえば第一の灰色の色調と第二のそれとの対照は、第二の色調と第三のそれとの対照とほとんど等しく見えると言うこともできるだろう。その際、これらは多少なりとも混乱した推論によって相等しいと解釈された感覚であると述べることで、相等しいとされる諸感覚を定義するなら、デルブフ氏が提唱したような法則に紛れもなく到達することになるだろう。しかし、意識が精神物理学者と同じ中間項を経由しており、意識による判断の価値がここでは精神物理学のそれと等価であることは忘れてはならないだろう。これは質を量とみなす象徴的解釈であり、また、所定のものたる二つの感覚のあいだに挿入されうる感覚の数についての、多少なりとも概算的な算定である。したがって、最小変動法〔最小区分法〕(méthode des modifications minima)[14]と中間区分法との差異、すなわちフェヒナーの精神物理学とデルブフ氏のそれとの差異は、そう思われているほど大きいものではない。前者は感覚の規約的な計測に至るが、後者は、常識が同様の規約を採用するような特殊な事例を採り上げて、常識に訴えている。要するに、どんな精神物理学も、その起源そのものからして悪循環のなかで堂々廻りするよう運命づけられているのだ。というのも、精神物理学が依拠している理論的公準は、精神物理学に実験的検証を強いるが、精神物理学が実験的に検証されうるのは、まず初めに当の公準が承認される場合だけだからである。なぜそうなるかというと、非延長的なものと延長的なもの、質と量のあいだに接点がないからである。これらのものの一方を他方によって解釈し、一方を他方の等価物に仕立て上げることはできる。けれども、遅かれ早かれ、最初にもしくは最後に、こうした同一視の規約的な性格を認知せざるをえないだろう。

実を言うと、精神物理学は、常識にとって馴染み深い考えを正確に定式化して、この考えをその究極の結論にまで押し進めたにすぎない。われわれは思考する者であるよりむしろ語る者であるし、また、われわれにとっては、共通領域に属する外的な諸対象のほうが、われわれの経由する主観的諸状態よりも重要なのだが、そうである以上、主観的諸状態の外的原因の表象を可能な限り導入することで、これらの状態を対象化・客観化することが、われわれにとってはまさに得策であろう。しかも、認識が拡大するにつれて、われわれは、強度的なものの背後に外延的なものを、質的なものの背後に量的なものを覚知しやすくなり、また、後者を前者のうちに置いて、みずからの感覚を大きさとして扱う傾向を強めていく。物理学の役目はまさしくわれわれの内的諸状態の外的原因を計算に付すことであるから、物理学はこれらの内的状態それ自体とはできるだけ係りをもたないでいる。絶えず、それも偏見によって、物理学はこれらの状態をその原因と混同する。したがって物理学は、この点については常識の錯誤を助長し、それを誇張しさえしている。量と質、感覚と刺激とのこうした混同に馴染んでしまえば、科学が、後者を計測するのと同様に前者を計測しようと試みる時が訪れるのは、避けられない宿命だったのだ。そして、これこそが精神物理学の目的であった。この野心的な試みを敢行するようフェヒナーを勇気づけたのは、まさに彼の敵対者たち自身だった。すなわち、心理的な状態は計測に逆らうものだと断言しつつも、強度的な大きさについて語っていた哲学者たちだった。実際、ある感覚は別な感覚より強いものでありうるということ、そしてまた、この不等性は、いかなる観念連合とも、数や空間についての多少なりとも意識的などんな考察とも無関係なものとして諸感覚そのもののうちに存しているということ、これらの点が認められるのなら、第一の感覚が第二の感覚をどれだけ凌駕しているのかを求め、両者の強度のあいだに量的連関を確立しようと努めるのは当然である。精神物理学の敵対者たちがしばしばそうするように、あらゆる計測は重ね合わせを含むが、強度は重ね合わせ不能なものである以上、それらのあいだに数的連関を求める余地などないと答えたとしても、何の役にも立つまい。というのも、そうなれば、いったいなぜ、ある感覚がもうひとつの感覚よりも強いと言われることになるのか、また——たった今認めたように——、含むものと含まれるものとの関係をまったく容れないものについて、どうしてそれをより大きいとかより小さいなどと呼びうるのかを説明しなければならないだろうからだ。この種のどんな問いをも打ち切ろうとして、一方では大小しか伴わない強度量、他方では計測に委ねられる外延量という二種類の量を区別したとしても、それではほとんどフェヒナーや精神物理学者たちの正しさを認めることになってしまう。というのも、あるものが増減しうるということを認めるからには、どれだけそれが増減しているかを探るのは当然のことと思われるからである。この種の計測は直接的には不可能であるかに見えるが、だからといって、何らかの間接的な手だて——たとえばフェヒナーの提唱する無限小の諸要素の積分にせよ、まったく別の迂遠な手段にせよ——によっても、科学はこれに成功できないとの結論は出てこない。したがって、感覚は純粋な質であるか、それとも大きさであるかのどちらかであり、後者の場合にはその計測を試みなければならない。

以上のことを要約して、われわれとしてはこう言いたい。すなわち、強度の概念は、研究されているのが外的な原因を表象するところの意識状態であるか、それとも、それ自体で自足した意識状態であるかによって、二重の相のもとにその姿を現す、と。前者の場合、強度の知覚は、原因の大きさを結果の何らかの質によっていわば算定することに存してい て、スコットランド学派〔トマス・リードを祖とする常識学派のこと〕のひとたちの言葉で言うと、これは習得的知覚（perception acquise）[15]である。後者の場合、われわれは、ある根本的状態の只中に見分けられる単純な心理的諸事象の多様性の大小を強度と呼ぶ。これはもはや習得的知覚ではなく、錯雑な知覚（perception confuse）である。もっとも、知覚というこの語の二つの意味はきわめてしばしば相互に浸透し合っている。なぜなら、一方では、ある情動や努力が含むより単純な状態は概して表象的であるし、また表象的状態の大半は同時に情緒的でもあって、それ自身のうちに、基礎的な心理的諸事象の多様性を包摂しているからである。つまり、強度の観念は二つの流れの合流点に位置しているのだ。すなわち、外部から外延的な大きさの観念をわれわれにもたらす流れと、内的多様性のイメージを意識の深みに迎えに行って、それを表面へと導く流れとの合流点に。残るは、このイメージが何に存するのか、それは数のイメージと一体化するところのものなのか、それともこれと根本的に異なるものなのか、これを知ることである。次の章では、個々の意識状態を別々に考察することはもはやせずに、その具体的な多様性において、それが純然たる持続のうちで展開される限りでこれらの意識状態を考察することにしよう。表象的な感覚について、われわれは、かかる感覚の原因の観念を導入しない場合、その強度とは何であるのかと問うてきたのだが、それと同様に、今やわれわれは、空間——持続は空間へと展開される——を捨象した場合に、内的状態の多様性はどうなるのか、持続はいかなる形態をまとうのかを探究しなければならないだろう。後者の問いは、前者の問いとはまた別の意味で重要である。というのも、仮に質と量との混同が、個々別々のものとみなされた意識状態の各々に限定されるとすれば、たった今われわれが見たように、この混同が創り出すのは、問題というよりもむしろ曖昧さであるからだ。しかし、この混同は、われわれの心理的諸状態の系列を浸食し、持続についてのわれわれの考えのうちに空間を導入することで、外的な変化と内的な変化、運動と持続についてのわれわれの表象を、その源泉そのものにおいて損なってしまう。ここからエレア派の詭弁が生じ、ここから自由意志(libre arbitre)の問題が生じるのだ。われわれはどちらかと言えば第二の点を強調するつもりである。ただ、われわれとしては、問いを解決しようと努める代わりに、この問いを提起する人々の錯誤を示すことにしたい。

（1） スペンサー『進化についての試論』（Spencer, *Essais sur le progrès*, trad. fr., p. 283）。〔原著は Gracefulness, *Essays : moral, political and aesthetic*, 1873, pp. 312-318〕

（2） ヴント『精神物理学』（Wundt, *Psychologie physiolosique*, trad. Renouvier, t. I, p. 423）。〔原著は *Grundzüge der Physiologischen Psychologie*〕

（3） ウィリアム・ジェームズ「努力の感情」（W. James, Le sentiment de l'effort, *Critiques philosophiques*, 1880, t. II）。

（4） フェリアー『脳の機能』（Ferrier, *Les fonctions du cerveau*, trad. fr., p. 358）。〔原著は *Functions of the Brain*, p. 386〕

（5） ヘルムホルツ『生理学的光学』（Helmholtz, *Optique physiologique*, trad. fr., p. 764）。〔原著は *Handbuch der Physiologischen Optik*, 1867, SS. 600-601〕

（6） リボー『注意の心理学』（Ribot, *Psychologie de l'attention*, Alcan, 1889）。〔原文には『注意の機構』*Le mécanisme de l'attention* とあるが、リボーにはこのような題名の著作は見当たらない〕

（7） ダーウィン『情緒の表現』（Darwin, *Expression des émotions*, p. 79）。〔原著は *The Expression of the Emotions in Man and Animals*, 1872, p. 74〕

（8） ジェームズ「情緒とは何か」（W. James, What is an emotion? *Mind*, 1884, p. 189）。

（9） スペンサー『心理学原理』（*Principes de psychologie*, t. I, p. 523）。〔原著は *Principles of*

Psychology, vol. I, p. 482〕
(10) ダーウィン『情緒の表現』(p. 84)。〔原著では pp. 78-79〕
(11) リシェ『人間と知性』(Richet, *L'homme et l'intelligence*, p. 36)。
(12) 同右 (p. 37)。
(13) 同右 (p. 43)。
(14) ダーウィン『情緒の表現』(p. 84)。〔原著では pp. 72, 69, 70 で、引用はベルクソンがこれらの箇所をつないだもの〕
(15) フェレ『感覚と運動』(Féré, *Sensation et mouvement*, Paris, 1887)。
(16) ヴント『精神物理学』(t. II, p. 497, Bd. 1, SS. 364 ff.)。
(17) ブリックス、ゴルトシャイダー、ドナルドソン「熱感覚について」(Blix, Goldsheider, Donaldson, On the temperature sense, *Mind*, 1885)。
(18) ルード『色彩の科学理論』(Rood, *Théorie scientifique des couleurs*, pp. 154-159)。〔原著は *Modern Chromatics*, 1879, pp. 181-187〕
(19) ヘルムホルツ『生理学的光学』(p. 423)。〔原著では pp. 318-319〕
(20) デルブフ『精神物理学要諦』(Delbœuf, *Eléments de psychophysique*, Paris, 1883)。
(21) これらの実験の報告としては、『哲学誌』(*Revue philosophique*, 1887, t. I, p. 71 et t. II, p. 180) を見られたい。〔前者はネグリックの「光の感覚への中間区分法の適用」L'Emploi de la métho-

de des graduations moyennes pour les sensations lumineuses、後者は同じネグリックの「ウェーバーの法則と光の対照現象のあいだの若干の関係について」Sur quelques rapports entre la loi de Weber et les phénomènes de contraste lumineux のこと。ただし、前者はアルフレド・レーマンの実験についての報告〕

(22) デルブフ『精神物理学要諦』(p. 61, 69)。

(23) ウェーバーの法則 $\Delta E/E=\mathrm{const.}$ が制限なしに認められる特殊な事例では、Qが定数だとすると、$S=C\log E/Q$ となる。これがフェヒナーの「対数法則」である。

(24) 最近では、ΔS はSに比例するものとみなされている。

(25) ジュール・タヌリ『哲学誌』(J. Tannery, *Revue scientifique*, 13 mars et 24 avril 1875)。〔前者は「諸感覚の対数について」A propos du logarithme des sensations、後者は「諸感覚の測定」La mesure des sensations のことだが、いずれの論文も匿名で出版され、この批判にはリボー、デルブフ、ヴントらが応答した〕

第二章　意識的諸状態の多様性について(1)——持続の観念

数的多様性と空間

一般に数は、単位の集合として、もっと正確に言えば、一と多の綜合として定義される〔1〕。実際、精神の単純な直観によって表象され、ひとつの名前がそれに与えられるものである以上、どんな数も一である。しかし、この単一性はひとつの総和の単一性であって、それは、個々別々に考察できるような諸部分の多様性を包括している。さしあたりは、この単一性と多様性の概念を深く究明することは控えて、数の観念が更に何か他の表象を含んでいるかどうかを考えてみたい。

数は諸単位の集合（collection）であると言うだけでは十分でない。これらの単位は互いに同一である、あるいは少なくとも、数えられるからには、互いに同一と想定されると付言しなければならない。羊はそれぞれ異なるし、羊飼いは難なく個々の羊を見分けるのだが、にもかかわらず、おそらく一群の羊を数えて、五〇頭いるなどと言われるだろう。しかしそれは、羊たちに共通な機能のみを考慮して、それらの個体的な差異を無視することに決められているからなのだ。反対に、対象や個体の個別的な特徴に注意を集中するならば、たしかにそれらを数えることはできても、総和を求めることはもはやできなくなる。軍隊の兵士の数を数えるか、点呼するかに応じて、ひとは大きく異なったこれら二つの観点に身を置くことになる。したがって、数の観念は、互いに絶対的に類似した諸部分ないし諸単位から成る多様性についての単純な直観を含むと言えるだろう。

しかしながら、これらの部分ないし単位は、それらが一体化して唯一のものになってしまうのでない以上、互いに何らかの場所によって明確に区別されるのでなければならない。一群の羊たちがすべて互いに同一であると想定してみよう。羊たちは少なくともそれらが空間内で占める場所によって異なる。そうでなければ、羊たちが一群を成すことは決してないだろう。しかし、五〇頭の羊そのものは脇に置いて、それらの観念だけを保持することにしよう。その場合、われわれはすべての羊たちを同一のイメージにおいて理解するか、どれか一頭の羊のイメージを五〇回反復するかのいずれかであって、前者の場合には、われわれは羊たちを理念的な空間のうちに併置する必要があり、後者の場合には、羊たちの系列は空間よりもむしろ持続のうちに場所を占めるように思われる。しかし、そうではまったくないのだ。というのも、仮に私が群の羊たちを順番に、個々別々に思い描くなら、そのつど私はただ一頭の羊としか決して係らないだろうから。私が進むにつれて羊の数が増えるためには、まさに私は、相継起するイメージを保持するとともに、他方では新たな諸単位の観念を喚起しつつ、諸イメージをこれらの単位の各々と併置するのでなければならない。ところで、このような併置が行われるのは、空間においてであって、純粋な持続においてではない。加えて、物質的諸対象を数え上げるどんな操作もがこれらの対象の同時的表象を含むということ、まさにそれゆえに、これらの対象は空間のうちに置かれるということについては、容易にわれわれに同意していただけるだろう。けれども、空間についてのこのような直観は、数についてのどんな観念にも、抽象的な数の観念にさえも随伴するのだろうか。

この問いに答えるには、幼年期以来、数の観念が自分に対してまとってきた様々な形態を、各人が吟味すれば十分だろう。そうすれば、われわれは最初はたとえば一列に並んだ球を想像していたが、次いでこれらの球が点になり、遂にはこのイメージそのものも立ち消えて、その背後に、われわれのいう抽象的な数を残すだけになったことが分かるだろう。しかしまた、この瞬間に、数は想像されることを、更には思考されることさえもやめたのだ。われわれは数から、計算に必要で、数を表現するものと決められた記号（signe）のみを保持した。というのも、一二が二四の半分であることは、一二という数のことも二四という数のことも考えることなく肯定できるのだから。それどころか、操作を迅速化するためには、そんなことを何もしないほうがまったくの得策でさえある。けれども、もはや単に数字や言葉だけではなく、数をも表象しようと欲するや否や、外延的なイメージに立ち戻らざるをえなくなる。この点に関して錯誤を生み出すのは、空間においてよりもむしろ時間において数える習慣の獲得であるように思われる。たとえば五〇という数を想像するために、一を起点としてすべての数を反復し、かくして五〇番目に達したとき、ひとはこの数を持続において、それも持続においてのみ構築したと信じるだろう。それに、このようにして数えられたのが、空間上の諸点というよりもむしろ、持続の諸瞬間であることには異論の余地がない。しかし問題は、持続の諸瞬間を数えるに際して、空間上の諸点をもってしたのではないか、という点にある。なるほど、純然たる継起が覚知されうるのは、時間において、それも時間においてのみであるが、付加、すなわちある総和に達するような継起はどうかというと、そうではない。というのも、ある総和が多様な諸項を継起的に考察することで得られるとしても、やはり、次の項に移る際には、これらの項の各々は残存していて、他の諸項に付加されるのをいわば待つのでなければならないからだ。しかし、各項が持続の一瞬間にすぎないとすれば、どうして待つことができるのだろう。また、われわれが各項を空間内で局所化するのでないとすれば、どこで待つことができるのだろう。意図せずしてわれわれは、自分が数えている諸瞬間の各々を空間上の一点に固定するのであって、抽象的な諸単位がひとつの総和を成すのは、ただこの条件下においてのみである。後で示すように、時間の継起的な諸瞬間を空間から独立したものとして思い描くことはおそらく可能である。しかし、諸単位を加算していく場合と同様、現在の瞬間に、先行する諸瞬間を付加する場合にも、これらの瞬間そのものに加算の操作が施されているのではない。というのも、これらの瞬間は永久に消え去ってしまっているのだから。そうではなくて、加算の操作が施されるのはまさに、諸瞬間が空間を横切る際に空間内に残すように思われる持続可能な軌跡に対してなのである。たしかに、われわれはきわめてしばしばこのイメージなしで済ませているし、最初の二、三の数のためにこのイメージを用いた後は、このイメージが、必要とあれば他の数を表象するのにもよく役立つはずだということを知れば、われわれとしては十分である。しかし、数についての明晰な観念はどれも、空間における映像《ヴィジオン》を含んでいる。ひとつの判明な多様性（multiplicité distincte）の構成に係る諸単位を直接的に研究したとしても、この点に関しては、数そのものを吟味する場合と同じ結論に達するだろう。

どんな数も諸単位の集合であるとわれわれは述べたが、他方、どんな数も、それを構成する諸単位の綜合である限りでは、それ自体がひとつの単位〔単一性〕そのものである。しかし、単位〔単一性〕（unité）という語は、これら二つの場合で同じ意味に取られているだろうか。数は一であると主張するとき、そのことでわれわれが言わんとしているのは、その数を、われわれは精神の単純不可分な直観によって、全体として表象しているということである。したがって、この単一性はひとつの多様性を包括している。というのも、それはひとつの全体の単一性なのだから。しかし、数を構成する諸単位についてわれわれが語るときには、これらの単位はもはや総和ではなく、まさに他の何ものにも還元不能な純然たる諸単位であって、これらは互いに無際限に結合して数列を形成する定めにあると、われわれは考えている。そこで、次のような二種類の単位があるように見えるのだ。一方は決定的な単一性で、自分自身に自分自身を付加することで数を形成するが、他方は暫定的な単一性で、それ自体において多でありながら、その単一性を、知性がそれを覚知する際の単純な働きから借り受けている。そして、数を合成している諸単位をわれわれが思い描くとき、われわれが諸々の不可分なもののことを考えていると思い込んでいるのは疑いないが、この信念のかなりの部分は、数は空間とは無関係に思い描きうるとの考えに組み込まれているのである。ところが、より仔細に検討するなら、どちらの単一性も精神の単純な働きの単一性であって、この働きは統一することを本義としているから、何らかの多様性がまさにこの働きの素材とならねばならないことが分かるだろう。私がこれらの単位を個々別々に切り離して考えるときには、なるほど私はそれを不可分なものとみなしている。それというのも、私がそのつどひとつの単位のことしか考えないのは疑いないのだから。しかし、私が次の単位に移るためにその単位を脇に置くや否や、私はその単位を客観化し、まさにそのことによって、それをひとつの事物、すなわちひとつの多様性たらしめる。この点を納得するためには、算術が数を形成する際に用いる諸単位は暫定的な諸単一性で、それらは無際限に細分化されうるということ、それらの各々は、想像できる範囲で好きなだけ小さく、好きなだけ数多くの分数の総和を構成するということを指摘すれば足りるだろう。ここにいう単位が、精神の単純な働きを特徴づけているあの決定的な単一性であるとすれば、いかにしてこの単位が分割されるというのか。暗黙のうちにこの単位を延長的対象とみなしているのでなければ、すなわち直観において一であり空間において多であるものとみなしているのでなければ、一方ではこの単位は一であると表明しておきながら、いかにしてそれを細分化することができるというのか。諸君が自分で構成した観念からは、自分で置き入れたのでないものを抽き出すことは決してできないだろう。また、数を合成するのに用いた単位が働きの単一性であって対象の単一性でないならば、どんな分析の努力をもってしても、そこからは純然たる単一性以外の何ものも取り出すことはできないだろう。なるほど、3という数を1＋1＋1の総和に等しいものとみなすときには、この数を合成する諸単位を不可分なものとみなすのを妨げるものは何もない。しかしそれは、これらの単位の各々が孕んだ多様性を諸君がまったく利用しないからである。もっとも、3という数が最初からわれわれの精神に対して単純なものとして姿を現すというのもありそうなことである。なぜなら、われわれは、数のありうべき用法よりもむしろ、数を獲得した際の仕方のほうを思うだろうから。しかし、われわれはすぐさま次のことに気づく。すなわち、仮にどんな掛け算も、それ自身に付加される暫定的な単一性として任意の数を扱いうる可能性を含意しているとすれば、反対に、諸単位のほうはいくら大きくても紛れもない数であって、ただしそれらを互いに合成するために暫定的に分解不能なものとみなされているにすぎない、と。しかるに、単位をいくらでも多くの部分に分割しうる可能性を認めるというまさにそのことによって、その単位は延長したものとみなされるのである。

実際、数の非連続性に関して錯覚してはならないだろう。ある数の形成ないし構築が非連続性を含意することには異論の余地はない。別言するなら、すでに述べたように、3という数を形成するのに用いる諸単位の各々は、私がそれを操作しているあいだはひとつの不可分なものを構成するように見えるし、私は先行する単位から後続する単位へと一挙に移行するように見える。次に、同じ数を二分の一なり四分の一なり任意の単位によって構築するとしても、それでもこれらの単位は、この数を形成するのに役立つ限りでは、暫定的に不可分な諸要素を構成するだろうし、その場合、われわれが一方の単位から他方の単位に赴くのは、つねにぎくしゃくした仕方で、いわば唐突な飛躍によってなのである。そして、その理由はというと、ある数を獲得するためにはその数を合成する諸単位の各々に、代わる代わる注意を固定せざるをえないという点に存している。とすると、諸単位のどれかひとつを任意に思い描く際の働きの不可分性は、後続する点から空間上の空虚な間隙によって分離されるひとつの数学的点のかたちで翻訳されることになる。しかし、たとえ空虚な空間のうちに配列された数学的点の系列が、われわれによって数の観念が形成される際の過程をかなりよく表現しているにしても、これらの数学的点は、われわれの注意がそれらから離れるにつれて、あたかも互いに再結合しようとするかのように、諸々の線へと展開されていく傾向にある。また、われわれが数を完成状態で考察する場合には、この結合はすでに既成事実と化している。点は線となり、分割は抹消され、総体は連続性に固有なあらゆる性格を呈する。だからこそ数は、一定の法則に従って合成されながらも、任意の法則に従って分解可能なのである。ひとことで言えば、思考されている単位と、思考された後に事物に仕立て上げられた単位とを、また形成途上にある数と、ひとたび形成された数とを区別しなければならないのだ。単位が還元不能であるのはそれが思考されているあいだのことであり、また数が非連続であるのはそれが構築されているあいだのことである。しかし、数を完成状態で考察するや否や、数は対象化されるのであって、まさにそれゆえに、このとき数は無際限に分割可能なものとして現れる。実際、注意を促しておくと、われわれは、全面的かつ十全に認識されるかに見えるものを主観的なものと呼び、たえず増大する多数の新たな印象によって、それらについて現に抱かれている観念が置換されうるような仕方で認識されたものを客観的なものと呼ぶ。たとえばある複合感情はきわめて多数のより単純な要素を含んでいる。しかし、これらの要素が完璧な鮮明さで抽き出されない限り、それらが全面的に実現されたとは言えないだろうし、また、意識がそれらについて判明な知覚を有するや否や、それらの綜合から帰結する心理的状態はまさにそのことで変化してしまっているだろう。それに対して、物体はどうかというと、思考が物体をいかなる仕方で分解しようとも、物体の全体的相は何ら変化しはしない。なぜなら、これら多様な分解は、他の無数の分解と同様、たとえ実現されてはいないとしても、すでにイメージのうちで目に見えるものと化しているからである。このように、分割されざるもののうちに下位分割を単に潜在的にではなく現勢的に覚知すること、これこそまさにわれわれが客観性と呼ぶものなのである。そうなると、数の観念における主観的なものと客観的なものとの厳密な割り振りは容易になる。精神にそれ固有のものとして属しているのは、ある一定の空間の多様な諸部分に精神が次々に注意を向けていく不可分な過程である。しかしこのように別々に切り離された諸部分は、保存されて他の諸部分に付加されるのであって、ひとたび相互の加算がなされるや、それらはどんな分解にも委ねられることになる。したがって、それらはまさに空間の諸部分であり、空間とは、精神が数を構築する際の素材であり、精神が数をそこに位置づけるところの媒体《ミリュー》なのである。

数を形成している諸単位の無際限な細分化をわれわれが学ぶのは、実を言うと、算術を通じてである。常識は諸々の不可分なものによって数を構築する傾向を強く有している。そして、このことは難なく理解される。それというのも、数の構成要素たる諸単位の暫定的な単純性はまさしく精神に由来するものであるし、精神は、それが働きかける素材よりもむしろ、自分自身の働きに対してより多くの注意を払うものなのだから。科学はわれわれの眼差しをこの素材に引きつけるにとどまる。もしわれわれが数をすでに空間のうちに局所化しているのでなかったら、科学が、われわれをして数を空間に移し入れさせるのに成功することも決してなかっただろう。したがって、そもそもの初めから、われわれは空間内での併置によって数を表象しているのでなければならない。これは、どんな加算も同時的に知覚された諸部分の多様性を含意するという点に依拠して、われわれが最初に辿り着いた結論である。

さて、数についてのこのような考えを承認するなら、すべてが同じ仕方で数えられるものではなく、種類をまったく異にする二つの多様性が存在することに気づくだろう。われわれが物質的対象について語るとき、われわれはそれらを見たり、それらに触れたりする可能性を仄めかしている。つまり、われわれはそれらを空間内に局所化しているのである。とすれば、物質的対象を数えるには、象徴を発明するためのいかなる努力も、象徴によって表象するためのいかなる努力もわれわれには必要ではない。われわれはただ、まずはこれらの物質的対象を個々別々に分離して思考し、次いで同時に、これらの対象がわれわれの観察に対して現れるまさにその媒体のなかで、それらを思考しさえすればよいのだ。われわれが魂の純粋に情緒的な諸状態を考察する場合や、視覚や触覚の表象以外の諸表象を考察する場合には、もはや事情は同じではない。その場合には、諸項はもはや空間のうちに与えられてはいないから、何らかの象徴的形象化の過程による以外にはそれらを数えることはほとんどできない、とア・プリオリに思われる。なるほど、このような表象の仕方は、その原因が明らかに空間内に位置づけられている諸感覚にはまさにうってつけの仕方であるように見える。たとえば、私が通りの雑踏を耳にするとき、私は歩行者を漠然と目にしている。その際、相継ぐ音の各々は、歩行者がそこに足を置いたかもしれない空間の一点に局所化される。こうして、諸感覚の触知可能な原因は空間のうちに配列され、私はまさに空間そのもののなかでこれらの感覚を数えることになる。なるほど、継起的に打たれる遠方の鐘の音を、同様の仕方で数えるひともいるかもしれない。そうしたひとたちの想像力は、行きつ戻りつする鐘を形象化している。〔鐘の音の〕最初の二つの単位を得るには、空間的本性を有したこのような表象で彼らには十分であって、それらが得られれば、残りの諸単位は自然にこれに後続する。けれども、大部分のひとはこのようには事を運ばない。彼らは継起的な音を理念的空間のうちに配列しながらも、その際、自分は純粋な持続のうちでこれらの音を数えていると思い込むのである。もっとも、この点については誤解のないようはっきりさせておかねばならない。たしかに鐘の音は継起的に私に届くのだが、ただし、その場合二つにひとつである。すなわち、ある場合には、私はこれらの継起的諸感覚の各々を保持し、それらを他の諸感覚と共に組織化して、私に既知の旋律や律動を想起させるようなある群を作り上げるのだが、他の場合には、私はそれらの感覚を数えることを明白に意図する。前者の場合、私は音を「数えて」いるのではなく、音の数が私にもたらすいわば質的な印象を取り集めるにとどまる。しかし、後者の場合には、私はこの音をまさに分断しなければならず、この分断は何らかの等質的な媒体において施されなければならない。そこにおいて音は、質を剝奪され、いわば空虚にされることで、それらの推移に伴う数々の同一の痕跡を残すにすぎない。なるほど、この媒体は時間に属するのか、それとも空間に属するのかという問いが残されてはいる。ただ、繰り返しておくが、時間上の一瞬間が保存されて、他の瞬間に付加されることはありえない。音が分断されるのは、それらの音が互いのあいだに空虚な間隙を残すからである。音が数えられるのは、推移する音のあいだでこれらの間隙が存続するからである。これらの間隙は、それらが純粋な持続であって空間でないとすれば、いかにして存続するというのか。したがって、当の操作が実現されるのはまさに空間においてなのである。もっともこの操作は、われわれが意識の深みへと入り込むにつれて、次第に困難なものとなっていく。ここでわれわれは、諸感覚および諸感情の錯雑な多様性 (multiplicité confuse) を前にしているのだが、分析のみがそれを区別するのだ。諸感覚および諸感情の数と、それらの満たす諸瞬間の数そのものとが混同されるのは、感覚や感情をわれわれが数える場合である。しかし、相互の加算を容れるこれらの瞬間はやはり空間内の点にすぎない。ここから結局、二種類の多様性があることが帰結する。すなわち、一方は直接的に数を形成するような物質的対象の多様性、他方は意識的諸事象の多様性であって、後者の多様性が数の相を呈しうるのは、何らかの象徴的表象の媒介によってであり、この表象には必然的に空間が介入するのだ。

実を言えば、物質の不可入性を口にするとき、われわれは各々これら二種類の多様性の区別を打ち立てている。しばしば不可入性は、たとえば重さや抵抗と同様の仕方で認識され、同様の資格をもつものと認められた、物体の根本的特質に仕立て上げられる。しかし、この類《たぐい》の特質は、純粋に否定的なものである以上、感官によってわれわれに開示されることはありえない。のみならず、この点について確信を抱いていないとすれば、何らかの混合実験や結合実験によって、われわれはこの特質に疑義を挟むよう導かれかねない。ある物体が別の物体に浸透すると想像していただきたい。その場合、ただちに諸君は、後者の物体のうちに数々の空隙があって、前者の物体の諸分子がそこに宿ることになると想定するだろう。これらの分子そのものについても、一方の分子が分割されて、他方の分子の隙間を満たすのでなければ、それらが互いに浸透することはありえないだろう。そして、われわれの思考は、二つの物体を同一の場所で表象するよりもむしろ、この操作を無際限に継続することになるだろう。ところで、不可入性が真に感官によって認識される物質の性質であるとすれば、なぜわれわれが、抵抗のない面や重さのない液体を考えるよりも、二つの物体が互いに溶け合うのを考えることのほうにより大きな困難を感得するのかは分からない。実際、二つの物体は同時に同じ場所を占めることはできない、という命題に付随しているのは物理的次元の必然性ではなく、論理的必然性なのである。(2)この命題の反対の主張は不条理を内包しており、考えうるいかなる経験もこの不条理を解消するには至らないだろう。要するに、反対の主張は矛盾を含んでいるのだ。しかし、このことはとりもなおさず、二という数の観念そのもの、いや、もっと一般的に、任意の数の観念そのものが、空間における併置という観念を内包しているのを認めることに帰着するのではないだろうか。不可入性は大抵は物質の一性質として通用しているのだが、それは、数の観念がの観念から独立したものとして考えられているからである。その場合、二つ以上の対象は同じ場所を占めることができないと述べることで、ひとはそれら対象の表象に何かを付加したつもりになる。あたかも、二という数——たとえそれが抽象的なものであれ——の表象が、すでに示したように、空間における二つの異なる位置の表象ではないかのように、である！　物質の不可入性を仮定することはそれゆえ、単に数の概念と空間の概念との連帯を認めることであり、物質の特性というよりもむしろ数の特性を言明することなのだ。——しかしながら、様々な感情や感覚や観念など、相互に浸透して、各々が自分の側から魂全体を占めるようなすべての事象を、ひとは数えているではないか。——なるほどその通りである。とはいえ、まさにこれらの事象は相互に浸透し合っているのだから、空間内で互いに区別される場所を占めるような等質的諸単位、ひいてはもはや相互に浸透し合わないような諸単位によってそれらを代理表象させるという条件が満たされるのでなければ、それらは数えられない。つまり、不可入性は数と同時に現出するのだ。不可入性という性質を物質に帰して、物質を物質でない一切のものから区別すること、それは、延長的な諸事物——それらは直接的に数に翻訳されうる——と、意識的諸事象——それらはまずもって空間における象徴的表象を含んでいる——とのあいだに、われわれが先に確立した区別を、また別の形で言明することでしかない。

この最後の点にこだわるべきだろう。意識的諸事象を数えるためには、われわれはそれらを空間において象徴的に表象しなければならないのだが、そうであるなら、この象徴的表象は内的知覚の通常の諸条件を変容させてしまうだろうと考えるのがもっともではないだろうか。ある種の心理状態の強度についてわれわれが先に述べたことを思い出してほしい。表象的感覚は、それ自体で検討されるならば、純粋な質である。しかし、延長を介して見られると、この質はある意味では量と化す。これが強度と呼ばれるものだ。たとえば、われわれが自分自身の心理的諸状態を空間に投射して、それらによって判明な多様性を形成するとき、この投射はこれらの心理的状態そのものに影響するはずだし、また、直接的覚知によってはそれらの状態に帰せられることのなかったある新たな形態を、反省された意識のうちでそれらに与えるはずである。ところで、注目してほしいのは、われわれが時間について語る際、われわれは大抵は等質的媒体のことを考えているという点である。この等質的媒体のうちで、われわれの意識的事象は配列され、空間におけるかのように併置され、判明な多様性を形成するに至るというのだ。このように解された時間とわれわれの心理的諸状態の多様性との関係は、まさしく強度とある種の心理的諸状態との関係に等しく、それゆえ、このような意味での時間は真の持続からは絶対的に区別されるひとつの記号、象徴ではないだろうか。そこでわれわれとしては、意識に対して、外的世界からひとり引き籠もり、抽象化の力強い努力によって再び自分自身になるよう要求することにしたい。その際、われわれは意識に対して以下の問いを提起したい。すなわち、われわれの意識状態の多様性は、ある数を成すところの諸単位の多様性とわずかでも類縁性を有しているか、真の持続は空間とわずかでも連関を有しているのか、と。数の観念をめぐるわれわれの分析は、これ以上は述べないにしても、必ずやわれわれをしてこうした類比に疑義を挟ませることになるだろう。というのも、反省された意識によって表象される時間が、そこでわれわれの意識状態が判明に相継起し、遂には数えられるものと化す、そのような媒体であるならば、また他方で、数についてのわれわれの考えが、直接的に数えられるものをすべて空間内にばらまくに至るものであるならば、区別や枚挙がそこでなされる媒体の意味に解された時間は空間にすぎないと推定すべきであろうから。この意見をまずもって確証してくれるのは、反省された意識が時間や、更には継起について抱く感情を描写する際のイメージ、それが必然的に空間から借り受けられているという事実である。だから、純然たる持続は〔かかるイメージとは〕別ものでなければならない。他でもない判明な多様性の概念についての分析によって、われわれはこれらの問いを提起するよう導かれたのだが、ただ、それらを解明できるのは、空間と時間の観念を、両者のあいだで維持される相互連関において直接的に研究することによってのみであろう。

空間と等質的なもの

空間の絶対的実在性をめぐる問いに過大な重要性を付すなら誤りを犯すことになるだろう。それはおそらく、空間は空間のうちにあるのか否かを考えることにも等しい仕儀であるからだ。われわれの感官は物体の諸性質を知覚し、それと共に空間を知覚するのだが、その場合、どこに大きな困難があったかというと、要するにそれは、延長はこれらの物理的諸性質のひとつの相——つまり性質の性質——であるのか、それとも、これらの性質は本質からして非延長的で、空間はというと、後からそれらに付加されるものだが自足していて、諸性質なしでも存続するのかを見極めることであったように思われる。前者の仮説[3]では、空間はひとつの抽象に、もっと適切な言い方をすれば、ひとつの抽出物に還元されるだろう。その場合、空間は、表象的と称される感覚のいくつかが有する共通点を表現していることになろう。後者の仮説では、空間は、表象的感覚そのものとは次元を異にするとはいえ、それらと同じだけ堅固な実在であることになろう。この後者の考え方を適確に定式化した功績はカントに帰せられる。「超越論的感性論」で彼が展開した理論の本義は、空間にその内容から独立した現実存在を付与し、われわれ各人が事実上分離しているものは権利上も切り離し可能であると宣言し、延長のうちに、他の抽象物と同様のひとつの抽象物を看取したりはしない点にある。この意味で、空間についてのカントの考え方は、そう思われているほど通俗的信念と異なっているわけではない。空間の実在性に対するわれわれの信仰を揺さぶるどころか、カントはかかる実在性の適確な意味を規定し、その正当化をもたらしさえしたのである。

とはいえ、カントによって与えられた解決が、この哲学者以降、真摯な異論にさらされたことはなかったように思われる。むしろ、この解決は、生得論者にせよ経験論者にせよこの問題に改めて着手した大半の人々に――時には知らぬ間に――強いられさえしてきたのだった。ヨハネス・ミュラー〔Johannes Peter Müller, 1801-1858. ドイツの生理学者〕の生得説的説明の起源をカントに帰する点では、心理学者たちは一致している。けれども、ロッツェ〔Rudolph Hermann Lotze, 1817-1881. ドイツの哲学者〕の局所指標仮説(4)や、ベインの理論や、ヴントによって提案されたより包括的説明は、一瞥しただけでは、「超越論的感性論」からまったく独立しているように見えるだろう。実際、こうした理論の提唱者たちは、空間の本性の問題は脇に置いたうえで、ただ、われわれの諸感覚がいかなる過程を経て空間内に場所を占め、いわば互いに併置されるのかという点だけを探究しているように見える。しかし、まさにそのことによって、彼らは諸感覚を非外延的なものとみなしているのであり、カント流の仕方で、表象の素材とその形式との根源的な区別を確立しているのだ。ロッツェやベインの着想ならびに、ヴントが両者について試みた和解から帰結するのは、われわれが空間概念を形成するに至る際に援用される諸感覚は、それ自体では非延長的であり、単に質的なものである、ということだ。その場合、延長は、ちょうど二つの気体の合成から水ができるように、これらの感覚の綜合から帰結することになるだろう。したがって経験論的あるいは発生的説明は、空間の問題を、カントが放置したまさにその地点で取り上げ直すわけである。つまり、カントは空間をその内容から乖離させたが、経験論者たちが探究するのは、われわれの思考によって空間から切り離されたこの内容が、いかにして空間内に場所を取り戻すに至るのか、という点なのである。なるほど、彼らはその後、知性の活動を無視してしまったように見えるし、明らかに、われわれの表象の外延的形式を感覚相互の一種の同盟によって産出させようとする傾向にある。その場合、空間は諸感覚からの抽出物ではないにしても、それらの共存から帰結することになるだろう。しかし、精神の能動的介入なしに、いかにしてこのような発生を説明できるというのか。外延的なものは仮定からして非外延的なものとは異なるのだが、外延は非外延的な諸項のあいだの連関にすぎないと想定するとして、そのためにはまず、複数の諸項をこのように連合させうる精神によってこの連関が確立されるのでなければならない。化学的結合においては、全体がおのずとある形式を帯びて、要素となるどの原子にも属さない諸性質をまとうかに見えるが、それを例に持ち出しても無駄であろう。この形式、これらの性質は、まさにわれわれが諸原子の多様性を唯一の覚知のうちに包括することから生じるのであってかかる綜合を執り行う精神を抹消するなら、諸君は即座に、諸性質——すなわち要素となる諸部分の綜合がわれわれの意識に対して現れる際の相貌——を無化することになろう。たとえば、非外延的な諸感覚は、何もそこに付加されないならば、あるがままのもの、すなわち非外延的な諸感覚にとどまるだろう。空間がこれらの感覚の共存から生じるためには、それらすべてを同時に包括して併置するような精神の働きが必要である。そして、この独自な働きは、カントが感性のア・プリオリな形式と呼んでいたものに酷似している。

今仮にこの働きを特徴づけようとすれば、それは本質的に、空虚で等質的な媒体についての直観、というよりもむしろ、空虚で等質的な媒体という概念の形成のうちに存しているのが分かるだろう。というのも、空間に関しては、空間とは複数の同一的かつ同時的な諸感覚の区別をわれわれに許容するものである、という定義以外の定義はほとんど可能ではないからだ。つまり空間とは、質的差異化（différenciation qualitative）の原理とは別の差異化の原理であり、ひいては質なき実在なのである。では、局所指標理論の支持者たちと共にこう言うべきだろうか。同時的な諸感覚は決して互いに同一ではなく、これらの感覚が影響を及ぼす有機的諸要素の多様性ゆえに、たとえ等質的な面上の点であっても、視覚あるいは触覚に対して同じ印象を産出するような二つの点は存在しない、と。われわれはこの点を難なく承認するだろう。というのも、仮にこれら二つの点が同様の仕方でわれわれを触発するとすれば、それらのうちの一方を右ではなくて左に位置づけるいかなる理由もないことになるからだ。しかし、われわれはこの質的差異を次いで位置の差異の意味に解するのであって、まさにそれゆえ、われわれは、ある等質的な媒体について、すなわち質において同一的でありながら互いに区別される諸項の同時性について、明晰な観念をぜひとも有していなければならない。等質的な面上の二点が網膜上にもたらす印象同士の差異をいくら強調したとしても、質的異質性としてみずからに与えられたものを延長的等質性の形で覚知する精神の活動に、単により多くの場所が与えられるだけだろう。もっとも、等質的空間の表象が知性の努力に由来するものであるなら、逆に、二つの感覚を差異化する諸々の質そのもののうちに、それらが空間内でしかじかの規定された場所を占めることの理由が存しているはずだと、われわれは踏んでいる。そうだとすると、延長についての知覚と〔等質的な〕空間という概念の形成とを区別しなければなるまい。なるほど両者は互いに含み合ってはいるが、知性的諸存在の系列を上昇すればするほど、等質的空間という独立した観念が次第にはっきりと摘出されるだろう。この意味で、動物が外的世界をわれわれと絶対的に同様な仕方で知覚しているというのは疑わしい。とりわけ、動物が外的世界をわれわれとまったく同様に外在性として表象しているというのは。博物学者が注目に値する事実として指摘しているところでは、多くの脊椎動物は、更には若干の昆虫でさえ、驚くほど容易に自分が進むべき方位を空間内で見出すに至る。観察されたところでは、動物たちは数百キロにも及ぶ長さの未知の道程を駈け抜けて、古巣へとほとんど一直線に戻ってくる。こうした方向感覚については、視覚あるいは嗅覚によって、より最近では磁気流の知覚〔5〕——磁気流によって動物は羅針盤のように方位づけられるというのだ——によって、それを解明せんとする試みがなされてきた。これは要するに、われわれにとってとはちがって、動物にとっては空間は等質的ではなく、空間上の諸規定や方向も動物にとっては決して純粋に幾何学的な形態を帯びていない、ということである。動物にとっては、そうした規定や方向の各々が、そのニュアンス、それ固有の質を帯びて現れるのだろう。この種の知覚の可能性は、われわれ自身右と左を自然な感情によって区別していて、その場合、われわれ自身の延長に伴うこれら二つの規定はわれわれに対してまさにひとつの質的差異を呈示しているということを思えば、納得されるだろう〔6〕。このことは、われわれが左右を定義しようとして挫折してしまう理由でさえある。しかし、実を言えば、質的差異は自然の随所に存在している。だから、直接的覚知において、なぜ具体的な二つの方向が二つの色ほど明確に識別されないのかはそれでは説明がつかない。ただ、空虚で等質的な媒体という概念の形成はというと、それはまた別の意味で尋常ならざるものであって、われわれの経験の基底そのものを成す異質性に対する一種の反動を要請しているように見える。したがって、ある種の動物は特別な方向感覚を有すると述べるだけではなく、更に、そしてとりわけ、われわれは質なしの空間を知覚したり思い描いたりする特別な能力を有しているのだと述べなければならない。こうした能力は抽象する能力ではまったくない。それどころか、抽象が截然たる区別ならびに、諸概念あるいはそれらの象徴相互の一種の外在性を想定していることに注目するなら、抽象する能力がすでに等質的な媒体についての直観を含んでいるのが分かるだろう。述べるべきは、われわれが、一方では異質的な実在、感性的諸質の実在、他方では等質的な実在たる空間という二つの相異なる秩序の実在を認識しているということ、これである。後者は、人間の知性によってはっきりと思い描かれるもので、そのお陰でわれわれは、截然たる区別を施したり、数えたり、抽象したり、更におそらくは言葉を話すことさえできるようになるのである。

さて、空間が等質的なものとして定義されるべきだとすると、逆に、等質的で無際限ないかなる媒体も空間だということになるように思える。というのも、等質性の本義がここでは一切の質の不在に存している以上、等質的なものの二つの形態が互いにいかにして区別されるかは分からないからだ。にもかかわらず、ひとはこぞって、時間を、空間とは異なるが、空間と同様に等質的で無際限な媒体とみなす。こうして等質的なものは、それを満たすのが共存（coexistence）であるか継起（succession）であるかに従って、二重の形態を帯びることになる。たしかに、時間を、諸々の意識状態がそこで展開されるかに見える等質的な媒体たらしめるとき、まさにそのことによって、時間は一挙に与えられる。ということはつまり、時間は持続から引き剝がされることになろう。このように少し反省してみるだけで、われわれは、ここで自分が無意識のうちに空間に舞い戻っていることに気づかされるはずだ。他方、互いに外在的で、かつわれわれに対しても外在的な物質的諸事物は、この二重の性格を、それらのあいだに間隙を設け、それらの輪郭を固定するところの媒体の等質性から借り受けていると考えられている。しかし、意識的諸事象は、たとえそれらが相継起するものであっても、互いに浸透し合っていて、それらのうちで最も単純なもののうちにさえ、魂の全体が反映されうる。したがって、等質的な媒体の形のもとで思い描かれた時間は、純粋意識の領域への空間観念の闖入に由来する雑種概念ではないのかと疑ってみる余地があることになろう。いずれにしても、時間と空間という等質的なものの二つの形態を決定的な仕方で承認するためには、それに先立ってまず、それらのうちの一方が他方に還元されるかどうかを探究しなくてはならない。ところで、外在性は空間を占める諸事物に固有の性格であるが、それに対して、意識的事象は本質的には少しも互いに外在的ではなく、そうなるのはただ、等質的媒体とみなされた時間のうちで展開することによってのみである。だから、もし時間と空間という等質的と称されるこれら二つの形態の一方が、他方から派生するのであれば、空間の観念こそが根本的所与であるとア・プリオリに主張することができる。ところが、これら二つの観念の還元を試みた哲学者たちは、時間の観念の見かけの単純性に欺かれて、持続の表象でもって空間の表象を構築することができると思い込んだ。こうした理論の欠陥を示すことで、われわれとしては、無際限で等質的な媒体の形態のもとで思い描かれた時間が、どうして反省された意識に憑依する空間の亡霊にすぎないのかを示すことにしよう。

実際、イングランド学派は、延長的な諸連関を、複雑さに差はあれ持続における継起的諸連関に帰着させようと努めている。目を閉じてある面に沿って手を滑らせるとき、この面に接した指の擦《こす》れや、とりわけ関節の様々な働きによって、われわれには一連の感覚がもたらされるが、これらの感覚は質によってのみ互いに区別され、時間における一定の順序を示す。他方、経験がわれわれに告げ知らせるところでは、諸感覚のこの系列は可逆的であって、別な本性の（あるいは、後に述べるように、反対向きの）努力によって、われわれは同じ諸感覚を逆の順序で改めて得ることになる。そうなると、空間における位置連関は、こう言ってよければ、持続における可逆的な継起連関として定義されることになろう。しかし、このような定義は悪循環を、とは言わないまでも少なくとも、持続についての実に皮相な観念を含んでいる。実際、詳細は少し先で示すことにするが、持続については二つのありうべき考え方があって、一方の考え方はどんな混淆からも純粋で、他方の考え方には空間の観念が不当にも介入している。まったく純粋な持続とは、われわれの自我が黙々と生きるだけで、現在の状態と先行する諸状態とのあいだに分離を設けるのを差し控える場合に、われわれの意識的諸状態の継起がまとう形態である。そのためには、自我は、過ぎ去っていく感覚なり観念のうちに全面的に没入してしまう必要はない。なぜなら、その場合には逆に、自我は持続することをやめるだろうからだ。とはいえ、自我は先行する諸状態を忘れる必要もない。そうではなく、これらの状態を想起しつつも、点と点のようにそれらを現下の状態と併置するのではなく、ある旋律に属する複数の音をいわばひとつに融合したものとして想起する場合のように、現下の状態とそれに先立つ諸状態を有機的に組織化すれば足りるのである。たとえこれらの音が相継起するとしても、にもかかわらず、われわれは一方のうちに他方を覚知するのだし、それらの総体は一個の生体にも比すべきもので、その諸部分は互いに区別されながらも、まさに相互連帯の効果によって互いに浸透し合っている、と言えるのではないだろうか。その証拠に、われわれが拍子を外して、旋律のひとつの音を過度に長引かせた場合、その過失をわれわれに知らせるのは、その音の過度の長さ——長さである限りでの長さ——ではなく、それによって楽節の総体にもたらされた質的変化なのである。それゆえ、区別なき継起を——それも諸要素の相互浸透、連帯、内密な有機的組織化として——思い描くことができるのだが、これらの要素の各々は全体を代理表象していて、それらが全体から区別され全体と切り離されるのは、抽象することのできる思考にとってのみである。自己同一的であると同時に変化しつつある存在、空間についてのいかなる観念ももたないような存在が、持続について以上のような表象を抱くだろうことは疑いない。ところが、空間の観念に親しんで、それに憑依されてさえいるわれわれは、純粋な継起について自分が抱く表象のうちに知らぬ間に空間の観念を導入してしまう。かくしてわれわれは、諸々の意識状態を、それらが同時に覚知されるような仕方で、つまり、もはや一方のうちに他方をではなく、一方のかたわらに他方をという仕方で併置する。要するに、われわれは時間を空間のうちへと投射し、持続を延長で表現しているのであって、その結果、継起はわれわれにとって、一本の連続的な線ないし鎖——ただしその諸部分は相互に浸透し合うことなく相互に接触し合っているにすぎない——の形をまとうことになる。一本の連続線ないし鎖というイメージが含意しているのは、前後についてのもはや継起的ではなく同時的な知覚であるが、しかし、継起にすぎないのに唯一の同じ瞬間のうちに収まるような継起を想定するのは矛盾であるということに注目しておこう。ところで、持続における継起のある順序やこの順序の可逆性が語られる場合に問題となっているのは、われわれが先に定義したような、延長を混在させることなき純粋な継起であろうか、それとも、空間内で展開されているため、分離され併置されたその複数の諸項を同時に包括することが可能であるような継起であろうか。返答には疑いの余地がない。というのも、諸項のあいだに順序を設けるためには、まず諸項を区別し、次いで諸項が占める場所を比較しなければならないからだ。だから、多様で、同時的で、互いに区別されたものとして諸項は覚知される。ひとことで言えば、諸項は併置されるのであって、継起的なもののうちに順序が設けられるのは、継起が同時性となり、空間のうちに投射されるからなのである。要するに、ある面ないし線に沿って私が指を這わせ、そのことによって私に、多様な質を有した一連の感覚が供給されるとき、生じているのは二つにひとつで、私はこれらの感覚をただ持続のみにおいて思い描いているか、それとも、継起のある順序を識別するかなのである。ただし、前者の場合には、諸感覚は相継起するから、それらのうち複数の感覚を、一定の瞬間に、互いに同時的ではあるが区別されたものとして表象することは私にはできない。それに対して、後者の場合には、私は諸項の継起を知覚する能力のみならず、諸項を区別したうえで、一緒に配列する能力をも有している。ひとことで言えば、私はすでに空間の観念を有しているのだ。だから、持続における可逆的系列という観念、あるいは単に、時間における継起の一定の順序という観念でさえ、それ自体が空間の表象を含んでいて、それを空間の定義のために用いることはできないだろう。

　議論をより厳密なものにするために、無際限な一本の直線と、この線上を移動する物質的な点Aを想像してみよう。もしこの点が自己意識をもったとしたら、それは動いているのだから、自分が変化するのを感じるだろう。この点は継起を覚知するだろう。しかし、この点にとって、継起は一本の線の形をまとうだろうか。おそらくそうだろうが、そのために不可欠な条件として、この点はみずから踏破する線のいわば上方にまで上昇して、併置された複数の諸点を同時に覚知できるのでなければならない。しかし、まさにそのことによって、この点は空間の観念を形成することになるだろうし、この点が、みずから蒙る諸変化の展開を目の当たりにするのは、空間においてであって、純然たる持続においてではないだろう。ここで手に取るように分かるのは、純然たる持続を、空間に類似してはいるが、空間よりも単純な本性を有したものとみなす人々の誤りである。そうした人々は好んで、心理的諸状態を併置し、それらの状態から一本の鎖ないし線を作り上げようとするが、自分がこの操作のうちに本来的意味での空間の観念を、それも、全体としての空間の観念を介入させているとは思ってもみない。なぜそう思ってもみないかというと、それは空間が三次元の媒体であるからだ。ただし、ある線を線の形態のもとで覚知するためには、線の外部に身を置き、線を取り囲む空虚を説明し、ひいては三次元の空間を思考しなければならない、ということが分からないひとがいるだろうか。意識を有した点Aがいまだ空間の観念を有していないなら——われわれはまさにこの仮定のうちに身を置くべきなのだが——、この点が経由する諸状態の継起がこの点に対して一本の線の形をまとうことはありえない。むしろそれらの感覚は、互いに動的に付加され、われわれをうっとりさせる旋律の諸々の継起的な音がそうするように、互いに有機的に組織化されていくだろう。要するに、純然たる持続はまさに、融合し、相互に浸透し合い、明確な輪郭をもたず、互いに他を外在化しようとする傾向をもたず、数とは何の類縁性ももたない、そのような質的諸変化の継起でしかないはずなのだ。そのような持続とは純粋な異質性であろう。しかし、われわれとしてはさしあたりはこの点に固執するつもりはない。持続にわずかでも等質性を帰属させるや否や、まさにその瞬間、不当にも空間が導入されるのを示したことで十分としよう。

持続は計測可能か

たしかに、われわれは持続の継起的な諸瞬間を数えるし、これらの瞬間と数との連関ゆえに、時間はまず、計測可能で空間に酷似したひとつの量として現れる。しかし、ここで重要な区別を施しておかねばならない。たとえば私が「ちょうど一分経ったところだ」と述べるとして、私はそれを、振り子が秒を刻みながら六〇回揺れたという意味に解している。仮に私がこの六〇回の揺れを一挙に、精神の唯一の覚知によって表象するなら、仮説からして、私は継起の観念を排斥することになる。私が考えを向けるのはこの場合、相継起する六〇回の刻みではなく、固定された一本の線上の六〇個の点であって、それらの点の各々が振り子の揺れをいわば象徴しているのだ。——他方、これら六〇回の揺れを継起的に表象しつつも、それらの空間内での産出の様態には何ら変化をもたらすまいと欲するなら、私は各々の揺れを、それに先行する揺れの記憶を排斥しつつ考えねばならないだろう。なぜなら、空間は先行する揺れのいかなる痕跡も保存してくれないのだから。しかし、まさにそのことによって、私は絶えず現在に止まることを余儀なくされるだろう。そして、私は継起なり持続なりを考えるのを放棄するだろう。最後に、仮に私が現下の揺れのイメージに結合したものとして、それに先行する揺れの記憶を保存するとすれば、その帰結は二つにひとつであって、私はこれら二つのイメージを併置するか、一方のうちに他方を覚知するかのどちらかである。前者の場合には、最初の仮説に舞い戻ることになるが、後者の場合には、これらのイメージはある旋律の音のように互いに浸透し合い、自分たちを有機的に組織することで、区別なき多様体ないし質的多様体とわれわれが呼ぶところの、数とは何ら類似をもたないものを形成するに至る。かくして私は純粋持続のイメージを獲得することになろう。と同時に、私は等質的な媒体の観念や、計測可能な量の観念から全面的に解放されることにもなろう。意識を慎重に検討してみれば認められることだが、意識は、持続を象徴的に表象するのを差し控える場合にはいつもこのように事を運んでいる。振り子の規則的な揺れがわれわれを眠りに誘うとき、この効果を産出したのは、聴取された最後の音であり、知覚された最後の運動なのだろうか。おそらくそうではない。というのも、それではなぜ最初の音や運動は同様の仕方で作用しなかったのかが分からないだろうから。では、先行する諸々の音や運動の記憶に、最後の音や運動と併置されて、件《くだん》の効果が産出されたのだろうか。しかし、この同じ記憶は、たとえそれが後で単一の音や運動に併置されたとしても、依然として効力を欠いたままだろう。したがって、諸々の音は互いに合成され、量である限りでのそれらの量によってではなく、それらの量が呈する質によって、すなわちそれらの総体の律動的で有機的な組織化によって作用する、ということを認めなければならない。微弱で連続的な刺激がもたらす効果は、これとは別様に了解されるのだろうか。感覚がそれ自身と同一のものにとどまるなら、それは無際限に微弱で、無際限に許容できるものであり続けるだろう。しかし、真実はどうかというと、刺激が増大するたびに、刺激は先行する諸刺激と有機的に組織化され、その総体は、つねに終止する寸前の状態にあり、何らかの新たな音の追加によって不断にその全体を変容させる楽節のごとき効果をわれわれにもたらすのだ。それはつねに同じ感覚である、とわれわれが主張するのは、感覚そのものではなく、空間内に位置づけられたその客観的原因をわれわれが思い浮かべているからである。そうなると、われわれは今度は感覚を空間のうちで展開するのだが、自己展開していく有機的組織や、相互に浸透し合う諸変容の代わりに、われわれは、同じひとつの感覚がいわば長く延長され、それ自身に無際限に併置されていくのを覚知する。真の持続、意識が知覚する持続はこうして、強度的と称される大きさのひとつに数えられることになろう。もっとも、強度を大きさと呼びうるとしての話だが。実を言えば、真の持続は量ではなく、その計測を試みるや否や、真の持続は無意識のうちに空間によって置換されてしまうのである。

しかし、われわれは持続をそれ本来の純粋さにおいて表象するのに、信じがたいほどの困難を感じる。そして、このことはおそらく、われわれだけが持続するのではないということに起因している。外的諸事物もわれわれと同様に持続しているように思われるのだが、この最後の観点から見るならば、時間はまったく等質的な媒体の雰囲気を帯びる。単にこの持続の諸瞬間が、空間内の物体同士がそうであるように、相互に外在的であるように見えるだけではなく、われわれの感官によって知覚された運動は、等質的でかつ計測可能な持続のいわば触知可能な指標でもある。加えて、時間は、力学の公式や天文学者の計算、更には物理学者の計算にさえ、量の形をまとって参入している。運動の速度は計測されるが、このことは時間もまたひとつの量であることを含意している。われわれがたった今試みたばかりの分析それ自体も更に補完されることを要求している。というのも、本来の意味での持続が計測されないのであれば、振り子の揺れが計測しているのはいったい何なのか、分からなくなってしまうからだ。意識によって知覚される内的持続が、意識的諸事象の相互嵌入、自我の漸次的豊饒化と同じであるということは認めざるをえないとしても、天文学者が自分の公式に導入する時間や、われわれの時計が相等しい小片へと分割する時間はかかる内的持続とは別物である、との反論が提起されるかもしれない。それは計測可能で、ひいては等質的な量である、と。――しかし、決してそうではない。注意深く検討するなら、このような錯誤は消散することになろう。

運動は計測可能か

時計の文字盤上で、振り子の揺れに対応する針の運動を目で辿るとき、私が計測しているのは持続であると信じられているようだが、実はそうではない。私は諸々の同時性を数えているだけで、これは持続の計測とはまったく別物である。私の外部、空間のなかでは、針や振り子の位置はどのような場合にもただひとつしか存在しない。というのも、過ぎ去った数々の位置については、何ひとつ残っていないからである。私の内部では、意識的諸事象の有機的組織化ないし相互浸透の過程が継続していて、それが真の持続を構成している。このような仕方で私が持続するからこそ、私は、現下の揺れを知覚するのと同時に、私が振り子の過ぎ去った揺れと呼ぶものを表象するのである。ところで、継起的と称されるこれらの揺れを思考する自我を、しばらく消去してみよう。そうすると、振り子のただひとつの揺れ、この振り子のただひとつの位置そのものしか決して残らないだろう。したがって、持続はまったく存在しなくなるだろう。今度は、振り子とその揺れを消去してみよう。すると、互いに外在的な諸瞬間も、数との連関も伴わない、自我の異質的な持続しかもはや存在しなくなるだろう。このように、われわれの自我のうちには相互外在性なき継起があり、自我の外部には継起なき相互外在性があるのだ。相互外在性というのは、現在の揺れが、もはや存在しない先行する揺れとは根本的に区別されるからで、それに対して、継起の欠如というのは、過去を思い出して、二つの揺れないしそれらの象徴を補助空間のうちで併置するような意識的観察者にとってのみ、継起が現前するからである。——ところで、ここにいう外在性なき継起と、継起なき外在性とのあいだでは、物理学者たちが内方浸透現象（un phénomène d'endosmose）と呼ぶものに酷似した一種の交換が生じる。

われわれの意識的生の諸局面は、継起的でありながらも相互に浸透し合っていて、その各々はそれと同時的な振り子の揺れに対応しているのだが、他方、ひとつの揺れが生じるときには他の揺れはもはや存在しない以上、これらの揺れは互いにはっきりと区別される。そのためわれわれは、みずからの意識的生の継起的な諸瞬間のあいだにも同じ区別を設ける習慣を身につけてしまう。振り子の数々の揺れがこの生をいわば相互外在的な諸部分へと分解してしまうのだ。ここから、空間に類似した内的かつ等質的な持続――その諸瞬間は同一的で、相互浸透することなく相継起する――という誤った観念が帰結する。しかし他方では、振り子の数々の揺れは、そのひとつが現れるときには他が消滅してしまっているという理由でのみ互いに区別されるのだから、みずからがそのようにしてわれわれの意識的生に及ぼした影響の恩恵に浴している。これらの揺れの総体についてわれわれの意識が有機的に組織化した記憶のお陰で、それらは保存され、次いで配列される。要するに、われわれはこれらの揺れのために空間の第四次元を創造し、それを等質的時間と呼ぶのだが、かかる第四次元があるがゆえに、振り子運動は、その場で生じているにもかかわらず、それ自身に無際限に併置されうるものと化すのである。――今仮に、このきわめて複雑な過程における、実在的なもの（réel）と想像的なもの（imaginaire）との正確な持ち分を割り振ろうとするなら、われわれは以下のことを見出す。一方には、持続なき実在的な空間があるのだが、そこでは、諸現象はわれわれの意識状態と同時に現れては消えていく。他方には、実在的な持続があって、その異質的諸瞬間は相互に浸透し合っているのだが、かかる持続の各々の瞬間はそれと同時的な外的世界の一状態に比しうるもので、他ならぬこの比較の効果によって、各瞬間は他の諸瞬間から分離される。これら二つの実在の比較から、空間から抽き出された持続の象徴的表象が生まれる。かくして、持続は等質的な媒体という錯誤的形態をまとうことになるのだが、空間と持続というこれら二つの項の連結線となっているのは同時性（simultanéité）であって、この同時性は、それを時間と空間の交錯点と定義することができるだろう。

エレア派の錯覚

運動の概念とは、見かけは等質的であるような持続の生きた象徴なのだが、運動の概念を同じ分析に付すことによっても、われわれは同じ種類の分断を施すよう導かれるだろう。ほとんどの場合、運動は空間のなかで生じると言われているが、運動は等質的でかつ分割可能なものであると断言される場合、考えられているのは踏破された空間のことであって、それはあたかも、この空間と運動そのものとを混同することができるかのようなのだ。しかるに、省察を更に深めてみればきっと分かるだろうが、運動体の継起的な位置はたしかに空間を占めてはいるが、運動体が一点から別の点へと移行する際の操作はというと、それは持続を占め意識的な観察者にとってしか実在性を有さず、空間を逃れるものなのである。われわれはここでひとつの事物と係っているのでは決してなく、ひとつの進展と係っている。運動とは、それが一点から別の一点への移行である限り、ひとつの精神的綜合であり、心理的な、それゆえ非延長的なひとつの過程である。空間のうちには空間の諸部分しかなく、空間上のいかなる点で運動体を考察しようとも、得られるのはひとつの位置だけであろう。意識が諸々の位置とは別のものを知覚するのは、相継起するそれらの位置を記憶し、それらを綜合するからである。しかし、意識はいかにしてこの種の綜合を遂行するのだろうか。それは、これらの同じ位置を等質的な媒体のうちで新たに展開することによってではありえない。というのも、これらの位置を互いに結びつけ直すためにも新たな綜合が必要になって、以下同様のことが無限に続くからである。したがって、ここにはいわば質的な綜合があり、われわれの継起的な諸感覚相互の漸進的で有機的な組織化があり、ひとつの楽節にも似たひとつの単一性があるということを認めざるをえない。これこそまさに、われわれがただ運動のことだけを考えるとき、つまりわれわれがこの運動からいわば運動体を捨象するとき、運動について抱くところの観念である。この点を納得するには、突如として流星に気づいた際に感得することを考えてみれば足りるだろう。極度に迅速なこの運動においては、火の線という形でわれわれに現れる踏破された空間と、運動ないし動性についての絶対的に不可分な感覚とのあいだに、おのずと分断が施される。目を閉じたまま素早く動作を行った場合、その動作は、踏破された空間に思いを馳せない限りは、純粋に質的な感覚の形で意識に対して姿を現すだろう。要するに、運動のうちには区別すべき二つの要素があるのだ。すなわち、踏破された空間と、その空間を踏破していく働きであり、諸々の継起的な位置と、これらの位置との綜合である。これらの要素のうち前者は等質的な量であり、後者はわれわれの意識のうちにしか実在性をもたない。それはこう言ってよければひとつの質ないし強度である。しかし、ここでもまた内方浸透現象が生じ、動性についての純粋に強度的な感覚と踏破された空間の外延的な表象とのあいだに、混淆が起こる。実際、一方でわれわれは、事物ならたしかに分割できるが働きは分割できないということを忘れて、運動に、それが踏破する空間の可分性そのものを帰してしまう。――他方でわれわれは、この働きそのものを空間へと投射し、運動体が踏破する線に沿ってそれを押しつけ、ひとことで言えば、それを固化《こか》させるのに慣れてしまっている。あたかも、進展を空間内で局所化したとしても、意識の外部でさえ過去は現在と共存するとの主張には行き着かないかのように！――われわれの意見では、運動と、運動体によって踏破された空間とのこうした混同から、エレア派の詭弁は生じた。というのも、二点を分離する間隙は無限に分割可能であるが、仮に運動が、この間隙そのものの諸部分と同様の諸部分から合成されているのであれば、間隙が跨ぎ越えられることは決してないだろうからだ。しかし実際には、アキレスの歩みの各々は単純で分割不能な働きであり、これらの働きが一定数あった後には、アキレスは亀を追い越しているだろう。エレア派の人々の錯誤は、彼らが、不可分で独特なあの一連の働きを、その下に張り渡された等質的空間と同一視している点に由来する。この空間は任意の法則に即して分割され、再構成されうるから、彼らは、アキレスの運動全体を、もはやアキレスの歩みによってではなく、亀の歩みによって再構成することが許されていると思い込んでいる。ところが実際には、彼らは、亀を追いかけるアキレスに換えて、相互に規制し合った二匹の亀を持ち出す。相手に決して追いつくことができないよう、同じ種類の歩みないし同じ種類の同時的な行為をなす二匹の亀を。アキレスはなぜ亀を追い越すのだろうか。それは、アキレスの一歩一歩と亀の一歩一歩が、運動である限りは分割不能なもので、空間である限りは大きさを異にするからだ。そのため、アキレスが踏破する空間は、加算によってすぐさま、亀の踏破した空間と亀がアキレスに対して有していた先行分との総和以上の長さを得ることになるだろう。ゼノンは、アキレスの運動を亀の運動と同じ法則によって合成し直す際に、この点をまったく考慮していない。恣意的な分解と再合成という手段に委ねられるのは空間のみであるということを忘れて、空間と運動を混同しているのである。——したがって、われわれは、現代の思想家(2)によって緻密で深遠な分析がなされた後でも、二つの運動体の出会いが、実在的な運動と想像された運動、空間それ自体と無際限に分割可能な空間、具体的な時間と抽象的な時間とのずれを含んでいることを認める必要はないと思う。無媒介的・直接的な直観がわれわれに対して、運動を空間のうちで、持続を空間の外で示してくれるというのに、なぜ時間と運動についての形而上学的な仮説――それがいかに巧妙なものであれ――に訴えたりするのだろうか。具体的な空間の分割可能性に制限を想定する必要は少しもない。二つの運動体の同時的位置――これらは紛れもなく空間のうちにある――と、両者の運動――これらは延長というよりは持続であり、量ではなく質であるがゆえに空間を占めることができない――とのあいだに区別を設けるのであれば、空間は無限に分割可能なままでよいだろう。これから見るように、運動の速度を計測することは、単にひとつの同時性を確認することでしかない。計算のうちにこうした速度を導入すること、それは同時性を予見するのに便宜的な手段を用いることである。だから数学は、一定の瞬間でのアキレスと亀の同時的位置を規定することに専心している限りでは、あるいはまた、二つの運動体のある一点Xでの出会い、つまりそれ自体がひとつの同時性であるような出会いをア・プリオリに認めるときには、それ本来の役割を弁《わきま》えている。しかるに、二つの同時性の間隙において生じることを再構成すると強弁するに至ると、数学はその役割を越えてしまう。とは言わないまでも、少なくとも数学は、そのような場合にもなお、否応なく同時性を考察するよう導かれるのだが、この同時性は新たな同時性であって、無際限に増大していくその数は、数々の不動性によって運動を作ることも、空間によって時間を作ることもできないということを、必ずや数学に警告するだろう。要するに、持続において等質的なものは持続しないもの、すなわち空間だけなのだ。そのような空間のうちに諸々の同時性が配列されるのだが、それと同様に、運動の等質的要素は、運動に属することが最も少ないものであり、踏破された空間であり、すなわち不動性なのである。

持続と同時性

ところで、まさにこの理由からして、科学が時間および運動に働きかけるのは、ただ、そこからまず初めに本質的で質的な要素を——時間からは持続を、運動からは動性を——除去するという条件が満たされた場合だけである。天文学や力学において、時間や運動や速度の考察が果たす役割を検討してみれば、この点は容易に納得されるだろう。

力学の数々の概説書は周到にも、ここで定義されるのは持続そのものではなく、二つの持続のあいだの相等性でしかない、とあらかじめ断っている。曰く、「二つの時間の間隔が相等しいのは、同じ二つの物体が、これらの間隔それぞれの始点にあって同一の状況に置かれ、あらゆる種類の作用と影響を同じ仕方で蒙りつつ、同じ空間を踏破してこれらの間隔の終点に至るときである」。言い換えれば、われわれは、運動が始まるその正確な瞬間、すなわち外的変化のひとつとわれわれの心理的諸状態のひとつとの同時性を銘記するだろう。続いてわれわれは運動が終わる瞬間を銘記するだろうが、これもまたひとつの同時性である。最後に、われわれは踏破された空間を計測することになろうが、実際にはこれだけが唯一計測可能なものなのだ。だから、ここで問題なのは持続ではなく、もっぱら空間であり、諸々の同時性でしかない。時間tが経過したときに、ある現象が生じるだろうと予告すること、それは、今からそのときまでに、意識はある種の同時性をt個銘記するだろうと言うに等しい。ただし、「今からそのときまで」という表現に惑わされてはなるまい。というのも、持続の間隔はわれわれにとってのみ、また、われわれの意識状態の相互浸透のゆえにのみ実在するのだから。われわれの外部には、空間、ひいては諸々の同時性しか見出されないだろうが、これらの同時性については、どんな継起も現在と過去の比較によって考えられる以上、それらは客観的に継起的であると言うことさえできない。──科学の観点からすると持続の間隔そのものは考慮されないということをはっきり証拠立てているのは、宇宙のすべての運動が二倍、三倍速く生じたところで、われわれの有している公式にも、そこに代入される数値にも何ら変更を加える必要はないということである。意識はこの変化について、ある定義しがたい、いわば質的な印象を抱くだろうが、同じ数の同時性が依然として空間のなかで生起している以上、この変化は意識の外部には現れないだろう。後で見ることになろうが、たとえば天文学者が日蝕を予言するとき、彼はまさにこの種の操作に身を委ねている。つまり、持続の間隔は科学にとっては考慮されないものであるから、天文学者はこれを無限に縮減していき、かくして、きわめて短い時間──せいぜい数秒間──のうちに、具体的な意識にとっては幾世紀をも占めるであろうほどの数の同時性──何しろ具体的意識はこれらの同時性の間隔を生きざるをえないのだから——の継起を覚知することになるのである。

速度と同時性

速度の概念を直接的に分析することによっても、同じ結論に達するだろう。力学がこの概念を得るのは、一連の諸観念の媒介によるが、それらのあいだの血統関係は苦もなく見出される。力学はまず、一方ではある運動体の軌跡ABを、他方では同一条件下で無際限に反復される物理現象——たとえばつねに同じ場所で同じ高さから落とされる石の落下——を表象することで、等速運動という観念を構築する。軌跡AB上で、石が地面に接する各瞬間に運動体が達する諸点M、N、P等々を印づけて銘記するなら、そしてまた、AM、MN、NP等々の間隔が互いに等しいと認められるなら、運動は等速であると言われるだろう。更に、比較項として選択された物理現象を持続の単位として採用することに取り決めるならば、これらの間隔のどれかひとつが、運動体の速度と呼ばれることになろう。かくして等速運動の速度は、空間と同時性の概念以外の概念に訴えることなしに定義されるのである。——残るは不等速運動、つまり、その要素AM、MN、NP等々が互いに不等であると認められた運動である。点Mにおける運動体Aの速度を定義するためには、A_1、A_2、A_3等々の無際限な数の運動体を想像して、これらすべてが等速運動で運動し、しかもその速度v_1、v_2、v_3等々をたとえば昇順に配列すると、可能なすべての大きさに対応できるとすれば足りるだろう。では、運動体Aの軌跡上で、点Mの両側に、ただし点Mからきわめて近い位置に置かれた二つの点M'とM''を考察してみよう。この運動体が点M'、M、M''に達すると同時に、残りの運動体も各々その軌跡上でM'_1、M_1、M''_1、M'_2、M_2、M''_2等々に達する。かくして、一方では$M'M = M'_hM_h$、他方では$MM'' = M_pM''_p$となるような運動体Ah、Apが必然的に存在することになる。その場合、点Mにおける運動体Aの速度はvhとvpのあいだに含まれていると述べることに異論はないだろう。しかし、点M'とM''を点Mにより近いものと想定することには何の妨げもないから、そうなると、vhとvpを新たな速度vjとvnによって置き換えねばならず、vjはvhよりも速く、vnはvpよりも遅いということが分かる。そして、$M'M$とMM''という二つの間隔を減少させるにつれて、両者に対応する二つの等速運動の速度間の差異もまた減少することになる。さて、これら二つの間隔は零にまで減少させることができるから、vjとvnのあいだには、一方ではvh、vj等々との差異、他方ではvp、vn等々との差異がいかなる所定の量よりも小さくなりうるような速度vmが存在するのは明らかである。かかる共通の極限vmこそ、点Mにおける運動体Aの速度と呼ばれるものであろう。——さて、以上の不等速運動の分析においても、等速運動の分析においてと同様、ひとたび踏破された空間と、ひとたび到達された諸々の同時的位置しか問題となっていない。したがって、われわれが、力学は時間から同時性だけを取り上げ、運動そのものからは不動性だけを取り上げると述べたのには正当な根拠があったのである。

力学は必然的に方程式にもとづいて作動するものだし、代数的方程式はいつも完了した事実を表現しているという点に注目すれば、このような帰結は予見できたかもしれない。さて、絶えず形成途上にあることは、われわれの意識に現れる限りでの持続ならびに運動の本質そのものに属している。だから、代数が翻訳しうるのは、持続のある瞬間に得られた諸帰結や、空間内のある運動体によって取られた諸々の位置であって、持続や運動そのものではないのだ。きわめて小さな間隔を仮説としてたてることで、考察される同時性や位置の数を増したところで無駄であろう。こうした持続の間隔の数を無際限に増す可能性を示すために、差異の概念を微分の概念で置き換えたところで、やはり無駄であろう。数学が間隔をいかに小さなものとみなそうとも、数学はつねにそうした間隔の末端に身を置く。間隔そのもの、持続および運動はといえば、ひとことで言うなら、それらは必然的に方程式の外部にとどまる。それというのも、持続と運動は精神的綜合であって、諸事物ではないからだ。また、たとえ運動体が線上の諸点を代わる代わる占めるとしても、運動はこの線そのものとは何の共通点ももたないからだ。そして最後に、運動体によって占められる位置が持続の様々な瞬間と共に変動するにしても、このように運動体が様々な場所を占めるということだけで、この運動体が、互いに区別された諸瞬間を創造しさえするとしても、本来の意味での持続は、それが本質的に異質的で、未分化で、数とは類縁性をもたない以上、互いに同一的な諸瞬間も、互いに外在的な諸瞬間も伴ってはいないからだ。

以上の分析から、空間のみが等質的で、空間内に位置する諸事物は判明な多様性を構成し、判明などの多様性も空間内に展開されることで得られるとの結論が導かれる。同様に、空間のうちには、意識が解する意味での持続も、また継起すら存在しないことにもなる。外的世界における継起的と称される諸状態の各々だけが現存しているのであって、それらの多様性が実在性をもつのはただ、まずはそれらを保存し、次いでそれらを互いに外在的なものたらしめて併置することのできる、そのような意識に対してのみである。意識が外的世界のこれらの状態を保存するのは、外的世界の多様な諸状態が、相互に浸透し合い、気づかぬほど徐々に全体を有機的に組織化し、まさにこの連帯の効果によって過去を現在に結びつけるところの意識的諸事象を引き起こすからである。意識が外的世界の諸状態を互いに外在的なものたらしめるのは、それに続いて、それらの状態のあいだの根本的区別(ある状態が現れると他の状態は消え去るのだから)を思い描くことで、意識が、それらを判明な多様性の形のもとで覚知するからである。それは、これらの状態の各々が別々に存在していた空間内に、これらの状態をすべて配列することに等しい。このような用途に用いられる空間こそ、まさに等質的時間と呼ばれるものなのである。

内的多様性

ただし、以上の分析からはもうひとつの結論が抽き出される。すなわち、意識状態の多様性は、その根源的な純粋性において考察されるならば、数を形成する判明な多様性とのあいだにいかなる類似も呈さない、との結論が。先に述べたように、そこには質的多様性（multiplicité qualitative）とでも呼べるものがあるのだ。要するに、二種類の多様性を、「区別する」という語にありうべき二つの意味を、そしてまた、同じもの（*même*）と異なるもの（*autre*）とのあいだの差異についての、一方は質的で、他方は量的な二つの考え方を承認しなければならないだろう。ある場合には、この多様性、この区別、この異質性は、アリストテレス風に言えば、潜勢態においてのみ数を含む。それというのも、意識は、諸々の質を数えたり、更にはそれらを複数のものにしようとするいかなる下心もなしに、質的差別化を施すからである。その場合にはまさに量なき多様性があることになる。また別の場合には、反対に、数えられたり、数えうるものとみなされた諸項の多様性がある。ただし、そこで考えられているのは、これらの項を互いに外在的なものにする可能性であって、かくして諸項は空間のうちで展開されることになる。不幸にもわれわれには、同じ語のこうした二つの意味について、一方を他方によって解明したり、更には一方のうちに他方を認知しさえする習慣が実に深く刻まれているので、われわれは両者を区別するのに、あるいは少なくともこの区別を言語によって表現するのに信じがたいほどの困難を覚えるのだ。たとえばわれわれは、複数の意識状態は互いに有機的に組織化し合い、互いに浸透し合い、次第により豊饒なものと化していくことで、空間を知らない自我に純粋持続の感情を与えることができるだろう、という言い方をした。けれども、「複数の」という語を用いるためには、すでにわれわれはこれらの状態を互いに孤立化させ、互いに外在的なものにしているのでなければならない。ひとことで言えば、すでにこれらを併置しているのでなければならない。こうしてわれわれは、自分が訴えざるをえなかった表現そのものによって、時間を空間内で展開するという根深い習慣を図らずも暴露していたことになる。いまだ少しもこの展開を実現していないような魂の状態を表すための語彙も、われわれは、このひとたび実現された展開のイメージから借りてこざるをえない。それゆえ、これらの語彙は最初から欠陥で損なわれているわけで、数ないし空間といかなる連関ももたない多様性の表象は、自分自身のうちに立ち戻って、外部から身を引き離す思考にとっては明晰であるにしても、常識の言語には翻訳されえないものなのだ。しかしながら、われわれは、先に質的多様性と呼ばれたものを併行的に考察することなしには、判明な多様性の観念すら形成することはできない。諸々の単位を空間内に配列して明白な仕方で数える場合でも、実際には、等質的な地の上で同一的な諸項が描かれていくこの加算とは別に、魂の深みでは、これらの単位相互の有機的組織化というまったく動的な過程が継続されているのではなかろうか。そして、仮に金敷が感性を有しているなら、金敷は自分が金槌によって打たれる回数の増加について純粋に質的な表象を抱くだろうが、この過程はそうした質的な表象にかなり類似しているのではなかろうか。この意味では、日常的に使用される数は各々その情緒的な等価物を有していると、ほぼ断定できるだろう。商人たちはこのことをよく心得ていて、ものの値段を、端数のない何フランという金額で指示しないで、必要な数サンチームを後で付け足すのを覚悟で、わずかばかり少ない金額を呈示するのである。要するに、われわれが諸単位を数えて、その判明な多様性を形成する際の過程は二重の相を呈する。すなわち、一方ではわれわれはそれらの単位を同一的なものと想定するが、それが可能になるためには、諸単位を等質的媒体のうちで配列しなければならない。しかし他方では、たとえば三番目の単位は、残りの二つの単位に付加される際に、その総体が有する本性や様相や、その律動のごときものを変容する。こうした相互浸透といわば質的な進展を欠いては、いかなる加算も可能ではないだろう。——したがって、われわれが質なき量という観念を形成するのも、量の有する質のお陰なのである。

実在的持続

等質的媒体においては、相継起する諸項は互いに外在的なものと化すのだが、こうして明らかになったように、一切の象徴的表象の外では、時間がわれわれの意識にとってそうした等質的媒体の相をまとうことは決してない。しかしわれわれは、同一的な諸項の系列において、その各項がわれわれの意識にとって、一方ではつねに自己同一的であり他方では特殊的であるという二重の相をまとうというただそれだけのことで、ごく自然に象徴的表象へと行き着いてしまう。一方で自己同一的というのは、われわれが念頭に置いているのが外的対象の同一性だからであり、他方で特殊的というのは、この項の付加によって、総体の新たな有機的組織化が引き起こされるからである。われわれが先に質的多様性と呼んだものを、数的多様性の形式のもとに空間のうちで展開し、一方を他方と等価なものとみなす可能性がここから出てくる。ところで、この二重の過程に関して言うと、外的現象——それ自体では不可知でありながら、われわれにとっては運動の形態を帯びるような現象——の知覚におけるほど、それが容易に遂行される場面はない。ここで、われわれはまさに一連の互いに同一的な諸項を得る。というのも、運動体はつねに同じものなのだから。しかし他方で、現在の位置と、記憶が先行的位置と呼ぶものとのあいだで、われわれの意識による綜合が施されると、これらのイメージは相互に浸透し合い、補完し合い、いわば相互に連続するものと化す。したがって、持続が等質的媒体の形態をまとい、時間が空間のうちに投射されるのは、とりわけ運動の仲介によってなのである。しかし、たとえ運動が欠けていたとしても、明確に規定された外的現象の反復ならばどれでも、意識に対して同じ様態の表象を示唆したことだろう。たとえば、われわれが金槌を打つ一連の音を耳にするとき、それらの音は、純粋な感覚としてはひとつの不可分な旋律を形成し、更には、われわれが動的進展と呼んだものを惹起する。ただし、同じ客観的原因が作用しているのを知っているために、われわれはこの進展をいくつかの局面へと裁断して、それらを同一的なものとみなす。同一的な諸項から成るこの多様性は、もはや空間内での展開によってしか考えられないものだから、われわれはまたしても必然的に、真の持続の象徴的イメージである等質的時間の観念に行き着いてしまう。ひとことで言えば、われわれの自我が外的世界に触れるのは、その表面によってなのである。われわれの継起的な諸感覚は、互いに融合しながらも、相互外在性をいくらかは保持していて、この相互外在性がこれらの感覚の諸原因を客観的な仕方で特徴づけている。だからこそ、われわれの表層的な心理的生は等質的媒体のうちで展開され、しかも、この表象様式がわれわれに多大な努力を要請することはないのだ。ところが、こうした表象の象徴的性格は、われわれが意識の深みに入り込むにつれて、次第に際立ってくる。内的な自我、つまり、感じたり熱中したりする自我、熟慮したり決断したりする自我は、その諸状態および諸変容が内密に浸透し合っているようなひとつの力（force）であって、これらの状態や変容は互いに分離されて空間のうちで展開されるや、深い変質を蒙ってしまう。しかし、このより深層の自我も、表層的自我と唯一の同じ人格を成しているのだから、両者は必然的に同じ仕方で持続するように思われる。反復される同一的な客観的現象を恒常的に表象しているため、われわれの表層的な心理的生は相互外在的な諸部分へと裁断されるのだが、そうなると今度は、このように規定された諸瞬間のほうも、われわれのより人格的な意識状態の動的で未分化な進展のうちに、数々の切片《セグマン》を明確に分離することになる。等質的空間内で併置されることによって物質的諸対象に確保される相互外在性は、このように意識の深みにまで反響して、そこにまで伝播していく。少しずつ、われわれの諸感覚は、それらを生じさせた外的諸原因と同様に互いに乖離し、様々な感情や観念も、それと同時的な諸感覚と同様、互いに乖離することになる。——持続についてのわれわれの通常の考え方が、純粋な意識の領域への空間の漸次的侵入に起因しているのを見事に証示していること、それは、自我から等質的時間を知覚する能力を除去するためには、自我が調整器として利用している心理的諸事象のこのより表面的な層をそこから乖離させれば十分だということ、これである。夢はまさにわれわれをこうした条件下に置いてくれる。というのも、眠りは、器官機能の働きを弛緩させ、とりわけ自我と外的諸事物とのあいだの交流面（surface de communication）を変容させるからだ。その際には、われわれはもはや持続を計測するのではなく、持続を感じ取る。量から、持続は質的状態へと立ち戻る。流れ去った時間が数学的に測定されるのではもはやなく、そうした測定はある漠然とした本能に場所を譲る。あらゆる本能と同様、お粗末な勘違いもするが、時に異例の確実さをもって事を進める本能に。覚醒状態においてすら、日常経験によってわれわれは、質としての持続——意識が無媒介的・直接的な仕方で到達するところの持続、そしておそらくは動物が知覚している持続——と、いわば物質化された時間、空間内での展開によって量と化した時間とのあいだに差異を設けることを学んでいるはずだ。私がこの何行かを書き記している瞬間に、隣室の掛時計が時を知らせている。しかし、私の耳は上の空で、すでに鐘がいくつも鳴るのを耳にした後でしかそれに気づかない。だから、私は鐘を数えてはいなかったのだ。とはいえ、すでに鳴った四つの鐘の音の総和を求めて、それを今耳にしている鐘の音に付加するには、遡行的な注意を向けるべく努力するだけで私には十分である。自分自身のうちへと立ち戻って、たった今生じたばかりのことを私が慎重に問いただすならば、私は、最初の四つの音は私の耳を打ち、私の意識に訴えさえしていたが、その各々が産出する諸感覚は、その総体に固有の相貌を付与し、これを一種の楽節たらしめるべく、互いに融合していたということに気づく。鳴った回数を遡行的に算定するために私が試みたことはと言えば、この楽節を思考によって再構成することだった。私は想像力によって、一回、二回、三回と音を鳴らしたが、それがちょうど四回に達しない限りでは、感性は照会を受けても、あくまで全体の効果が質的に異なっていると答える。だから、想像力はそれなりの仕方で、鳴らされた四回の音の継起を確証していたのだ。ただし、加算とはまったく別の仕方で、互いに区別された諸項の併置というイメージを介入させることなく。要するに、鳴らされた回数は、量としてではなく質として知覚されていたのである。こうして持続が無媒介的・直接的意識に対して姿を現すのだが、延長から抽き出された象徴的表象に場所を譲らない限り、持続はこうした形態を維持する。——したがって結論として、二つの形態の多様性、持続を測定するまったく異なった二つの仕方、意識的生の二つの相を区別することにしよう。真の持続の外延的象徴たる等質的持続の下に探りを入れて、注意深い心理学は、異質的諸瞬間がそこで相互に浸透するような持続を見分ける。諸々の意識状態の数的多様性の下に、質的な多様性を見分け、はっきり定義された諸状態を伴う自我の下に、そこでは継起が融合と有機的組織化を含意するような自我を見分けるのだ。しかし、われわれは大抵は、前者、すなわち等質的空間のうちに投射された自我の影で満足してしまう。意識は、区別しようという癒しがたい欲望に苛まれて、実在を象徴によって置換したり、実在を象徴を介してのみ覚知したりする。このように屈折させられ、まさにそのことによって細分化された自我は、社会生活一般、とりわけ言語の諸要請に対してはるかによく適合するから、自我もそうすることのほうを選び、次第に根底的自我を見失っていくのである。

自我の二つの様相

いまだ変質を蒙らざる意識が覚知するであろう形で、この根底的自我を取り戻すためには、まず初めに屈折させられ、次いで等質的空間のうちで固化されたイメージから、内的で生きた心理学的諸事象を切り離すための、分析の果敢な努力が必要である。言い換えれば、われわれの諸知覚、諸感覚、諸情動、諸観念は、二重の様相のもとに姿を現す。一方では、鮮明で明確だが非人格的な様相のもとに、他方では、錯雑としていて、限りなく移ろいやすく、表現し難い（inexprimable）様相のもとに。なぜ表現し難いかというと、言語はそれを把握するのに、その動性を固定せずにはいられないし、それをみずからの凡庸な形態に適応させるに際しては、それを必ずや共通領域（domaine commun）に陥らせなければならないからだ。われわれが多様性の二つの形態、持続の二つの形態を区別するに至るなら、次のことは明らかである。すなわち、個々別々に取り上げられた意識的事象の各々は、それが判明な多様性の只中で考えられるか、それとも錯雑な多様性の只中で考えられるかに応じて、すなわち、意識的事象がそこで生じるところの質としての時間において考えられるか、それとも、意識的事象がそこに投射されるところの量としての時間において考えられるかに応じて、異なった様相をまとうはずなのだ。

たとえば、私がこれから滞在することになる町を初めて散歩する場合、私を取り巻く諸事物は、これからも持続するはずの印象と、不断に変容するだろう印象を同時に私に対して産出する。私は毎日同じ家々を覚知する。そして、私はこれらが同じ対象であるのを知っているから、私はそれらを恒常的に同じ名前で指示するし、また、家々がつねに同じ仕方で私に現れると思い込んでもいる。しかしながら、かなり長い時間が経って、最初の数年に私が覚えた印象のことを回想すると、私は、特異な変化、説明しがたく、とりわけ表現しがたい変化がそこで生じたことに驚いてしまう。これらの対象は、私によって連続的に知覚されて、私の精神のうちで絶えず描かれるので、遂には私の意識的現存の幾ばくかを私から借り受けるに至ったように思われる。つまり、私と同様に諸対象は生き、私と同様に老いたのだ。これはまったくの錯覚というわけではない。というのも、今日の印象が昨日のそれと絶対的に同一であるとしたら、知覚することと再認すること、学ぶことと想起することのあいだにいかなる差異がありうるというのか。ただし、こうした差異は大半の人々の注意を逃れてしまう。それを告げ知らされ、しかもその際、綿密に自己自身に問い尋ねるという条件が満たされなければ、ひとがこの点に気づくことはほとんどないだろう。われわれの外的でいわば社会的な生のほうが、内的で個人的な現存よりもわれわれにとっては実践的な重要性を有している、というのがその理由である。本能的に、みずからの諸印象を固化せしめ、それらを言語によって表現しようとする傾向がわれわれにはある。その結果、われわれは、不断の生成のうちにある感情そのものを、その恒常的な外的対象と、またとりわけこの対象を表現する語と混同することになる。われわれの自我の移ろいやすい持続が、等質的空間のうちに投射されることで固定されるのと同様に、絶えず変化するわれわれの諸印象は、その原因である外的対象の周りに巻きついて、その明確な輪郭と不動性を我が物にするのである。

われわれの単純感覚は、自然状態において考察されるならば、いまだそれほどの堅固さを呈することはないだろう。ある味や香りが私は子供の頃は好きだったが、今は嫌いである。それでも私は、感得された感覚になおも同じ名前を与えて、香りと味は同じままなのに、あたかも私の嗜好だけが変化したかのように語る。したがって、私はこの感覚を依然として固化している。そして、この感覚の移ろいやすさが無視できないほどに明証的なものとなる場合には、私はこの移ろいやすさを抽出して、別個にこれに名前を与え、今度は嗜好という形のもとでそれを固化させるのだ。しかし実際は、同一的な諸感覚も、複数の嗜好も存在しない。というのも、感覚や嗜好は、私がそれらを互いに孤立させて命名するや否や、事物として現れるが、人間の魂のうちには、ほとんど進展しか存在しないからだ。ぜひとも言っておくべきだろうが、どんな感覚も反復されることで変容する。たとえ感覚が日々変化するようには私に見えないとしても、それは、今や私が感覚をその原因やそれを翻訳する語を通じて覚知しているからである。感覚に対する言語のこうした影響は、一般に考えられているよりも根が深い。言語は、われわれに諸感覚の不変性を信じ込ませるばかりでなく、感得された感覚の性格についてしばしばわれわれを欺きもする。たとえば、私が絶品と評判の料理を食べるときには、それに与えられた数多くの賞賛に満ち満ちたその料理の名前が、私の感覚と私の意識とのあいだに介在してくる。たとえば、わずかな努力をするだけで、その味が自分好みではないことに気づくはずであるとしても、私はその味が自分好みのものであると思い込んでしまうかもしれない。要するに、明確な輪郭を有した語、不動で共通で、ひいては非人格的なものを人間の諸印象のうちで蓄積していく粗野な語は、われわれの個体的意識が有する繊細で束の間の印象を破砕する。とは言わないまでも、少なくともそれらを隠蔽する。対等の武器でこれに挑むためには、諸印象それ自体が適確な語によって表現されねばならないだろう。しかし、これらの語も、形成されるや否や、それを生んだ感覚に背くことになるだろう。そもそも、感覚が不安定であることを証示すべく案出されたものなのに、これらの語はみずからに固有の不動性を感覚に課すことになろう。

無媒介的・直接的意識のこうした破砕が最も際だつのは、感情という現象を措いて他にない。激しい愛や深い鬱状態はわれわれの魂を蝕む。われわれの魂においては無数の多様な諸要素が溶け合い、相互浸透し、はっきりとした輪郭をもたず、互いを外在化しようとする傾向はそこにはまったくない。これらの要素の独自性は、以上のことを代償として成り立っている。これらの要素は、われわれがそれらの錯雑な集塊からひとつの数的多様性を摘出してくるときには、すでに歪曲されている。われわれがそれらを別々に切り離して、等質的媒体——今これを時間と呼ぼうが空間と呼ぼうがかまわない——のうちで展開するときには、どうなるのだろうか。つい先程までは、諸要素の各々は、それらが位置づけられているところの媒体から、定義しがたい色合いを借り受けていたのだが、今やどの要素も色褪せ、ひとつの名を受け入れる態勢をすっかり整えている。感情そのものはと言えば、生き、展開し、ひいては絶えず変化するところの存在である。さもなければ、感情がわれわれを次第にひとつの決断へと導くというのは不可解な事態であることになろう。われわれの決断は即座に下されることになろう。しかし、感情がそこで展開するところの持続、それは諸瞬間が相互に浸透し合っているような持続であって、それゆえ、感情は生きている。にもかかわらずわれわれは、これらの瞬間を互いに分離し、時間を空間のうちで展開することで、この感情からその生気と色合いを奪ったのである。かくしてわれわれは自分自身の影を前にすることになる。われわれはみずからの感情を分析したと思い込んでいるが、実際にはこの感情に換えて、不活性な諸状態——これらの状態は語に翻訳することが可能で、その各々が、一定の事例において社会全体によって感じられる諸印象の共通要素、それゆえ非人格的な残滓を構成している——の併置を持ち出しているのだ。われわれがこれらの要素について推論を行ったり、それらにわれわれの単純な論理を適用したりするのもそのためである。諸要素を互いに孤立化させるというただそれだけのことで、われわれはそれらを類へと祭り上げ、それらが将来の演繹に役立つよう準備したのである。今仮に誰か大胆な小説家が、われわれの慣例的な自我を巧妙に織り込んだ生地を引き裂いて、この見かけ上の論理のもとに根底的な不条理を示し、これらの単純状態の併置のもとに数々の多様な諸印象——これらは名付けられる瞬間にはすでに存在することをやめているのだが——の限りない浸透を示してくれるならば、われわれ自身以上にわれわれのことを知っていたということで、われわれはこの小説家を賞賛する。しかしながら、事情はまったくそうではない。われわれの感情を等質的時間のうちで展開し、その諸要素を語によって表現するというまさにそのことからして、この小説家がわれわれに呈示するのもやはり感情の影でしかない。ただし彼は、影を投げかけた対象の異常でかつ非論理的な本性にわれわれが勘づくような仕方でこの影を扱った。表現された諸要素の本質そのものを構成しているあの矛盾、あの相互浸透の何がしかを外的表現のうちに置き入れることで、彼はわれわれを反省へと誘ったのである。この小説家に励まされて、われわれは、自分の意識と自分自身のあいだにみずから介在させていたヴェールを、しばしのあいだ取り除いた。彼のお陰で、われわれはわれわれ自身の眼前に置き直されたのである。

仮にわれわれが言語の枠を破って、みずからの諸観念そのものを自然状態で、つまりわれわれの意識が空間の憑依から解放されたら覚知するであろうものとして把握しようと努めるならば、同じ種類の驚きを覚えることだろう。観念を構成する諸要素のこうした分断は、抽象に行き着くものだが、きわめて便利であるため、われわれは日常生活や、更には哲学的議論においてさえ、これなしで済ますことができないほどである。しかし、分断された諸要素こそまさに具体的観念の組織に参入するところの要素であると想像したり、また、実在的諸項の浸透をそれらの象徴の併置に置き換えることで、持続を空間によって再構成すると称する場合、われわれは不可避的に連合主義の誤謬に陥ってしまう。この最後の点にはここでは固執せず、次章での詳細な検討の対象とすることにしたい。われわれはある種の問いにおいては無反省な情熱をもって決断を下すが、この情熱は、われわれの知性にもそれ固有の本能があるということを十分に証ししている、と言うだけでここでは十分だろう。それにしても、われわれが抱く観念すべてに共通な跳躍、すなわち観念すべての相互浸透によるのでなければ、われわれはどのようにしてこの本能を表象できるのだろうか。われわれが最も執着している意見は、最も説明するのが厄介な意見であって、われわれが自分の意見を正当化する際に用いる理由そのものが、われわれをして当の意見の採用を決定させた理由であることは稀れである。ある意味では、われわれはそれを理由なしに採用したのだ。というのも、ある意見をわれわれにとって価値あるものたらしめているのは、そのニュアンスがわれわれの抱く他の観念すべてに共通な色合いに呼応しているということ、そこにわれわれが何か自分に属するものを初めから見出していたということなのだから。それゆえ、意見というものは、精神の外に放逐されて語によって表現されるや否やそれがまとうことになる凡庸な形態を、精神のうちでまとうことはないのだ。それらの意見は、たとえ他の精神において同じ名を冠されていたとしても、まったく同じものではない。実を言うと、意見の各々は有機体における一細胞のような仕方で生きている。自我の一般的状態を変容させるものすべてが、意見をも変容させるのである。ただし、細胞が有機体のある一点を占めるのに対して、真にわれわれのものである観念はわれわれの自我全体を満たす。とはいえ、われわれの抱く観念すべてがこのように意識的諸状態の集塊に合体しているわけではない。それどころか、多くの観念は池の水面に浮かぶ落ち葉のように表面を漂っている。ということはつまり、われわれの精神が諸観念を考える際には、あたかもそれらが精神にとって外的なものであるかのように、それらの観念はつねに一種の不動性において見出されるということだ。こうした種類の観念としては、われわれがまったく既成のものとして受け取る諸観念、われわれのうちにとどまるが決してわれわれの実体とは同化しないような諸観念、更にはわれわれが維持することを怠り、放置されたまま涸渇してしまった諸観念を挙げうる。われわれが自我の深層から遠ざかるにつれて、われわれの意識状態は次第に数的多様性の形をまとい、等質的空間のうちで展開される傾向にあるのだが、それはまさに、これらの意識状態が次第に不活性な本性を帯び、次第に非人格的な形態をまとうからである。だから、われわれの観念のうち、われわれに属する度合いの最も低い観念だけが、語によって妥当に表現されうるとしても、驚いてはなるまい。実際、これから見るように、連合主義理論が適用されるのは、こうした諸観念に対してのみなのだから。互いに外在的なこれらの観念は、その各々の内的本性が何ら関与していないような連関、分類可能な連関を互いのあいだで維持している。したがって、これらの観念は近接によって、あるいはまた何らかの論理的理由によって連合するかのようなのだ。しかし、自我と外的事物との接触面の下方へと掘り進むことで、有機的に組織化された生きた知性の深みにまで入り込むならば、われわれは多くの諸観念の重合、というよりもむしろ、それらの内密な融合に立ち会うことになるが、これらの観念はひとたび分断されるなら、論理的に矛盾した諸項という形で相排斥し合うものとして現れる。二つの像が重なり合って、二人の別人を同時に呈示しているのに、二人の人物がひとりでしかないような実に奇妙な夢を考えてみれば、覚醒状態におけるわれわれの諸概念の相互浸透とは何かを漠然とながら知ることができるだろう。夢を見る人の想像力は、外的世界から隔絶したまま、知的生のより深層の領域で諸観念に対して遂行されている仕事を、単なるイメージにもとづいて再現し、それなりの仕方でこの仕事を作り替えている。

こうして、われわれが初めに言表した原理、すなわち、意識的生は無媒介的・直接的に覚知されるか空間を介した屈折によって覚知されるかに応じて二重の様相のもとに姿を現すという原理は、内的諸事象の研究を深く究明することで実証され、解明されることになろう。——それ自体において考察されるならば、深層の意識的事象は量とはいかなる連関も有していない。それらは純粋な質である。それらの意識的事象は、一とも多とも言い難いような仕方で、また、そういう観点から吟味しようとするや即座にそれらを変質させてしまわざるをえないような仕方で、互いに混淆している。意識的事象がこのようにして創造する持続の諸瞬間は、数的多様性を構成したりはしない。これらの瞬間を特徴づけるに際して、それらは互いに浸食し合っていると述べたところで、やはりそれらを区別していることに変わりはない。では、われわれ各人が、純粋に個体的な生を生きていたとしたら、社会も言語もなかったとしたら、われわれの意識は内的諸状態の系列をこの未分化な形態のもとで把握できるのだろうか。おそらく、必ずしもそうではあるまい。なぜなら、その場合にもわれわれは諸対象が互いにはっきりと区別されているような等質的空間の観念を保存しているだろうし、また、最初に意識の注意を強く引いたいわば星雲状の諸状態をより単純な諸項へと解消するためには、等質的空間という媒体のうちにこれらの様態を配列するのがあまりにも便利であるからだ。しかしまた、よく注意してもらいたいが、等質的空間の直観はすでにして社会的生への一歩なのである。動物はおそらく、みずからの諸感覚に加えて、自分とはっきり区別され、すべての意識的存在に共通の所有物であるような外的世界をわれわれと同じ仕方で表象してはいない。諸事物のかかる外在性と、それらにとっての媒体のこうした等質性をはっきりと思い描こうとする傾向がわれわれにはあるが、これは、共同で生活し、話すようわれわれを仕向ける傾向と同じものである。しかし、社会的生の諸条件がより完全に実現されるにつれて、また、われわれの意識状態を内から外へともたらす流れがよりいっそう強調されるにつれて、少しずつこれらの状態は対象ないし事物へと変容していく。それらは互いに乖離するのみならず、われわれからも乖離する。すると、われわれはもはや、われわれがそれらのイメージを凝結させた等質的媒体においてしか、またそれらにみずからの凡庸な色合いを付与する語を介してしか、これらの状態を覚知できなくなる。かくして、第一の自我を覆う第二の自我が形成されるのだが、第二の自我の現実存在は互いに区別される諸瞬間を有し、その諸状態は互いに乖離していて、語によって苦もなく表現される。ただし、ここでわれわれが人格を二重化し、最初に排斥しておいた数的多様性をそこにまた別の形で導入しているなどと非難しないでもらいたい。互いに区別される諸状態を覚知する自我も、次いで更なる注意を傾けて、これらの状態が長く手で触れられた雪の針状結晶と同じく互いに溶け合うのを目にする自我も、同じひとつの自我なのである。実を言えば、言語の便宜のためには、秩序の支配するところで混乱を回復させたり、いわば非人格的な諸状態のこうした巧みな配置（arrangement）を混乱させないほうが、まったく自我の利害に適っている。このような配置によって、自我は「国家のなかの国家」[7]を形成するのをやめたのであるから。内的生は、はっきり区別された諸瞬間を有し、明確に性格づけられることで、社会的生の諸要請によりよく応じることになろう。表面的な心理学であっても、こうした生を記述することで事足れりとするのであれば、そのために誤謬に陥ることは避けられるだろう。とはいえ、そのためには、ひとたび生じた諸事象の研究に課題を限定して、それらの事象の形成様態を無視するという条件が満たされねばならないのだが。——しかし、静態力学から動態力学に移行することで、この心理学が、すでに遂行された事象についてかつて推論したのと同様に、遂行されつつある事象についても推論すると称するならば、またそれが、具体的で生きた自我を、互いに区別され、等質的媒体のうちで併置される諸項の連合としてわれわれに呈示するならば、この心理学はみずからの眼前に数々の乗り越えがたい困難が立ちはだかるのを目にすることになろう。しかもこれらの困難は、この心理学がそれを解決するのにより多くの努力を払うにつれて倍増していくだろう。というのも、これらの努力はすべて、時間を空間のうちで展開させ、継起を同時性の只中に位置づけさせたその根本的仮説の不条理さをよりいっそう際立たせるだけなのだから。――われわれはこれから、因果性の、自由の、ひとことで言えば人格の諸問題に内属する数々の矛盾もこれ以外の起源をもたないということ、そして、これらの困難を斥けるためには、自我の象徴的表象に換えて、実在的自我、具体的自我をたてれば十分であることを見ていく所存である。

（1）　数の概念と空間の概念との連帯をめぐるG・ノエル氏の興味深い論文に対する、F・ピロン氏のきわめて注目すべき論駁（*Critique philosophique*, années 1883 et 1884）を読んだときには、すでに本稿は全面的に完成していた。しかしながら、われわれは、以下の叙述に変更を施すべき点を見出さなかった。なぜなら、ピロン氏は質としての時間と量としての時間、併置の多様性と相互浸透の多様性とを区別していないからである。本書第二章はこの区別を主たる対象とするのだが、この枢要な区別がなければ、ピロン氏とともに、共存の連関（rapport de coexistence）だけで数の構築には十分であると主張されうるだろう。しかし、ここでは共存はいかなる意味に解されているのだろうか。共存する諸項が一丸となって有機的に組織化されるなら、そこから数が出来することは決してないだろう。それらが互いに区別されたものであり続けるとすれば、それはこれらの項が併置されているからであって、その場合、われわれは空間のうちにいることになる。いくつもの感官によって同時に受容される印象の例を持ち出しても無駄であろう。その際には、これらの感覚にその種差を維持させるか、それとも、その差異を捨象するかのどちらかであるが、前者の場合には、結局これらの感覚を数えないことになるし、後者の場合には、その位置によって、もしくはその象徴によって以外の仕方では諸感覚は区別されなくなってしまう。これから見るように、区別するという動詞は、一方では質的な、他方では量的な二つの意味を有している。ところが、われわれが思うに、これら二つの意味は、数と空間との諸連関を扱ったすべての人々によって混同されてきたのである。〔ノエルの論考の題名は「数と空間」Le nombre et l'espace、それに対するピロンの論駁は「数の概念について。「数と空間」と題されたノエル氏の論文への回答」A propos de la notion de nombre. Réponse à l'article de M. G. Noël intitulé Le nombre et l'espace.〕

（2） エヴェラン『無限と量』（Evellin, *Infini et quantité*, Paris, 1881, chap. II, § III, pp. 82-96）。

第三章　意識的諸状態の有機的組織化について——自由

自然についての二つの学説、すなわち機械論と力動論とが、なぜ自由の問いを巡って対立することになるかは、難なく理解される。力動論は、意識が提供する意志的活動の観念から出発して、この観念を徐々に骨抜きにすることで惰力（inertie）の表象に至る。したがって力動論は、一方では自由な力を、他方では法則によって統御された物質を造作もなく思い描く。それに対して、機械論は逆の歩みを辿る。諸物質を綜合するに際して、機械論はこれらを必然的法則によって支配されたものと想定しているのだが、豊かさと共に予見し難さと外見的の偶然性をも次第に増やしていくような結合に達するとしても、機械論はそれが最初に閉じ込められていた必然性の狭い円環から抜け出ることはない。――自然についてのこれら二つの考え方を究明してみれば、両者が、法則とそれが支配する事実との関係について、大いに異なる仮説を含んでいるのが分かるだろう。力動論者は、その眼差しを高みに引き上げていくにつれて、法則の枷からより自由になった諸事実を覚知していると考える。したがって力動論者は、事実を絶対的な実在に、法則をこの実在の多かれ少なかれ象徴的な表現に仕立て上げるのだ。反対に、機械論は個別的な事実の只中に、この事実をいわば交錯点とするような一定数の法則を見分ける。この仮説においては、法則こそが根本的な実在となるだろう。――今仮に、なぜ一方の人々は事実に、他方の人々は法則により高度な実在を帰するのかを追求するなら、われわれが思うに、機械論と力動論は単純性（*simplicité*）という語を大いに異なる二つの意味に解しているのが分かるだろう。

機械論にとっては、結果が予見され、計算されさえするようなすべての原理が単純である。かくして、定義そのものからして、惰性の概念は自由の概念よりも単純であり、等質的なものは異質的なものより単純であり、抽象的なものは具体的なものより単純であることになる。それに対して、力動論はというと、諸概念のあいだに最も便宜的な秩序を確立することよりも、むしろそれらの実在的な派生関係（filiation）を見出すことに努力を傾ける。実際、単純な概念とみなされているもの――機械論はこれを始源的なものとみなす――が、そこから派生するかに見えるより豊かな複数の概念の融合によって得られたものであることもしばしばなのである。ちょうど二条の光線の干渉から闇が生じるように、複数の概念がまさにかかる融合のなかで互いに中和されたのである。この新たな観点から見れば、自発性（spontanéité）の観念が惰性の観念よりも単純であるのは疑いの余地がない。というのも、後者は前者によってしか理解も定義もされないが、前者は自足しているからである。実際、われわれは各々、みずからの自由な自発性について、現実のものであれ錯覚であれ、無媒介的・直接的な感情を抱いているが、惰性の観念はというと、いかなるものとしてもこの表象のなかに介入することはない。そうではなく、物質の惰性を定義するに際しては、物質はそれ自体では動くことも止まることもありえないし、また、いかなる力も介入しない限り、どんな物体も静止し続け、運動し続けると言われるだろう。つまり、どちらの場合にも、活動（activité）の観念へと立ち戻ることが必要不可欠なのである。以上の様々な考察によってわれわれは、具体的なものと抽象的なもの、単純なものと複雑なもの、諸事実と諸法則との連関をどう解するかに応じて、なぜア・プリオリに、人間の活動をめぐる相対立した二つの考え方が得られるに至るのかを理解できるだろう。

しかし、ア・ポステリオリにはどうかというと、自由に反対する紛れもない事実、一方は物理的で、他方は心理的な事実が引き合いに出される。ある場合には、われわれの行動は、われわれが抱く感情や観念、更には先行する意識状態の系列全体によって必然化されるということが理由として持ち出される。またある場合には、物質の根本的な諸特質や、とりわけ力の保存則と両立不能なものとして、自由が告発される。ここから、二種類の決定論が、普遍的必然性についての見かけは異なる二つの経験的証明が帰結する。われわれはこれより、これら二つの決定論の形態のうち後者は前者に帰着するということ、そして、あらゆる決定論は、物理的なそれでさえ、ある心理的な仮説を含むということを示してみたい。次いでわれわれとしては、心理的決定論そのものと、それに与えられる数々の反駁とが、意識状態の多様性や、とりわけ持続についての不正確な概念に依拠しているということを確証する所存である。かくしてわれわれは、前章において展開された諸原理の光に照らされて、自我が、他のいかなる力の活動とも比較できないような活動をなすものとして姿を現すのを目撃することになるだろう。

物理的決定論

物理的決定論は、その最近の形では、物質についての力学的な、というよりもむしろ運動学的な理論と密接に結びついている。宇宙は物質の塊として表象されるが、この物質の塊は想像力によって分子や原子へと分解される。これらの粒子は、振動運動や移行運動など、あらゆる種類の運動を絶え間なく遂行する。物理的諸現象、化学的諸作用、われわれの感官が知覚する物質の諸性質、熱や音や電気や、更には引力さえ、客観的にはこれらの基本的運動へと還元される。有機体の合成に関与する物質は同じ法則に従うから、たとえば神経系においては、互いに動かし合い押し合い引き合いする分子や原子以外のものは見出されないだろう。ところで、有機物であろうと無機物であろうと、すべての物体において、このようにその要素的諸部分が互いに作用し反作用しているとすれば、所定の瞬間における脳の分子状態が、周囲の物質から神経系が受容する衝撃によって変容を蒙るのは明白である。その結果、われわれのうちで相継起する感覚や感情や観念は、外部から受容される衝撃と、神経実質の諸原子をすでに賦活していた運動との合成から得られる、機械的な合力によって定義されうることになろう。しかし、これとは反対の現象が生じることもある。すなわち、神経系を舞台とする分子運動は、互いに合成されたり、他の運動と合成されたりすることで、周囲の世界に対するわれわれの有機体の反作用をしばしばその合力としてもたらすのだ。反射運動がここから生まれる。が、自由で意志的なと称される行動もまたここから生まれるのだ。もっとも、エネルギーの保存則を揺るがすわけにはいかないから、神経系にも広大な宇宙にも、他の諸原子によって及ぼされる機械的作用の総和によって位置が決定されないような原子はひとつもない。だから、所定の瞬間における人間的有機体の分子や原子の位置ならびに、これに影響しうる宇宙のすべての原子の位置と運動とを知る数学者がいたならば、彼は無謬の精確さをもって、ちょうど天文現象を予言するように、この有機体を有する人物の過去、現在、未来の行動を算出するだろう(1)。

生理現象一般、なかでも個別には神経現象についてのこうした考え方が、力の保存則から かなり自然に出てくることを認めるのに、われわれは何ら困難を覚えないだろう。たしかに、物質についての原子論は仮説の状態にとどまっているし、物理的事象についての純粋に運動学的な説明は、原子論と連帯することで、利益を得るよりもむしろ損をしている。たとえば、ガスの流出についてのイルン氏〔G. Adolphe Hirn, 1815-1890. フランスの物理学者〕の最近の実験(2)は、熱のうちに分子運動以外のものが更に見出されることを示唆している。発光性のエーテルの組成に関するいくつかの仮説は、すでにオーギュスト・コント〔Auguste Comte, 1798-1857. フランスの哲学者・数学者〕(3)がかなり侮蔑的な仕方で扱っていたものだが、天体運動について確証されている規則性(4)や、とりわけ光の分割現象(5)とはほとんど両立しないように思われる。原子の弾性に関する問いは、ウィリアム・トムスン

〔William Thomson, 1824-1907. イギリスの物理学者でケルヴィン卿とも呼ばれる〕の鮮やかな仮説[1]の後でさえ、乗り越え難いいくつかの困難を惹き起こしている。そもそも原子それ自体の実在こそ、何よりも不確実なのである。原子を拡充するべく持ち込まれた特質の数が次第に増加していったことから判断するなら、われわれとしては、原子のうちに、実在的な事物ではなく、機械論的な説明の物質化された残滓を看取したい気持ちになる。しかしながら、生理学的な事象がそれに先立つ事象によって必然的に決定されるということは、物質の究極要素についてのいかなる仮説とも無関係に強いられる事態で、そのためには、ただエネルギー保存の定理がすべての生体にまで拡張されるだけでいい、という点に留意しなければならない。というのも、この定理の普遍性を認めることは、つまるところ、宇宙を合成するところの数々の物質点は、これらの点それ自体から発する引力と斥力にひたすら従い、それらの強度は物質的相互の距離にのみ依存していると想定することだが、その結果、これらの物質点がいかなる本性のものであれ、所定の瞬間におけるそれらの相対的な位置は、先行する瞬間における位置によって厳密に決定されることになるからだ。では、しばしこの最後の仮説に身を置くこととしよう。われわれとしては、この仮説からはわれわれの意識状態が互いに絶対的に決定し合うとの帰結は出てこないということをまず示し、次いで、エネルギー保存則のこの普遍性そのものが何らかの心理的な仮説によってしか承認されえないことを示してみたい。

実際、脳髄の各原子の位置、方向、速度が持続の全瞬間にわたって決定されていると想定しても、われわれの心理的生が同じ宿命に従うということは、そこからはいかにしても帰結しないだろう。というのも、そのためにはまず、ある脳状態が一定の心理的状態に厳密に対応していることを証明しなければならないだろうが、この証明はいまだなされていないからだ。大抵の場合、ひとはこの証明を強いて要請しようとは思わないのだが、それは、鼓膜の一定の震えや聴覚神経の一定の振動によって、一定の音階音がもたらされるということ、そしてまた、物理的系列と心理的系列という二系列間の平行論がかなりの場合に確証されているということが周知の事実であるからなのだ。もっとも、ある条件を課せられながらも、ひとは自由に好きな音を聞き、好きな色を覚知すると主張する者がまったくいなかったということもまた事実であるが。この種類の感覚は、他の数多くの心理的状態と同様、いくつかの決定条件と明らかに結びついているのだが、まさにそれゆえ、これらの感覚の下に、われわれの抽象的な力学によって支配された運動体系を創造ないし発見することが可能となるのだ。要するに、力学的な説明を与えることに成功するところならどこでも、生理的系列と心理的系列の二系列間のほとんど厳密な平行論が認められるのだが、この種の説明に出くわすのは決まって、二つの系列が平行的な要素を呈示するところでしかないのだから、このことに驚いてはならない。しかし、この平行論を二つの系列の全体にまで拡張すること、それは、自由の問題にア・プリオリな仕方で決着をつけてしまうことである。たしかに、そうすることは許されているし、最も偉大な思想家たちでさえ、そうすることにいささかの躊躇も覚えない。とはいえ、最初に告知しておいたように、彼らが意識状態と延長の様態との厳密な対応を肯定するのは、物理的な次元での理由によってではない。この対応をライプニッツは予定調和に帰していたが、原因が結果を産出するような仕方で、運動は知覚を生み出しうるとはいかなる場合にも認めなかった。スピノザは思考の様態と延長の様態は互いに対応するが、決して互いに影響し合うことはないと言っていた。〔2〕これら二つの様態は二つの異なった言語で同じひとつの永遠的真理を展開するというのである。しかし、現代において登場した物理的決定論は、これほどの明晰さ、これほどの幾何学的な厳密さをもたらすにはほど遠い。そこでは、脳内で遂行される分子運動が表象されて、なぜかは分からないがそこから時に意識が解き放たれ、燐光のようにこれらの運動の痕跡を照らし出すと考えられている。〔3〕さもなければ、音の鳴らない鍵盤に触れている間中、舞台の背後で演奏している、そのような不可視の音楽家がいるものと想像される。〔4〕その場合には、意識は未知の領域から到来して、旋律が役者の律動的な運動に重なり合うように、分子振動に重なり合うことになろう。ただ、いかなるイメージに訴えようとも、心理的事象が分子運動によって必然的に決定されているということは、いまだ証明されてはいないし、決して証明されることはないだろう。というのも、運動のうちに見出されるのは他の運動の理由であって、意識状態の理由ではないだろうからだ。ひとり経験のみが、後者に前者が随伴することを確証できるだろう。ところで、二項が恒常的に結合しているということが経験的に立証されたのは、ごく限られた事例においてのみであり、また、意志からほとんど独立したものと誰もが認める事実に関してのみなのである。しかし、物理的決定論がなぜこの結合を可能なすべての事例に拡張するのかはたやすく了解される。

実際、意識がわれわれに注意を促しているように、われわれの行動の大半は動機によって説明される。他方で、常識は自由意志を信じているから、決定はここでは必然性を意味するとは思われない。ところが決定論は、少し先で詳細に批判するつもりの、持続と因果性についてのある考え方に欺かれて、意識的諸事象の相互決定を絶対的なものとみなしてしまう。かくして連合主義的決定論が生まれる。この種の決定論の支えとして意識の証言が援用されはするが、それはいまだ科学的厳密さを名乗りえないような仮説にとどまる。このいわば概算的な決定論、質の決定論が、自然現象を支えているのと同じ機械論によって支えられることを求めるのは当然の事態である。そうなると、この機械論は概算的決定論にその幾何学的性格を貸し与えることになり、かかる操作は心理的決定論にも物理的決定論にも有利に働いて、その結果、心理的決定論はより厳密なものとして姿を現し、物理的決定論のほうは普遍的なものと化すだろう。このように両者を引き合わせるのに都合のよい、ある幸運な事情が存在する。というのも実際、きわめて単純な心理的事象であれば、明確に定義された物理現象におのずと重ね合わされるに至るし、大部分の感覚はある一定の分子運動に結合しているように見えるのだから。心理的次元での理由から、意識状態はそれを生ぜしめる事情によって必然的に決定されるということをすでに認めている者には、こうした経験的証拠のさわりだけで、まったく十分なのである。こうなると、この人物はもはや躊躇もなく、意識の舞台で演じられる戯曲を、有機的物質の分子や原子によって上演される幾場面かの逐語的で盲従的な翻訳とみなすことになる。このようにして到達される物理的決定論は、自然科学に訴えてみずからを立証し、みずからに固有な輪郭を固定しようとする心理的決定論にほかならない。

しかしながら、力の保存則が容赦なく適用された後でわれわれに残される自由の取り分がかなり制限されているということは、よく認識しておく必要がある。というのも、たとえこの法則がわれわれの観念の流れに必然的な仕方では影響しないとしても、それは少なくともわれわれの運動は決定するだろうからだ。われわれの内的生は、たしかにある程度まではなおもわれわれに依存するだろうが、外部に身を置く観察者にとっては、われわれの活動を絶対的な自動運動（automatisme）から区別するものは何もないことになろう。したがって、力の保存則を自然のすべての物体にまで拡張することはそれ自体で何らかの心理的理論を含んでいないかどうか、また、人間の自由に反対するいかなる先入見もア・プリオリに有することのないひとならば、この原理を普遍的法則にまで仕立て上げようと思うかどうか、この点を考えることが重要なのである。

エネルギー保存則が自然科学の歴史のなかで果たした役割を誇大に評価してはならないだろう。それが現在まとっている形態のもとでは、エネルギー保存則はいくつかの科学の進展の一段階を記してはいる。けれども、この進展を取り仕切ってきたわけではないし、これをあらゆる科学的探究に不可欠な要請たらしめるなら、誤りを犯すことになるだろう。なるほど、一定の量に対して施される演算はいずれも、この量をどのように分解しようとも、演算がなされるあいだ量が不変であることを含意している。言い換えれば、与えられたものは与えられており、与えられていないものは与えられていないということであり、同じ項をどのような順序で加えて総和を出しても、同じ解答が得られるだろう。科学はこの法則に永遠に従い続けるだろうが、これこそ矛盾律に他ならない。ただし、この法則は与えられるべきものの本性についても、恒常不変であり続けるものの本性についても、特別な仮説を何ら含んではいない。この法則は、たしかにある意味では、無からは何も生じえないということをわれわれに告げ知らせてくれる。けれども、実在の諸相や諸機能のうちいかなるものが科学的に何かしら考慮されるべきで、また、いかなるものが実証科学の見地からして何ら考慮されるべきでないのかを語るのはひとり経験のみであろう。要するに、ある一定の瞬間でのある一定の体系の状態を予見するには、一連の組み合わせを通じて、何らかの事物がこの体系のなかで不変量として保存されていることがまったくもって必要なのである。しかし、この事物の本性について判断を下すのは、そして何よりも、この事物がありうべきすべての体系において見出されるのかどうか、別言するなら、ありうべきすべての体系が計算に委ねられるのかどうかをわれわれに知らしめるのは、経験の任務である。ライプニッツ以前の物理学者たち全員が、デカルトのように、宇宙における同一運動量の保存を信じていたということは証明されていない。だからといって、彼らの発見がその価値を減じたり、探究がその成功の度合いを減じたりするだろうか。ライプニッツがこの原理に代えて活力保存則(conservation de la force vive)を立てたときにも、このように定式化された法則を完全に一般的なものとみなすことはできなかった。というのも、活力保存則は二つの非弾性体の衝突については明白な例外を認めていたからである〔5〕。したがって、ずいぶんと長い間、普遍的な保存則不在の状態が続いたことになる。エネルギー保存則は、その現在の形では、熱力学理論の設立以来、たしかにすべての物理‐化学現象に普遍的に適用可能であるように思われる。しかし、ライプニッツが語っていた活力ないし運動エネルギーの他に、また、後からそれに付け加わる位置エネルギーの他に、もはや計算には委ねられないという点でこれら二つとは異なる何らかの新しい種類のエネルギーが、生理現象一般、なかでも特に神経現象の研究によって顕わにならないという保証は何もない。だからといって、自然科学が、最近そう主張されているように、その精確さやその幾何学的な厳密さを失うことはまったくないだろう。また、恒存的体系だけが可能な体系であるわけではないし、[6]加えて、これらの体系はおそらく、具体的な実在の総体において、化学者の語る原子が諸物体とその化合において果たすのと同じ役割を果たしている、との了解は変わらないだろう。最も徹底的な機械論とは、意識を、一定の情勢のもとである種の分子運動に付加されうるような附随現象たらしめるものだということに注意しておこう。しかし、仮に分子運動が意識を伴わずに感覚の何がしかを創造できるのであれば、意識のほうも、運動エネルギーと位置エネルギーを伴わずに、あるいはまた、このエネルギーをそれなりの仕方で利用することで、運動の何がしかを創造できないはずはないだろう。——加えて、運動しうる諸点がその最初の位置に回帰できるような体系に適用される場合に限って、エネルギー保存則のいかなる適用も理にかなっている、という点にも注意しておこう。最初の位置へのかかる回帰は少なくとも可能な事態とみなされるし、こうした条件下では、体系全体の初期状態にも、体系の要素的諸部分の初期状態にも何ら変化は生じなかったということが認められている。要するに、時間はこうした体系に対して影響力をもたないのだ。それに、同量の物質や同量の力が保存されることに対する人類の曖昧で本能的な信仰はおそらく、まさに無機物が持続しないように見えること、あるいは少なくとも、流れた時間のいかなる痕跡もそれが保持しないことに起因している。しかし、生命の領域では事情は異なる。そこでは、持続はまさにひとつの原因のように働くかに見えるが、一定の時間後に事物を元に戻すという考えは一種の不条理を含んでいる。それというのも、このような後ろ向きの回帰は、生体においては決して実現したことがないのだから。そうではあるが、今はこの種の不条理は単に見かけだけのものでしかないとしておこう。そして、この見かけだけの不条理は、生体において実現される物理-化学現象が無限に複雑であるため、それらすべてが一挙に再現されるようないかなる機会もないということに起因する、と。その場合にも、後ろ向きの回帰の仮説が意識的事象の領域では不可解であるという点については、少なくともわれわれに同意していただけるだろう。ある感覚は、それが長く引き延ばされるというただそのことによって変容を蒙って、耐え難いものと化してしまう。ここでは、同じものは同じものにとどまることがなく、その全過去によって強化され肥大化する。[7] 要するに、力学が解する意味での質点が永遠の現在のうちにとどまるのに対して、過去は、生体にとってはおそらく、そして意識的存在にとっては確実に、ひとつの実在である。恒存的と想定された体系にとっては、流れ去った時間は損失にも利得にもならないが、生体にとってはおそらく、そして意識的存在にとっては疑いなく、それは利得である。そうであるなら、時間の作用に従い、持続を蓄積し、まさにそのことによってエネルギー保存則を免れるような意識の力もしくは自由な意志の仮説に有利に働くような推測を援用することはできないだろうか。

　実を言えば、力学のこの抽象的な原理を普遍的法則にまで仕立て上げたのは、科学を基礎づけるための必要ではなく、むしろ心理的次元でのひとつの誤謬なのである。われわれは自己を直接に観察することにまったく不慣れで、外界から借りてこられた諸形式を介して自己を覚知するのだが、そうである以上、遂には、実在的持続、意識によって生きられる持続を、不活性な原子に何の変化ももたらすことなくその上を滑り去るような持続と同じものと信じ込むに至る。その結果として、ひとたび時間が流れ去った後に、事物を元に戻したり、同じ動機が同じ人格に改めて作用するのだと想定したり、これらの原因は再び同じ結果を産出するであろうと結論づけたりすることに、われわれは何ら不条理を看取しないようになる。われわれは少し後で、この仮説が不可解なものであることを示したいと思う。さしあたりは、ひとたびこの途に入り込めば、エネルギー保存則を普遍的なものに仕立て上げるのは必至であることを確証するにとどめよう。なぜそうなるかというと、入念な検討を通じてわれわれにとって顕わになる、外界と内界との根底的な差異がまさに捨象されたからである。つまり、真の持続と見かけだけの持続が同一視されてしまったのだ。そうなると、時間を、ひいてはわれわれの時間をも、利得や損失の原因、具体的実在、それなりの仕方で力であるものと解するようなことがあれば、それは不条理な仕儀であることになろう。だから、自由についての仮説を一切捨象して、エネルギー保存則は心理的事象がこれを確証するまでは物理現象を支配する、と言うにとどめるつもりだったのに、この命題を限りなく越え出て、また、形而上学的先入見の影響も受けて、力の保存則は心理的事象がその間違いを明らかにするに至るまでは現象全体に適用されるだろう、との主張さえなされることになる。つまり、これは本来の科学とは無関係な主張であって、われわれの眼前にあるのは、われわれの見解では互いに根本的に異なるものたる、持続についての二つの概念の恣意的な同一視にすぎない。要するに、いわゆる物理的決定論はつまるところ心理的決定論に帰着するのであって、われわれが最初に予告しておいたように、検討されるべきはまさにこの後者の教説なのである。

心理的決定論

心理的決定論は、その最も精密で最も新しい形のもとでは、精神についての連合主義的な考え方を含んでいる。現在の意識状態が先行状態によって必然化されたものとして表象されるわけだが、とはいえ、そこにあるのが、たとえば合力を、それを合成する諸運動に結びつけるような幾何学的必然性でないことはよく知られている。というのも、数々の継起的な意識状態のあいだには質的差異があって、そのため、先行する諸状態からある意識状態をア・プリオリに演繹しようとしてもいつも挫折してしまうからだ。そこで経験に訴えて、ある心理的状態から後続する状態への移行がつねに何らかの単純な理由によって説明されることを示すよう、経験に要請することになる。つまり、後続する状態は先行する状態の呼びかけに従っているというのだが、実際、経験はそのことを示しているのであって、われわれとしても、現在の状態と、意識が経由するすべての新たな状態とのあいだに、ある関係が存在するということは苦もなく認めるだろう。しかし、この関係は、移行を説明してくれるとしても、移行の原因なのだろうか。

ここで私の個人的な観察を語ることをお許し願いたい。しばし中絶された会話を再開するにあたって、同時に自分と相手がある新しい話題について考えているのに気づいたことがあった。――それは各々が自分の側で、会話を中断させた観念の自然な展開を辿った結果にすぎない、と言われるかもしれない。双方で同じ連合系列が形成されたのだ、と。――われわれとしても、かなり多くの場合には躊躇なくこうした解釈を採るだろう。ところが、細心な調査を行ううちに、われわれはここである予期せぬ帰結に到達した。なるほど、二人の話者が会話の新たな主題を旧い話題に結びつけたのは本当だし、彼らは新旧の話題の媒介となった諸観念を指示しさえするだろう。しかし興味深いことに、彼らが新たな共通の観念を結びつけるのは、必ずしも先行する会話の同じ論点に対してではないし、媒介となる二つの連合系列が根底的に異なっているということもありうるのだ。ここから結論されるのは、この共通の観念はある未知の原因から――おそらくは何か物理的な影響から――派生したということ、みずからの出現を正当化するために、この観念はそれを説明する一連の先行的諸観念を喚起したということ、これらの先行的観念は前者の原因であるように見えるが実はその結果であるということ、これを措いて他にないだろう。

ある被験者が、催眠状態のなかで受け取った暗示を指定の時刻に遂行するとき、彼が行う行為は、当人によれば、彼のうちでそれに先行する一連の意識状態によって導かれている。しかしながら、これらの状態は実は結果であって原因ではない。行為は遂行されねばならなかったし、被験者はこの行為を説明しなければならなかった。だから、未来の行為のほうが一種の引力によって心理的状態の連続的系列を決定したのだが、そのうえで、未来の行為はこの系列から自然に出来《しゅったい》するものとみなされる。決定論者たちはこの議論を横取りするだろう。というのも実際、この議論は、われわれが時に他人の意志の影響を抗しがたく蒙ることを証ししているからである。しかし、この議論はまた、いかにしてわれわれ自身の意志は意志するために意志することができ、次いで、遂行された行為のほうが先行的行為の原因であるにもかかわらず、前者を後者によって説明づけることができるかをも同じく理解させてくれるのではなかろうか。

綿密に自問してみれば分かるだろうが、決心はすでについているのに、われわれは動機をあれこれ吟味したり考えあぐねたりすることがある。かろうじて知覚されるほど微かな内なる声が囁く、「何を考えあぐねているのか。結末は分かっているし、これから自分が何をするかもよく知っているではないか」、と。しかし、そんなことはお構いなしに、われわれは機械論の原理を守護して、観念連合の諸法則と折り合いをつけることに固執するように思われる。意志の唐突な介入とは、われわれの知性が予感していたクーデタのごときものであって、知性は正規の熟慮を通じてそれをあらかじめ合法化するのである。なるほど、意志は、それが意志するために意志するときでさえ、何らかの決定理由に従っているのではないか、だから、意志するために意志することは果たして自由に意志することなのか、との疑問を呈することもできるだろう。ただ、われわれとしてはさしあたりこの点に執着するつもりはない。仮に連合主義の立場に身を置いたとしても、行為はその動機によって絶対的に決定されており、また、われわれの意識状態も互いに絶対的に決定されていると主張するのは困難であることを示せただけで、われわれには十分なのである。ひとを欺くこうした見かけの下に、より注意深い心理学は、原因に先行する結果を、観念連合の既知の法則には当てはまらない心理的引力現象を時に顕わにしてくれる。——しかし今や、連合主義が身を置く観点そのものが、自我についての、また意識状態の多様性についての欠陥を伴う考えを含んでいないかどうかを考える時が来たのである。

連合主義的決定論は、自我を心理的諸状態の集合として表象し、これらの状態のなかでも最も強いものが支配的な影響を及ぼし、他の諸状態を従えていると考える。したがって、この教説は共存する心理的諸事象を互いにはっきりと区別する。「もし犯罪に対する敵意と犯罪の帰結に対する懸念のほうが、犯罪をなすよう私を駆り立てた誘惑よりも弱かったとしても、私は殺人を差し控えることができただろうか(6)」、とスチュアート・ミル〔John Stuart Mill, 1806-1876. イングランドの哲学者・経済学者〕は言っている。またもう少し先ではこう述べている。「善をなそうとする欲望と悪への嫌悪は……それとは逆の他のすべての欲望や他のすべての嫌悪を打ち負かすほど強い[7]」、と。このように、欲望、嫌悪、懸念、誘惑はここでは、互いに区別された事物として呈示されており、しかも現下の例では、これらの各々に別々の名を付与することを妨げるものは何もない。これらの状態を、それらを蒙る自我に結びつけるときでさえ、このイングランドの哲学者は截然たる区別を立てることに依然として固執している。曰く、「快を欲望する自我と悔恨を懸念する自我とのあいだで……葛藤が生じる[8]」、と。アレクサンダー・ベイン氏も、「諸動機の葛藤[9]」に一章全体を充てている。彼はそこで快と苦を秤に掛けて、少なくとも抽象によれば、その各々に固有の存在を帰属させうるような諸項としてこれらを扱っている。注意したい点だが、決定論の敵対者たちでさえこの領野ではむしろ進んで彼の意見に従って、観念連合や諸動機の葛藤について語っているし、また、この種の哲学者のなかでも最も深遠な人物のひとりフイエ氏〔Alfred Fouillée, 1838-1912. フランスの哲学者〕でさえ、躊躇《ためら》うことなく、自由の観念そのものを、他の諸動機に匹敵しうるひとつの動機として扱っている[10]。――しかし、われわれはここで重大な混乱に身を晒しているのであって、この混乱は、言語が内的状態のすべてのニュアンスを表現するようには作られていないという点に起因している。

たとえば私が窓を開けようと立ち上がるとする。ところが、立ち上がるなり、なすべきことを忘れてしまって、私は立ちつくす。――これほど単純なことはない、と言われるかもしれない。達せられるべき目的の観念と、遂行されるべき運動の観念という二つの観念を諸君は連合していたが、そのうちひとつが立ち消えて、運動の表象だけが残ったのだ、と。——しかし、私は決して座り直さない。何かするべきことが残っているのを、私は漠然と感じているのだ。したがって、私の不動性はただの不動性ではない。私が取っている姿勢のうちでは、遂行されるべき行為がいわば先駆的に形成されているのだ。だから私は、この姿勢を維持してそれを研究する、というよりもむしろ、それを内密に感得するだけで、一瞬消失した観念をそこに再び見出すことができるだろう。そうであるなら、素描された運動と取られた姿勢の内的イメージにある独特な色合いを伝えたのはまさにこの観念でなければならないし、仮に達せられるべき目的が異なっていたならば、この色合いはおそらくいささかも同じものではなかっただろう。それにもかかわらず、言語はこの運動とこの姿勢をなおも同じ仕方で表現したであろう。また、連合主義的心理学者であれば、同じ運動の観念に今度は新たな目的の観念が連合したのだと述べることで、二つの事例を区別しただろう。つまり、遂行されるべき運動は空間のなかでは同一のものとみなされているのだが、達せられるべき目的がこのように新たなものと化すことで、この運動についての表象のニュアンスが変容されるかというと、ここでは、あたかもそうではないかのようなのだ！　したがって、ある姿勢の表象は意識のなかでは達せられるべき別の目的のイメージに結びついていると言うべきではなく、むしろ、幾何学的には同一の姿勢が当人の意識に対しては、表象される目的に応じて様々な形で現れると言うべきだろう。連合主義の誤りは、遂行されるべき行為から質的な要素をまず除去したうえで、そこから幾何学的で非人格的なもののみを保持しようとした点にある。その場合、このように脱色された行為の観念を他の多くの観念から区別するために、何らかの種差をそれに連合させざるをえなくなったのだ。ただし、この連合は私の精神を研究するところの連合主義哲学者の産物であって、私の精神そのものの産物ではない。

わたしはバラの匂いを嗅ぐ。すると、たちまち幼児期の漠然とした思い出が記憶に立ち戻ってくる。しかし、実を言うと、これらの思い出はバラの香りによって喚起されたのでは決してない。私は匂いそのもののうちでこれらの思い出を嗅ぐのである。私にとっては、こうしたことすべてが匂いなのである。他のひとならば、別の仕方で匂いを感じるだろう。——それは相変わらず同じ匂いなのだが、そこに様々に異なった観念が連合されるのだ、と諸君は言われるかもしれない。——諸君が事態をこのように表現することを認めるに私はやぶさかではない。しかし、忘れてはならないが、諸君はバラがわれわれ各人に与える多様な印象から、まず最初にその個性的な部分を除去したのだ。諸君はこれらの印象の客観的な相だけを保持したのであって、この客観的な相は、バラの匂いのうちで、共通領域に属する部分、要するに空間に属する部分に属している。もっとも、この条件が満たされて初めて、バラとその香りに名前を与えることができたのだが。その場合、われわれ各人の個人的印象を互いに区別するためには、バラの匂いという一般観念に、数々の種差的性格をどうしても付加せざるをえなかったのだ。かくして、諸君は今や、われわれの多様な印象、われわれの個人的な印象は、われわれがバラの匂いに様々な記憶を連合することから帰結したのだ、と言うに至る。しかし、諸君が語るところの連合は諸君にとってしかほとんど存在しない。それも、単なる説明の手だてとしてしか。それはたとえば、多くの言語に共通なアルファベットの文字のいくつかを併置することで、ある言語固有の特徴的な音を何とか模倣できるとしても、これらの文字のいずれも、他ならぬこの音を合成するのに貢献したわけではないのと同様である。

自由な行為

われわれはこうして、併置の多様性と融合ないし相互浸透の多様性とのあいだに先に立てた区別に立ち返る。これこれの感情や観念は無際限に多くの意識的事象を内包している。しかし、複数性が姿を現すのは、等質的媒体のなかでの一種の展開によってのみであって、この等質的媒体を持続と呼ぶひともいるが、これは実のところ空間である。その際われわれは、互いに外在的な諸項を覚知することになろうが、これらの項はもはや意識的事象そのものではなく、その象徴、より正確に言えば、それを表現する語であろう。すでに示したように、空間のような等質的媒体を思い描く能力と、一般観念によって思考する能力とのあいだには、緊密な相関関係が存在する。ある意識状態を説明しこれを分析しようと試みるや、優れて個人的なこの状態は非人格的要素へと溶解してしまうだろうが、これらの要素は互いに外在的で、その各々がひとつの類の観念を喚起し、ひとつの語によって表現される。しかし、われわれの理性は空間の観念ならびに象徴を創造する力能を備えているから、理性が全体からこれら多数の要素を抽き出したからといって、それらの要素がすでに全体の内に含まれていたという結論にはならない。なぜなら、それらの要素は全体の只中では、いささかも空間を占めてはおらず、象徴によってみずからを表現しようと努めることもまったくなく、互いに浸透し合い、互いのうちに溶け込んでいたのだから。このように、精神のうちで生じる具体的な現象を、哲学がそれについて与える人為的な再構成に絶えず置換し、かくして、事象についての説明と事象そのものを混同した点で、連合主義は誤っている。もっともこのことは、魂のより深層の状態、より内包的な状態を考察するにつれて次第にはっきりと認められることになるだろうが。

実際、自我はその表面において外界に触れている。そして、この表面は事物の刻印をとどめているから、自我は、併置されたものとしてそれが知覚した諸項を、近接によって連合することになるだろう。この種の結合、まったく単純でいわば非人格的な諸感覚の結合にこそ、連合主義の理論はふさわしい。しかし、この表面を穿って、自我が自己自身へと立ち返るにつれて、自我の数々の意識状態は併置されることをやめて、互いに浸透し合い、一緒に融合し、その各々が他のすべての状態の色合いを帯びるようになる。だから、われわれは自分なりの愛し方、憎しみ方を有していて、この愛、この憎しみはそのひとの人格全体を反映している。にもかかわらず、言語はこれらの状態を、すべての人間において同じ言葉で指示する。それゆえ言語は、魂を揺さぶる愛や憎しみや幾多の感情の、客観的で非人格的な相しか定着させることができなかったのである。われわれが小説家の才能を判断するのは、言語によって感情や観念が引き下ろされた公的領域から、これらの感情や観念を小説家が引き出し、多数の細部を併置することで、感情や観念にそれ本来の生き生きとした個性を返してやるその能力によってである。しかし、運動体の二つの位置のあいだに無際限に点を挿入したとしても踏破された空間を満たすことができないのと同様に、ただわれわれが話すだけで、ただわれわれが諸観念を連合するだけで、ただこれらの観念が相互併置されて相互浸透しないだけで、われわれは自分の魂が感じることを全面的に翻訳するのに失敗してしまう。すなわち、思考は言語と共約不能なものにとどまるのだ。

したがって、魂は共感や敵意や憎しみによって、それらの各々があたかも魂を圧迫する力であるかのように決定されているということをわれわれに示してくれる、そのような心理学は粗雑で言語に欺かれた心理学である。これらの感情は、十分な深さに達していれば、魂の全内実がその各々に反映されているという意味で、その各々が魂の全体を表している。それゆえ、魂はこれらの感情のどれかひとつの影響下で決定されると述べること、それは、魂はみずから自己決定すると認めることなのである。連合主義者は自我を数々の意識的事象、感覚、感情、観念の寄せ集めへと還元する。しかし、連合主義者がこうした多様な状態のうちに、それらの名が表現するより以上のものを見ないとすれば、また、これらの状態の非人格的な相しか保持しないのであれば、たとえ彼がこれらの状態を無際限に併置したところで、幻影（fantôme）としての自我、空間のうちに投射された自我の影以外のものを手にすることはできないだろう。仮に連合主義者が、これとは反対に、これらの心理的状態を、それが一定の人格においてまとう特殊な色合い――それは他のすべての状態を反映することで各々の状態に到来する――と共に捉えるならば、その際には当の人格を再構成するために複数の意識的事象を連合する必要はまったくない。というのも人格は、それを選ぶ術を知ってさえいれば、これらの意識的事象のなかのひとつのうちに全面的に存しているからだ。そして、この内的状態の外的顕現こそ、まさに自由行為と呼ばれるものであろう。というのも、自我のみがその作者であったろうし、また、この顕現は自我全体を表現するであろうからだ。この意味で、自由は唯心論が時折それに帰してきた絶対的な性格を呈することはない。自由は複数の度合いを容れる。――なぜなら、すべての意識状態が、ちょうど雨滴が池の水と混じり合うように、その同類と混じり合って一体化するなどということはおよそありえないからだ〔8〕。等質的空間を知覚する限り、自我はある表面を呈示するのだが、この表面上に、それから独立した数々の肥大部が形成され漂動することもありうるだろう。だから、催眠状態において受け取った暗示が意識的諸事象の塊と一体化することはなく、それは固有の生命を授けられて、時が来れば、人格そのものに取って代わるだろう。何らかの偶発的な事情によって惹き起こされた激しい怒りや、有機体の深みから意識の表面へと突如として浮上する遺伝的欠陥(9)は、催眠術の暗示とほとんど同様に作用するだろう。これらの独立した諸項以外にも、より複雑な諸系列が見出されることだろう。その諸要素はなるほど相互浸透してはいるが、自我の稠密な集塊のうちにみずから完全に溶け込むには決して至らない。意味をはきちがえられた教育、すなわち判断よりも記憶に訴える教育が原因でわれわれに生まれる感情や観念の総体とはこのようなものである。ここ、根底的自我のまさに中核に、これを連続的に浸食する寄生的自我が形成される。多くのひとはこのように生き、真の自由を知ることなく死ぬ。しかし、仮に自我の全体が暗示をみずからに同化するなら、暗示は信念と化したであろう。情念は、たとえそれが突発的なものであったとしても、たとえばアルセスト〔モリエールの戯曲『人間嫌い』の主人公の名前〕の憤慨のように、そこに人格の経歴全体が反映していれば、もはや以前と同じ宿命的な性格を呈することはなかっただろう。このうえもなく権威主義的な教育であっても、それが魂全体に浸透しうるような観念や感情だけを伝えるのであれば、われわれの自由は何も剥奪されないだろう。実際、自由な決意が発出するのは、魂全体からなのである。また行為は、それと結びついた動的系列が根底的自我と同一化する傾向を増すにつれて、それだけいっそう自由になるだろう。

このように解すれば、自己自身を観察し、自分が行うことについて理性的に推論するのに申し分なく習熟したひとにあっても、自由な行為は稀れである。われわれは大抵は空間を介した屈折によってみずからを覚知するということ、われわれの意識状態は諸々の語へと固化するということ、われわれの具体的自我、生きた自我も、明確に描かれ、互いに分離され、ひいては固定された心理的事象の外皮によって覆われるであろうということ、これをわれわれはすでに示した。更にわれわれは、言語のもつ便利さと社会的諸関係の安逸さを勘案するなら、この表皮に穴を穿つことなく、この表皮がそれによって覆われている対象の形態を精確に描いていると認めるほうがまったく得策であると付け加えた。今やわれわれとしてはこう言いたい。われわれの日常的な行動は、無限に移り気な感情そのものよりもむしろ、これらの感情が接合している不変のイメージを範としている、と。朝、いつもの起床の時間が告げられるとき、私はプラトンの表現を使えば「魂全体トトモニ」〔『国家』第七巻518c〕その印象を受け取ることもできるだろう。私はまた、私の関心を占める諸印象の錯雑な集塊のうちに、この印象が溶け込むがままにすることもできるだろう。おそらく後者の場合には、この印象が私に行為するよう決心させることはまったくないだろう。しかしながら、ほとんどの場合、この印象は、石が池の水に落ちるときのように私の意識全体を揺さぶるには至らず、いわば表面上に固化した観念、すなわち起きあがって自分のいつもの仕事に励むという観念を動かすにとどまる。この印象とこの観念は遂には互いに結合するに至る。だから行為は、私の人格がそれに関与せずとも、印象に後続して生じる。ここでは私は意識ある自動機械である。それも、自動機械であることがまったくの得策であるがゆえにそうなのである。お分かりになるだろうが、われわれの日常的活動の大半はこのように遂行されており、また、記憶のなかである種の感覚、感情、観念が固化されたお陰で、外部からの印象は、意識的でかつ知性的でさえあるにもかかわらず、多くの面で反射行為に類似した運動をわれわれの側に喚起することになるのだ。連合主義が適用されるのは、これらの数は実に多いが大半は取るに足りない行動に対してである。これらの行動はまとまって、われわれの自由な活動の基盤を成しており、われわれの有機的諸機能がわれわれの意識的生の総体に対して果たしている役割と同じ役割を、この自由な活動に対して果たしている。もっとも、われわれはより重大な状況においてもしばしばみずからの自由を放棄するし、また、われわれの人格全体がいわば振動するべきであるような場合にも、惰性と無気力のために、相も変らぬ局所的過程が遂行されるに任せてしまうのであって、この点については、われわれは決定論に賛同するだろう。最も信頼できる友人たちが一致して私に重要な行為を勧めてくれるときには、彼らがかくも熱心に表現する数々の感情は、われわれの自我の表面に定位され、先に述べた観念と同じ仕方でそこで固化するに至る。徐々にこれらの感情は厚い包皮を形成して、われわれの個人的感情を覆うだろう。われわれは自由に行為していると思うかもしれないが、後で反省することで、ようやく自分の誤りを認めるだろう。もっとも、行為が遂行される寸前で、反抗が生じることも稀れではないのだが。

表面へと再浮上するのは奥底の自我である。抗しがたい圧力に屈して、外皮が裂ける。そうなると、自我の深みにおいて、また、実に理路整然と併置されたこれらの理屈の下で、たしかに無意識的なものではまったくないが、われわれがあえて注意を向けようとは意志しなかった感情や観念の沸騰が生じ、それによって、これらの感情や観念の緊張は次第に高まっていく。よく反省し、注意深く記憶を取り集めてみれば分かることだが、われわれはみずからこれらの観念を形成し、みずからこれらの感情を生きたのに、意志することへの説明不能な嫌悪によって、これらが表面へと浮上しようとするたびに、自分の存在の暗い深みへとそれらを押し戻していたのだ。みずからの決意の唐突な変化を、これに先行する外面的な諸事情によって説明しようとしても無駄なのはそのためである。われわれは自分がいかなる理由によって決断したのかを知りたがるが、われわれは、自分が理由なしに決断したということ、それも、おそらくは一切の理由に反してさえ決断したのだということに気づく。しかし、まさにそれこそ、場合によっては最良の理由なのだ。というのも、遂行された行動は、われわれにとってはほとんど外在的で、判明で、容易に表現されるような表層的観念をもはや表現しないからである。遂行された行動は最も内密な感情や思考や希求の総体に、われわれの過去の経験全体と等価であるような、生についてのこの特殊な考えに対応している。要するに、幸福と名誉についてのわれわれの個人的観念に対応しているのだ。だから、人間は動機なしに選択できるということを証明するために、日常的で、どうでもよくさえある生の諸事情に範例を求めたのは誤りであった。こうした無意味な活動が何らかの決定動機に結びついていることは難なく示せるだろう。われわれが動機と呼び習わされているものに抗して選択するのは、われわれが自分についての意見を他人たちに、とりわけ自分自身に与える場合のように、ゆるがせにできない諸事情のもとにおいてである。このように、いかなる具体的な理由も欠如しているという事態は、われわれがより深く自由であればあるほど、よりいっそう顕著になる。

しかし決定論者は、数々の深刻な情動や魂の深層の諸状態を力(force)に仕立て上げるのを控えるときでさえ、それらをやはり互いに区別し、かくして自我についての機械論的な考えに到達する。二つの相対立する感情のあいだで躊躇し、あちらこちらと行ったり来たりし、最後にはどちらかひとつを選択する、そのような自我を決定論者はわれわれに示すだろう。自我とそれを揺さぶる感情はこうして、選択の操作がなされるあいだ、つねに自分自身と同一であり続けるような、はっきりと限定された事物と同一視されることになろう。けれども、熟慮するのがつねに同じ自我であり、この自我を揺り動かす二つの相反する感情もまた同じく変化しないのであれば、決定論が援用するまさに因果律の働きからしても、いかにして自我は決断できるというのか。本当のところはどうかというと、自我は、それが第一の感情を抱くというそのことだけで、第二の感情が到来する際にはすでにいかほどか変化してしまっているのだ。熟慮の全瞬間において、自我は変容し、それゆえにまた、自我を動かす二つの感情をも変容させる。互いに浸透し合い、互いに強化し合い、自然な発展によってやがて自由な行為に到達するような諸状態から成るひとつの動的系列がこうして形成される。ところが決定論者は、自我そのものと同様、自我を二分する相反する感情をも、象徴的表象の漠たる要求に従って、語によって指示するだろう。これらの感情をはっきり限定された語の形で結晶化させることで、決定論者はまずは人格から、次には人格を動かす数々の感情から、あらゆる種類の生きた活動をあらかじめ取り除いてしまう。そうなると決定論者は、一方ではつねに自己同一的な自我を、他方では、自我と同じく不変で、かつこの自我を奪い合う相反する感情を目にすることになろう。必然的に、勝利はより強いほうの感情にもたらされ続けることだろう。しかし、あらかじめそれを余儀なくされているとはいえ、こうした機械論は象徴的表象として以外の価値を有さない。それは、内的力動性をわれわれにひとつの事実として呈示する注意深い意識の証言に抗することはできないだろう。

要するに、われわれが自由であるのは、われわれの行為がみずからの人格の全体から発出し（émaner）、これらの行為が人格の全体を表現する場合、そして、前者と後者のあいだに、作品と芸術家とのあいだに時に見られるあの定義しがたい類似が存在する場合である。その場合われわれは自分の性格の全能的影響に屈すると主張しても無駄だろう。われわれの性格、これもやはりわれわれ自身なのだから。また、好んで人格を二分したうえで、抽象の努力によって、感覚し思考する自我と、行動する自我とを交互に考察するとしても、だからといって、これら二つの自我の一方が他方に重くのしかかると結論するのはいささか子供じみた仕儀であろう。同じ非難は、われわれは自由に自分の性格を変容できるのかどうかを問う者たちにも向けられるだろう。なるほど、われわれの性格は毎日気づかぬほど微妙に変容しているのだが、こうして新たに獲得されたものが、われわれの自我のうちに融合することなく、そこに接ぎ木(se greffer)されるとすれば、われわれの自由はこの変容によって悩まされることになろう。しかし、融合が生じるならば、そこでわれわれの性格に到来した変化はまさにわれわれのものであって、われわれはそれを我が物にしてしまったと言わねばならないだろう。ひとことで言うと、自我から、それも自我からのみ発出するすべての行為を自由な行為と呼ぶとするなら、われわれの人格の徴しを帯びている行為は紛れもなく自由な行為である。というのも、われわれの自我のみがその行為の親権を要求できるはずだからだ。下された決断が有するある種の性格、要するに自由な行為のうちにのみ自由を求めることに同意するならば、自由を肯定する主張はこうして立証されることになろう。しかし決定論者は、この立場が自分には理解できないことを痛切に感じ取って、過去や未来のうちに退避する。ある場合には、彼は先行する一時期へと思考によって身を移し、まさにこの瞬間に、未来の行為は必然的に決定されていると主張する。別の場合には、行動はすでに遂行されたとあらかじめ想定することで、この行動は別様には生じえなかったと言い張る。決定論の敵対者たちも、新たなこの領野では躊躇うことなく決定論に追随しており、自由行為をめぐる自分たちの定義のうちに、為しえたであろうことの予期と、選択しえたであろう別の決心の記憶とを――おそらくはいくばくかの懸念を伴いつつも――導入してしまう。それゆえ、この新たな観点に身を置いて、外的影響と言語の先入見を捨象した場合に、まったく純粋な意識が未来や過去の行動に関してわれわれに何を教えるかを探究するのが妥当だろう。こうしてわれわれは、別な側面から、また持続についてのある考え方にそれらが明白に係る限りで、決定論の根本的な誤りと、その敵対者たちの錯誤とを捉えることになるだろう。

「自由意志を意識するとは、選択する前に、別様にも選択できたとの意識をもつことを意味する」[11]、とスチュアート・ミルは言っている。実際、自由の擁護者たちもまさしくこのように自由を解している。そして彼らは、われわれが行動を自由に遂行するときには、何かしら他の行動もまた同様に可能であったはずだと主張するのである。この点に関して彼らは、行為そのものに加えて、それとは反対の決意をも選択する力能をわれわれに感じ取らせるような意識の証言を引き合いに出す。これとは反対に、決定論は、いくつかの先行条件が措定されたからには、帰結する行動はただひとつだけ可能であったと主張する。スチュアート・ミルはこう続けている。「自分は実際に行為したのとは別の仕方でも行為しえたのだと想定するとき、われわれはつねに先行条件に相違があったものと想定している。われわれは、知らなかったことを知っていたかのような振りをしたり、知っていたことを知らなかったかのような振りをするのである。[12]」みずからの原理にあくまで忠実に、このイングランドの哲学者は、可能性としてありえたであろうことについてではなく、現にそうあることについてわれわれに知らせる役割を意識に割り当てている。——さしあたり、われわれとしてはこの最後の点にこだわるつもりはないし、いかなる意味で自我はみずからを決定因として知覚するか、という問いも保留しておきたい。しかし、心理的次元に属するこのような問いに加えて、むしろ形而上学的本性に属するようなもうひとつの問いがある。決定論者たちとその反対者たちが相反する仕方で、とはいえ、いずれもア・プリオリに解決したところの問いが。実際、前者の立論は、一定の先行条件には唯一の可能な行為が対応することを含意しているが、それとは反対に、自由意志の支持者たちはというと、同じひとつの系列といえども、同程度に可能な多様な行為へ行き着くことができると想定する。われわれがまず足を止めようと思うのは、相反する二つの行動ないし意志作用(volitions)が同程度に可能であるという問題である。おそらくはこのようにして、意志が選択を行う際の操作の本性について何らかの教えを手にすることができるだろう。

実在的持続と偶然性

私は二つの可能な行動XとYのあいだで躊躇し、交互に一方から他方へと赴く。このことは、私が一連の状態を経由するということを、そしてまた、私がXの側に傾くか反対側に傾くかに応じて、これらの状態が二つのグループに振り分けられるということを意味している。しかも、これらの相対立する傾向だけが実在的な存在を有しているのであって、XとYはというと、持続の相次ぐ瞬間でわが人格の取る二つの相異なる傾向を、いわばその到着点において私が表象する際の二つの象徴である。そこで今、XとYによってこれらの傾向そのものを指示することにしよう。この新たな表記法は、具体的な実在のより忠実なイメージを呈示してくれるだろうか。上に述べたように、相反する二つの状態を経由するにつれて、自我が肥大し、豊かになり、変化するという点は銘記しなければならない。そうでなければ、どうやって自我は決断するというのか。したがって、正確に言うと、相反する二つの状態ではなく、多数の様々な継起的諸状態が存在するのであって、そこから私は、想像力の努力によって、相反する二つの方向を選り分けるのである。そうであるなら、不変の記号XとYによって、これらの傾向や状態そのものではなく——というのも、これらは絶えず変化するから——、われわれの想像力が言語の最大の便宜を図ってこれらに割り当てる二つの相異なる方向を指示することにすれば、よりいっそう実在に近づくことになろう。もっとも、それらが依然として象徴的表象であることに変わりはない。実際には、そこには二つの傾向も、二つの方向さえなく、ひとつの生きた自我が存しているのだが、この自我は、まさに躊躇することで生き、展開していくのであって、かくして遂には、熟れすぎた果実のように自由な行動がそこから落ちることになるのだ。

しかし、意志的活動についてのこうした考えは常識を満足させない。なぜなら、常識は本質的に機械論的であって、截然たる区別、すなわち、はっきり限定された語や、空間内での異なる位置によって表現される区別を好むからである。そこで常識は、意識的事象の系列MOを踏破した後に点Oに達し、同じように開かれた二方向OXとOYを前にした自我を表象する〔図を参照〕。こうしてこれらの方向は事物となり、意識の大道がそこに達するであろう本物の道となるのであって、その場合、どちらに踏み入るもまったく自我次第なのである。要するに、自我の連続的で生き生きとした活動——抽象化によって初めてわれわれはそこに相反する二つの方向を見分けた——が、惰性的で中立的なものとして、ただわれわれの選択を待つだけの事物へと変形されたこれらの方向そのものに取って代わられるのだ。ただ、そうはいっても、自我の活動は必ずやどこかに位置づけられねばならない。そこで、それは点Oに置かれ、Oに達すると、自我は採るべき二つの決意を前にして躊躇し、熟慮し、遂にはどちらか一方を選択するとされる。意識的活動がその連続的展開の全局面において呈する二重の方向を表象するのは厄介であるから、これら二つの傾向は別々に結晶化され、自我の活動もそれらとは別個に結晶化されるのだが、かくして、不活性でいわば固化された二つの立場のあいだで躊躇する自我、中立的に活動する自我が得られる。ところで、自我がOXのほうを選択したとしても、線OYはやはり存続するだろう。逆にOYに決定されたとしても、道OXは開かれたままで、必要とあらば、自我が踵を返して自分を利用してくれるのを待つだろう。自由な行為が話題となるとき、反対の活動も等しく可能であったと言われるのは、まさにこの意味においてである。それに、たとえ紙の上に幾何学的図形を作図しないとしても、自由な行為のうちに、複数の継起的局面、すなわち相反する動機の表象、躊躇、選択などを区別する――それによって幾何学的象徴化は一種の言語的結晶化の下に隠蔽される――や否や、意図されることなく、ほとんど無意識的にこの種の図形は思い描かれているのだ。ところで、自由についてのこの真に機械論的な考えが、自然な成り行きとして、きわめて頑迷な決定論に至るのは容易に看て取れるだろう。

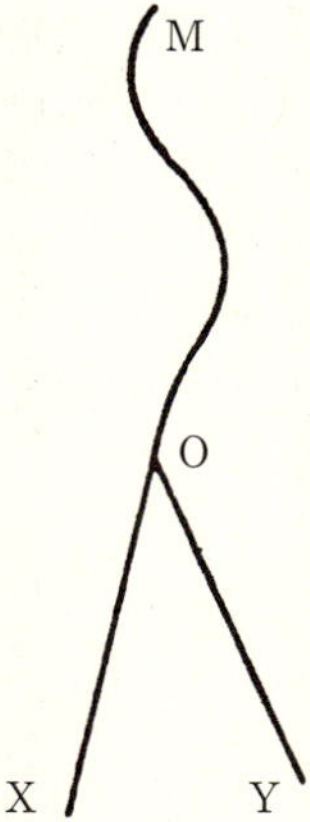

自我の生きた活動のうちに、われわれは相反する二つの傾向を抽象化によって識別したわけだが、実際この活動は遂にはXかYに至る。ところで、自我の二重の活動は点Oにそ

れを局所化することになっているのだが、だからといって、この活動を、それと一体化し、その到達点となるはずの行為から乖離させる理由はない。そうだとすると、Xのほうに決定されたことが経験によって示されるならば、点Oに置かれるべきは中立的な活動ではなく、見かけの躊躇にもかかわらず、まさにあらかじめOXの方向に向けられた活動であるだろう。反対に、Yが選ばれたということが観察によって証示されたとすれば、それは、われわれによって点Oに局所化された活動が、たとえXの方向に幾度か揺れ動いたにもかかわらず、Yの方向と優先的に係っていたからである。点Oに達した自我はXとYのあいだで中立的に選択すると表明すること、それは幾何学的象徴化の道半ばで止まることであり、連続的な活動の一部分だけを点Oで結晶化させることである。というのも、この連続的な活動において、われわれはたしかに相異なる二つの方向を識別したけれども、それだけでなく更に、XかYに現に到達したのであるから。しかし、どうしてこの最後の事実を他の二つの事実と同様に斟酌しないのか。どうしてこの事実にもまた、われわれが作成したばかりの象徴的図形のうちで占めるべき場所を割り当てないのか。いずれにしても、点Oに達したとき、すでに自我の採るべき方向が決定されているなら、もう一方の道が開いたままであっても無駄であって、自我はその道を採ることはできない。遂行された行動の偶然性を基礎づけると称されていたまさにその粗雑な象徴主義（symbolisme）は、自然に引き延ばされることで、行動の絶対的必然性を確立するに至る。

要するに、自由の擁護者たちもその敵対者たちも、XとYという二点のあいだでの一種の機械的揺動を行動に先行させている点では、意見が一致している。私がXを選択すると、前者の人々は、あなたは躊躇し熟慮した、したがってYは可能であった、と言うだろう。すると後者の人々は応じるだろう。あなたはXを選んだ、したがってXを選ぶ理由があったのであり、Yが等しく可能であったと宣言されるときにはこの理由は忘却されている、つまり問題の諸条件のひとつが放置されているのだ、と。——今仮にこれら相反する二つの解決の底を掘り起こしてみれば、ひとつの共通の要請が発見されるだろう。双方とも、行動Xが遂行された後に身を置いて、私の意志的活動の過程を、点Oで二つの線OXとOYに分岐する道MOによって表しているのであって、これら二つの線は、Xを終点とする連続的活動の只中で、抽象化によって区別される二つの方向を象徴しているのだ。ただし、決定論者たちが、自分の知っていることすべてを斟酌して、道MOXが踏破されたことを確認するのに対して、その敵対者たちはというと、図形を作図するのに用いた所与の条件のひとつについては無知を装いつつ、線OXとOYを、相俟って自我の活動の進展を表すはずのものとして引いた後で、自我を点Oに戻して、新たな指令が来るまでそこで揺動させておくのである。

実際、われわれの心理的活動の空間における紛れもない写し（dédoublement）である以上、この図形は純粋に象徴的なものであり、また、そうであるがゆえに、熟慮は尽くされ決断も下されたとの仮説に立たない限り、それは作図されえないだろうということ、この点を忘れてはならない。諸君がこの図形をあらかじめ描こうとしても無駄であろう。その場合諸君は、自分は終極に達したと想定し、想像力によって最終的な行為に立ち会っているのだから。要するに、この図形が示すのは遂行されつつある行動ではなく、すでに遂行された行動なのである。だから、道MOを踏破してXのほうに決定した後で、その自我はYを選択することができたのか否かとは尋ねないでいただきたい。尋ねられても、私としてはこの問いは意味を欠いていると答えるだろう。なぜなら、そもそも線MOも、点Oも、道OXも、方向OYも存在しないのだから。このような問いを立てることは、時間を空間によって、継起を同時性によって十全に表す可能性を認めることなのである。それは描かれた図形に対して、もはや単に象徴としての価値ではなく、イメージとしての価値を授けることである。それは、ちょうど軍の行進を地図上で辿るように、心理的活動の過程をこの図形上で辿ることができると信じることである。自我の熟慮を経て行為が遂行されるに至るまでのすべての局面に立ち会ったとしよう。その場合には、系列の諸項を再検討することで、継起を同時性の形で覚知し、時間を空間のうちに投射し、意識的にせよ無意識的にせよこの幾何学的図形にもとづいて推論することになろう。けれども、この図形が表しているのは事物であって進展ではない。不活性であるという点で、この図形は、熟慮全体ならびに下された最終的決断についてのいわば凝結した記憶に対応している。どうしてそのような図形が、熟慮を行為へと至らしめる具体的運動、動的進展について、わずかでもわれわれに指示を与えてくれるというのか。にもかかわらず、ひとたび図形が作られると、ひとは想像力によって過去へと遡り、われわれの心理的活動はまさに図形によって描かれた道を辿ったのだと思いたがる。かくして、われわれが先に指摘した錯誤に再び陥ることになる。すなわち、事象を機械論的に説明したうえで、事象そのものをこの説明によって置換するという錯誤に。だから、ひとは第一歩からして、解きがたい困難に突き当たってしまう。二つの部分が等しく可能であったなら、いかにして選択したというのか。一方のみが可能であったなら、なぜ自分は自由であると思い込んでいたのか。――これら二つの問いは、時間は空間に属するのかという問いにつねに帰着するのだが、この点が理解されていないのである。

地図上に描かれた一本の道を私が目で辿る場合には、道を引き返すことや、その道が所々で分岐していないかどうかを探ることを妨げるものは何もない。しかし、時間は辿り直される線ではない。なるほど、時間がひとたび流れ去ったなら、われわれはその継起的諸瞬間を互いに外在的なものとして表象し、かくして空間を横切る一本の線に思い描く権利を有する。けれども、この線によって象徴されるのが流れつつある時間ではなく、流れ去った時間であることに変わりはないだろう。これこそ自由意志の擁護者と敵対者が等しく忘却している点である。――前者は、実際に為されたのとは別な仕方で行為する可能性を肯定する際に、このことを忘却し、後者はこれを否定する際に忘却する。自由意志の擁護者たちは次のように推論する。「道はまだ辿られていない。だから、どんな方向でも採りうる。」それに対しては、こう応答されるだろう。「道について語りうるのは行動がひとたび遂行された後であるということを諸君は忘れている。しかし、その時には道はすでに描かれてしまっているだろう」、と。――自由意志の敵対者たちはこう述べる。「道はこのように描かれてしまった。したがって、その可能的な方向は任意の方向ではなく、まさにこの方向そのものであった。」それに対しては、こう反論されるだろう。「道が辿られる以前には、いまだ道を問題にしえなかったというきわめて単純な理由から、可能な方向も不可能な方向もいまだなかったのだ」、と。――かかる粗雑な象徴主義の観念は知らぬ間に諸君に取り憑いているのだが、それを捨象するなら、決定論者の立論が「行為はひとたび遂行されれば遂行されている」という幼稚な形態をまとっていること、そしてまた、その敵対者たちの答えは「行為は遂行される前にはまだ遂行されていなかった」というものであることが分かるだろう。別の言葉で言えば、自由の問題は手つかずのままこの議論をすり抜けてしまったのだ。そして、このことはたやすく理解される。というのも、自由は行為それ自体のあるニュアンスないし質のうちに求められるべきであって、行為とこの行為がそうではないところのもの、または、そうでありえたかもしれないところのものとの連関のうちに求められるべきではないからだ。熟慮の本義は動的進展のうちに存していて、そこでは、自我も諸動機そのものも、本物の生物のように、ひとつの連続的生成のうちにあるのだが、それにもかかわらず両陣営とも熟慮を空間における揺動の形で表象しているのであって、そこに不分明さのすべてが存しているのだ。自我はそれが無媒介的に確証することについては無謬であって、そのような自我は自分は自由であると感じ、自分は自由であると宣言する。ところが、みずからの自由を説明しようと努めるや否や、自我はもはや空間を介した一種の屈折によってしかみずからを覚知しない。ここから機械論的な本性を有した象徴主義が生じるのだが、かかる象徴主義はというと、自由意志を肯定する主張を理解させるのにも、これを反駁するのにも等しく不適切なのである。

実在的持続と予見

しかし、決定論者は自分が打ち負かされたとは思うことなく、問いを新たな形で立てるだろう。曰く、「遂行されてしまった行動は脇に置いて、将来の行為だけを考察しよう。何らかの高度な知性であれば、今の時点で未来の先行条件すべてを認識したなら、そこから出てくるであろう決断を絶対的な確実さで予言できるかどうか、それが問題である」、と。問題をこのような言葉で立てることにはわれわれも喜んで同意する。そうすることで、自分の考えをより厳密な仕方で定式化する機会もわれわれに提供されることだろう。ただ、われわれとしてはまず、先行条件の認識が単に蓋然的な結論を定式化させてくれるとする人々と、不可謬な予見を口にする人々とのあいだに区別を設けておきたい。ある友人がある状況下である仕方で行為することは大いにありうると述べること、それは友人の未来の振る舞いを予言することではなく、彼の現在の性格について、すなわち結局は彼の過去について判断を下すことである。われわれの感情や観念、ひとことで言えばわれわれの性格が絶えず変容するとしても、突然の変化が観察されるのは稀れである。しかし、既知の人物について、ある行動は彼の本性にかなり相応しいように思われるが、他のいくつかの行動は絶対的にそぐわないと言いうるのはもっと稀れである。この点については、すべての哲学者たちの意見が一致するだろう。というのも、ある一定の振る舞いと、知り合いのある人物の現在の性格とのあいだに適合ないし不適合の関係を立てることは、未来を現在に結びつけることではないからだ。ところが、決定論者はずっと先まで進んでこう主張する。すなわち、われわれの解決が偶然的なものであるのは、われわれが問題の条件すべてを認識することは決してないという点に由来しており、われわれによる予見の蓋然性〔確率〕は、われわれに提供されるこれらの条件の数が増すに応じて増大するだろう、と。そして遂には、いかなる例外もなく、全先行条件が完全かつ完璧な仕方で認識されるなら、これによって予見は不可謬であるほどに真なるものとなるだろうとまで、決定論者は主張する。とすれば、このような仮説をこそ、吟味しなければなるまい。

考えをはっきりさせるために、深刻な状況のなかで一見すると自由な決断を採るよう求められたある人物のことを想像してみよう。彼をピエールと呼ぶことにする。問題は、ある哲学者ポールがピエールと同時代か、あるいはお望みなら、ピエールの何世紀も前に生きていたとして、その彼がもしピエールの行為のすべての条件を認識するとしたら、ピエールがなした選択を確実に予言できたであろうか、というものである。

ある一定の瞬間でのある人物の状態を表象するにはいくつもの仕方がある。たとえば小説を読む場合に、われわれはそれを試みる。しかし、作者がいかに配慮して主人公の感情を描き出し、その経歴までも再構成しようとしても、小説の結末は、予見されていたにせよいなかったにせよ、われわれがこの人物について抱いていた観念に何かを付け加えるだろう。だから、われわれはこの人物について不完全にしか知らなかったわけである。実を言えば、われわれの魂の深層の諸状態、数々の自由な行為によって翻訳される諸状態は、われわれの過去の経歴の総体を表現し、要約している。もしポールがピエールの行為の条件すべてを知っているなら、その場合にはおそらく、彼はピエールの人生のいかなる細部も漏らさずに捉え、彼の想像力はこの経歴を再構成し、生き直してさえいる。だがここで、ある枢要な区別がなされるべきである。私自身がある心理的状態を経るに際して、私はこの状態の強度ならびにこの状態が他の諸状態に対して有する重要性を適確に認識しているのだが、それは私が計測したり比較するからではなく、たとえばある深い感情の強度はこの感情そのもの以外ではないからである。反対に、私がこの心理的状態を諸君に説明しようと努める場合、数学的本性を有する適確な記号によるのでなければ、私は諸君にその強度を理解させることはできないだろう。そのためには、私はこの状態の重要性を計測し、先行する状態や後続する状態とこれを比較し、最後には、最終的な行為においてそれに帰される持ち分を決定しなければならないだろう。こうして私は、最終的な行為がこの状態によって説明されるかそれなしで説明されるかに応じて、この状態の強度や重要性の多寡を表明することになろう。反対に、この内的状態を知覚していた私の意識にとっては、こうした種類の比較はまったく必要なかった。強度は状態そのものの有するある表現し難い質として意識に現れていたのだから。言い換えれば、心理的状態の強度は、代数における冪《べき》指数のように、この状態に随伴してその冪〔力能〕を規定するような特別な記号として意識に与えられているのではない。われわれがすでに示したように、心理的状態の強度はむしろ当の状態に固有なニュアンス、色合いを表現しているのであって、たとえば感情に関して言えば、その強度はそれが感じられるという点に存している。そうだとすると、他者（autrui）の意識状態に同化するための二つの仕方を区別しなければならないだろう。他方一方は動的な仕方で、その本義はみずから当の意識状態を感得する点にあるだろう。他方は静的な仕方で、その場合には、これらの状態についての意識それ自体に、諸状態のイメージ、というよりもむしろ、その知的象徴、その観念が取って代わることになろう。その場合、諸状態は再生される代わりに想像されることになろう。ただ、この後者の場合には、心理的諸状態のイメージに、それらの強度についての指示を付け加えなければならないだろう。というのも、これらの状態は、それらがある人物のうちで描かれるとしてもその人物に対してもはや働きかけることはないし、この人物もこれらの状態を感じることでその力を感得する機会はもはやもたないからである。けれども、このような指示そのものが必然的に量的な性格を帯びる。たとえば、ある感情は他の感情よりも大きな力を有するとか、前者をより大きく勘案すべきであるとか、前者のほうがより大きな役割を演じたといったことが確認されるだろう。だが、問題の人物のその後の経歴や、こうした多様な状態と傾向の到達点たる諸行為についてあらかじめ知っていたのでなければ、どうしてこの点を知ることができようか。そこで、ポールがその経歴の任意の瞬間でのピエールの状態を十全に表象するためには、次の二つのうちのどちらかでなければならないだろう。すなわち、登場人物たちを自分がどこへ導いていくかを知っている小説家にも似て、ポールはピエールの最終的行為をすでに知っていて、かくしてピエールが辿ることになる継起的諸状態のイメージに、彼の経歴の総体から見たこれらの状態の価値についての指示を結合することができるか、それとも、ポールはもはや想像のなかでではなく現実にこれら多様な諸状態を経由することを余儀なくされるか、なのである。これらの仮説のうち最初のものは斥けられねばならない。というのも、先行条件だけが与えられたときに、ポールは最終的行為を予見できるかどうか、それこそがまさに問題なのだから。かくして、われわれは今や、ポールについて自分が抱いていた考えを根本的に変容せざるをえなくなる。つまりポールは、まず最初にわれわれがそう考えていたように、その眼差しを未来に投げかけている観察者ではなく、ピエールの役をあらかじめ演じている役者なのだ。しかも、この役のいかなる細部もポールに免除するわけにはいかない、という点に注意されたい。というのも、まったく取るに足らない出来事でさえひとつの経歴のなかではそれなりの重要性をもっているからであり、仮にこの出来事が少しも重要性をもたないとしても、それを取るに足らないものと判断できるのは、ただ最終的行為との連関においてのみで、しかも、最終的行為は仮説からしていまだ与えられていないのだから。同様に、ポールがピエールに先立って経ることになる多様な意識状態を、たとえ一秒たりとも短縮する権利は諸君にはない。というのも、たとえば同じ感情の数々の効果は、持続のあらゆる瞬間において互いに付加されて強化されるものだからだ。また、これらの効果の総和が一挙に感得されうるためには、この感情の重要性をその総体において、最終的行為との連関において認識しなければならないのだが、最終的行為はまさに闇のうちにとどまっているからだ。しかし、もしピエールとポールが同じ順序で同じ感情を抱き、彼らの二つの魂が同じ経歴を有するなら、いかにして両者を区別しえようか。これらの魂が住みついている身体によってだろうか。その場合、両者はその経歴のいかなる瞬間においても同じ身体を表象したりはしないだろうから、二つの魂はいつもどこかしら異なることになろう。では、これらの魂が持続のなかで占める場所によってだろうか。その場合には、両者はもはや同じ出来事に立ち会うのではなくなるだろう。ところで、仮説によって、両者は同じ過去と現在を有し、同じ経験を有している。——今や諸君は自分の立場を決めなければならない。すなわち、ピエールとポールはただひとりの同一人物であり、この人物が行動するときには諸君は彼をピエールと呼び、この人物の経歴が再検討される場合には諸君は彼をポールと呼ぶのである。それを知ればピエールの未来の行動を予言できる、そのような諸条件の総体を諸君がより多く補完するにつれて、諸君はこの人物の現存によりいっそう肉迫することになろうし、その最も些細な細部に至るまで彼の現存を生き直そうとする傾向を強めるだろう。こうして、諸君は遂に、行動が遂行されつつあるがゆえに、もはやこの行動を予見することが問題となりえず、ただ行為することのみが問題となりえたような、まさにそういう瞬間に到達するだろう。ここでもまた、意志そのものから発出する行為を再構成しようとするどんな試みも、遂行された事実の単なる確認へと諸君を導いていく。

したがって、以下のような問いは意味を欠いている。すなわち、ある行為の先行条件の完璧な総体が与えられた場合、その行為は予見されえたか否か、という問いは。というのも、これらの先行条件を同化する仕方には、一方は動的、他方は静的な二通りの仕方があるからだ。前者の場合には、感知できないほど微妙な移行によって、問題の人物と合致するに至り、諸状態の同じ系列を経て、かくして行為が遂行されるまさにその瞬間に立ち戻るのであって、だから、行為を予見することはもはや問題外であろう。後者の場合には、諸状態についての指示に加えて、諸状態の重要性についての量的評価を図示するというまさにそのことだけで、最終的行為が前提とされてしまっている。ここでもまた、一方の人々は、遂行されつつある瞬間には行為はまだ遂行されていないということを、他方の人々は、ひとたび遂行されたなら行為は決定的に遂行されているということをただ確認する羽目に陥る。自由の問題は、実在的持続と偶然性をめぐる前の議論の場合と同様、手つかずのままこの議論をすり抜けてしまうのである。

実在的持続と偶然性ならびに予見に関するこの二重の立論をもっと深く究明してみると、反省された意識の犯す二つの根底的な錯誤が、この立論のまさに根元に見出されるだろう。第一の錯誤は、強度のうちに、心理的諸状態の数学的特質を看取して、われわれがこの試論の冒頭で述べたように、特異な質、これら多様な状態に固有のニュアンスを看取しないことにある。第二の錯誤は、意識が知覚する具体的実在、動的進展に代えて、終点に達したこの進展、すなわち先行条件の総和と結合される、遂行された事実についての物質的象徴を持ち出したことにある。なるほど、最終的行為がひとたび完遂されたならば、すべての先行条件にそれ固有の価値を割り当てることができるし、また、これら多様な諸要素と組み合わされた働きを、諸力の葛藤ないし複合の形で表象することができる。しかし、先行条件がその価値とともに知られたときに、最終的な行為を予言することができたか否かを問うことは、悪循環に陥ることである。それは、先行条件の価値とともに、予言されるべき最終的行動が与えられてしまっているのを忘却することである。言い換えれば、それは、完遂された操作を表象する際に用いられる象徴的イメージを、あたかもそれが録音機に書き込まれたかのように、この操作そのものによってその進展の途上で描かれたものと誤って想定することなのである。

加えて、今に分かるだろうが、これら二つの錯誤それ自体が今度は第三の錯誤を含んでおり、また、行為は予見できたか否かという問いはここでもまた、時間は空間に属するかという問いに帰着する。まず初めに、ピエールの魂のなかで相継起した意識状態を理念的空間のなかに併置してみたまえ、そうすれば諸君は、空間内に運動体Mによって描かれる軌跡MOXYの形でこの人物の人生を覚知するだろう〔次頁図を参照〕。そこで、諸君はこの曲線のOXYの部分を思考のなかで削除して、MOを知ったならば、この運動体が点Oを起点として描くところの曲線OXを、自分はあらかじめ決定することができたかどうかを考えてみるといい。これは結局のところ、ピエールの先人として、やがてピエールが行為する際の諸条件を想像上で表象する任を負うた哲学者ポールを介入させたときに、諸君が立てていた問いである。諸君はこれらの条件をこうして物質化していた。諸君は将来の時間を、平面上にすでに描かれた道、踏破したことはないし、これからも決して踏破する必要はないが、山の高みから観想できるような道たらしめる。しかし、ほどなく諸君は、

曲線の部分MOの認識だけでは不十分であるのに気づくだろう。ただし、この線上の数々の点の位置が、単に他との連関においてではなく、線MOXY全体の諸点との連関において諸君に示される場合はこの限りではない。しかし、それでは結局、決定されるべき諸要素それ自体があらかじめ与えられていることになろう。そこで諸君は自分の仮説を変更した。諸君は、時間は見られることではなく、生きられることを要求しているとの理解を得て、そこからこう結論づけた。線MOについての自分の認識が十分な所与とならないのは、MOのみならず曲線全体をも描くところの点Mと自分が一体化して、その運動を採り入れる代わりに、自分がこの線を外側から眺めていたからである、と。つまり、諸君はポールをピエールと合致するよう導いたのであって、仮説からしてピエールが線MOXYを描いたのだから、ポールが空間のうちに引いたのは線MOXYであることになる。しかし、だからといって、諸君はポールがピエールの行動を予見していたのを証明したことにはならない。そうではなく、ピエールはピエールとなったのだから、ピエールはただ彼がなしたとおりに行為した、ということを諸君は確認したにすぎない。なるほど、諸君はその後で、それと気づくことなく第一の仮説に立ち戻ってしまうのだが、それは、引かれつつある線MOXYと引かれた線MOXY、すなわち時間と空間とを絶えず混同するから

である。自分の主張に都合のいいようにポールをピエールと同一視した後で、諸君はポールに観察者というその旧来の役目を取り戻させる。その際ポールは完璧な線MOXYを覚知するのだが、ポールはこの線を自分で完成させたばかりなのだから、これは驚くには値しない。

混乱を自然なもの、更には不可避なものにさえしているのは、科学が未来の予見について議論の余地のない範例を提供してくれるように思われるからである。天体の会合や、日蝕や月蝕や、きわめて多くの天体現象はあらかじめ決定されているではなかろうか。その際、人間の知性は現在の瞬間のうちに、将来の持続の好きなだけ大きな部分を包括しているではないだろうか。――われわれは苦もなくこのことを認める。ただし、この種類の予見は意志的行為の予見とはいささかの類似も有していない。更に言えば、これから見るように、天体現象の予言を可能にしている諸々の理由こそまさに、自由な活動から発出する事実をあらかじめ決定することを妨げている理由と同じものでさえあるのだ。それというのも、物質的宇宙の未来は、たとえそれが意識的存在の未来と同時的であっても、後者とのあいだにいかなる類似も有さないからである。

この枢要な相違をはっきり理解するために、しばらくのあいだ、デカルトの悪しき霊〔「第一省察」を参照〕よりも強力な悪しき霊が、宇宙の全運動に対して二倍の速度で進むよう命令したと想定してみよう。その場合、天体現象には、あるいは少なくとも天体現象を予言することを可能にする方程式には、いかなる変化もないだろう。というのも、こうした方程式において象徴tが指示するのは持続ではなく、二つの持続のあいだの比、いくつかの時間単位、というよりもむしろ、結局はいくつかの同時性であるからだ。こうした同時性や合致は依然として同じ数だけ産出されるだろう。ただ、それらを分かつ間隙だけが減少したことになるが、このような間隙は計算とは何の係りもたない。しかるに、これらの間隙こそまさに生きられる持続であり、意識が知覚するところの持続なのだ。だから、仮に日の出と日没のあいだでわれわれの持続が短くなったとすれば、意識は即座に一日の減少をわれわれに告知するだろう。その場合にも、意識はたぶんこの減少を計測するのではないだろうし、すぐさまこれを量の変化の相のもとに覚知するのでもないだろう。しかし意識は、何らかの形で、存在の通常の豊饒さが低下し、日の出と日没のあいだで通常は実現されている進展が変容を蒙ったことを確認するだろう。

ところで、天文学者がたとえば月蝕を予言する際、彼は彼なりの仕方で、われわれが悪しき霊に帰した力能を行使しているにすぎない。彼は時間に対して、一〇倍、一〇〇倍、一〇〇〇倍の速度で進むよう命じる。しかも彼はそうする権利を有している。というのも彼がこうして変化させるのは、意識された間隙の本性のみであって、これらの間隙は仮説からして計算とは係らないからだ。だからこそ、心理的持続の数秒間のうちに、天文学者は天文学的時間の幾年、幾世紀さえ収めることができるだろう。天文学者が天体の軌跡をあらかじめ描いたり、これを方程式によって表すときに彼が身を委ねている操作とは、以上のようなものである。実を言えば、彼は、この天体と他の特定の諸天体とのあいだの一連の位置連関、一連の同時性と合致、一連の数的関係を確立するにとどまっている。本来の意味での持続について言えば、それは計算の埒外にとどまっていて、単にこれらの継起的同時性に立ち会うのみならず、その間隙を生きることもできるような意識によってのみ知覚されるだろう。のみならず、この意識はかなり緩慢で怠惰な生を生きうるので、天体の軌跡全体を唯一の覚知のうちに包括できるということも納得される。ちょうど、流星の継起的な位置が一本の火の線の形で描かれるのを目の当たりにするときにわれわれ自身にも同じことが起こるように。その際、この意識は天文学者が想像上で身を置いているのと同じ条件の下に実際にいて、天文学者が未来のうちに覚知するものを現在のうちに見ることになるだろう。実を言えば、天文学者が未来の現象を予見するためには、未来の現象をある程度まで現下の現象たらしめることがその条件となる。とは言わないまでも、少なくともわれわれと未来の現象を分かつ間隙を大幅に縮減することが。要するに、天文学において語られる時間とは数であり、この数の諸単位の本性は計算においては特定されえない。したがって、同じ仮説が操作系列の全体に拡張されて、しかも空間内での位置の継起的連関が保存されさえすれば、これらの単位を好きなだけ小さなものと想定することができるわけである。この場合には、予言したい現象に想像上で立ち会うことになるから、空間上のまさにどの点で、またいくつの時間単位の後に、この現象が生じるのかを知ることになろう。そうなれば、後からこれらの単位にその心理的本性を回復させて、出来事を未来に押し戻し、実際には現に見たにもかかわらず、この現象を予見したと述べれば事足りるであろう。

しかし、こうした時間単位は生きられた持続を構成していて、天文学者はこれが科学に何ら手がかりを与えないという理由で好きなように処理しているが、これこそまさに心理学者の関心を惹くものなのである。というのも、心理学はもはや間隙の末端にではなく間隙そのものに係るからである。なるほど、純粋な意識は時間を持続単位の総和の形では覚知しない。自分だけの力では、意識は時間を計測するいかなる手段も、いかなる理由さえも有さない。しかし、たとえばある感情の持続する日数が半減するとすれば、この感情は意識にとってもはや同じ感情ではないだろう。この意識状態には、それを豊饒化し、その本性を変容しにやってくる多数の印象が欠けていることだろう。たしかに、われわれがこの感情にある名前を押しつけ、それをひとつの事物のように扱う際には、われわれはその持続をたとえば半分だけ減少させたり、同様にわれわれの経歴の残りの全体の持続を半分だけ減少させたりできるように思う。規模は縮減されていても、それは相変わらず同じ存在であるように見えるだろう。しかし、その際われわれは、意識状態とは進展であって事物ではないということ、たとえ意識状態の各々を唯一の語で指示しようとも、それは言語の便宜のためであるということ、意識状態は生きていて、生きているがゆえに絶えず変化するということ、だからその幾瞬間かを切りつめれば必ず、何らかの印象の分だけそれを貧困化せしめ、かくしてその質を変容させてしまうということ、これらの点を忘れてしまっている。天体の軌道が一挙に、あるいはごくわずかな時間で覚知されるのは、その相継起する位置もしくはその運動の結果のみが重要であって、それらの位置を等しく分かつ数々の間隙での持続は重要ではないからだということを、私はよく理解している。しかし、感情が問題である場合には、それは、感じられたという以外には明確な結果をもたない。しかも、この成果を十全に評定するためには、感情そのものの全局面を経由し、同じ持続を占めたのでなければならないだろう。たとえこの感情が、ある天体の空間上の位置にも比すべき一定の本性を有した何らかの歩みによって遂に翻訳されたとしても、この行為についての知識は、ひとつの経歴の総体にこの感情が及ぼした影響を評定するに際して、私の役にはほとんど立たないだろう。それどころか、知るべきはまさにこの影響なのである。どんな予見も実際は現に見ることであり、しかも、このような見ることが遂行されるのは、天文学の予言にとってそうであるように、未来の時間の間隙を、その諸部分相互の比を保存したまま次第に減じていくことができる場合なのである。しかし、時間の間隙を減じるとは、そこで相継起する意識状態を空虚化し貧困化すること以外の何であろうか。そして、天文学的期間を圧縮して眺めることができるというその可能性そのものが、このように、心理的系列を同じ仕方で変容させるのが不可能であることを含意してはいないだろうか。というのも、この心理的系列を不変の基盤とみなすことによってのみ、天文学的期間を、持続単位に関して恣意的に変動させうるだろうからだ。

したがって、未来の行動は予見されうるかと問われる場合、精密科学で問題となるような、数に還元される時間と、実在的持続とが無意識に同一視されているのだが、実在的持続に関しては、その外見上の量は紛れもなく質であり、これを一瞬間でも切りつめるなら、それを満たす諸事象の本性を必ずや変容させることになろう。そして、このような同一視をおそらく容易にしているのは、多くの場合、われわれが実在的持続に対して、天文学的時間に対してと同様の既成事実を想起する権利を有しているということだ。たとえばわれわれは過去、すなわち一連の既成事実に働きかける場合にはこれをつねに短縮しているが、それでも、関心を抱いている出来事の本性を変質させることはない。なぜかというと、それはわれわれがこの出来事をすでに知っているからである。つまり、心理的事象の存在そのものは進展から成っているが、その進展の末端に達すると、心理的事象は事物となり、一挙に表象できるものとなるのだ。したがって、われわれはここで、惑星が踏破するのに数年を要する軌道を、天文学者がたったひとつの覚知のうちに包括する際に身を置くのと同じ立場に立っている。実際、天文学的予見と同一視されるべきは、まさに過去の意識的事象の記憶であって、将来の意識的事象の先取的認識ではない。しかし、将来の意識的事象を決定することが問題である場合には、それがわずかでも深さを有しているなら、先行条件を事物の形で、静的状態で吟味するのではなく、進展の形で、動的な状態で吟味しなければならない。というのも、これらの先行条件の影響のみがここでの争点を成しているのだが、実は、当の先行条件の持続こそこの影響に他ならないのだから。したがって、将来の持続の諸断片をあらかじめ表象するためとはいえ、この持続を短縮するのは問題外であろう。できることと言えば、持続が展開されるにつれて、それを生きることだけなのだ。要するに、深層の心理的諸事象の領域では、予見すること、見ること、そして行為することのあいだに、感知できるほどの差異はないのである。

実在的持続と因果性

決定論者が採るべき立場はもはやほとんどひとつしか残されていない。決定論者は、来るべき行為ないし意識状態を予見する可能性を言い立てることは今すぐにも諦めて、どんな行為もその心理的先行条件によって決定される、言い換えるなら、意識的事象は自然現象と同様に諸法則に従うと主張することになろう。こうした立論は結局のところ、具体的な心理的事象の細部にまで立ち入らない点に存しているのだが、いかなる象徴的表象にも、ひいてはいかなる予見にも刃向かうような諸現象に直面することを本能的に恐れるがゆえにそうなるのだ。その場合、これらの現象に固有な本性は闇に放置したまま、現象の資格を有する限りでは、それらはやはり因果法則に従っているとの主張がなされる。ところで、この法則が主張するところでは、どんな現象もその条件によって決定される、言い換えれば、同じ原因は同じ結果を産出する。したがって、行為がその心理的先行条件に解きがたく結びつけられているか、それとも、因果律が不可解な例外を許容するかのどちらかでなければならない。

決定論的立論のこの最後の形態も、先に吟味したすべての形態とそう思われているほど大きく異なっているわけではない。同じ内的原因は同じ結果を産出すると述べることは、同じ原因が意識の舞台上に何度も登場できると想定することである。ところで、持続についてのわれわれの考えはもっぱら、深層の意識的事象の徹底的な異質性と、意識的事象のうちの二つが完全に類似していることの不可能性を主張することを目指している。そもそも、これらの意識的事象はひとつの経歴の相異なる瞬間を構成しているのだから、それらが完全に類似することなどありえないのだ。外的対象には流れ去った時間の徴しは刻まれておらず、そのため物理学者は、諸瞬間の多様性にもかかわらず、同一の要素的諸条件を何度も目にしうるのだが、それに対して、持続はその痕跡をとどめる意識にとっては実在的なものであって、そこでは同じ瞬間が二度と姿を現さない以上、同一の条件についてここで語ることはできないだろう。魂には相似た二つの深層の状態は存在しないといっても、これら相異なる状態のなかから、比較可能な安定要素を分析によって摘出できるなどと言い立てても無駄であろう。そうすることは、このうえもなく単純な心理的要素でさえ、それがわずかでも深さを有しているなら、人格性とそれ固有の生を伴っているのを忘れることだろう。心理的要素は不断に生成するもので、たとえ同じ感情であっても、それが反復されるだけで、新たな感情と化すのである。のみならず、この新たな感情も以前と同じ外的原因に対応し、以前と同様の記号によって外部に翻訳されるということ以外には、それを古い呼称で呼び続ける理由はまったくない。だから、二つの状態の相似と称されるものから、同じ原因は同じ結果を産出するということを導出するなら、紛れもない論点先取の虚偽を犯すことになろう。要するに、たとえ因果関係が内的事象の世界にも現存するとしても、それが自然において因果性と呼ばれているものと類似することはまったくありえないのだ。物理学者にとっては、同じ原因はつねに同じ結果を産出する。見かけの類似に惑わされることのない心理学者にとっては、深層の内的原因はその結果を一度しかもたらさないのであって、再びそれを産出することは決してないだろう。仮にここで、この原因はこの結果と分かちがたく結合していると主張するとしても、それが意味するところは、次の二つのうちのいずれかでしかない。すなわち、先行条件が与えられれば、未来の行動を予見できたであろうということか、それとも、ある行動が遂行されたならば、他のどんな行動も所定の状況では不可能なものとして現れるであろうということのいずれかなのである。しかるに、これら二つの主張がいずれも意味を欠いていて、持続についての間違った考え方を含んでいるのはすでに見たとおりである。

しかしながら、決定論的立論のこの最後の形態に立ち止まってみることは、それがわれわれの観点から決定と因果性という二つの語の意味を解明するためにすぎないとしても、無益ではないように思われる。未来の行動を天文現象のような仕方で予見することも、ある行動がひとたび遂行されたなら他のどんな行動も所定の状況では不可能であったろうと主張することも論外である、とわれわれが言い立てたとしても無駄である。更にそこに、たとえ「同じ原因は同じ結果を産出する」という形態のもとでさえ、普遍的決定の原理は、意識的事象の内的世界ではあらゆる種類の意味を失うと付け加えたとしても無駄である。決定論者はおそらくこれら三点の各々についてわれわれの立論を受け入れ、心理的世界では、決定という語にこれら三つの意味のどれも帰属させることはできないということを認めるだろうし、おそらくはその四つ目の意味を発見することにも挫折するだろうが、それにもかかわらず、行為はその先行条件に分かちがたく結合していると繰り返し主張するのはやめないだろう。このように、われわれは実に根深い錯誤、実に執拗な先入見とここで直面しているのだから、これに打ち勝つためには、これらの錯誤や先入見の原理そのもの、すなわち因果律を攻撃する他ないだろう。原因の概念を分析することで、われわれはそれが内包する曖昧さを示すことにしよう。だからといって自由を定義することにはなるまいが、これまでわれわれが自由について抱いてきた純粋に否定的な観念については、おそらくそれを超脱できるであろう。

われわれは物理的諸現象を知覚するが、これらの現象は数々の法則に従っている。このことは、第一に、以前に知覚された現象a、b、c、dは同じ形で再び産出されうるということ、第二に、ある現象Pがa、b、c、dという条件、それもこれらの条件だけに引き続いて現れてきたとして、その場合、同じ条件が与えられれば必ずこの現象Pは生じる、ということを意味している。経験論者たちが主張するように、因果律がこれ以上のことを語るものではないとすれば、われわれもこれらの哲学者に同意して、彼らの原理が経験に由来していることを認めるだろう。しかし、そうなれば因果律はもはやわれわれの自由に反することを何ら証示できないだろう。というのも、一定の先行条件が一定の帰結を生じさせるという事態は、経験がわれわれにこうした規則性を確認させるところならどこでも、依然として自明の事態なのだが、問題はまさに、意識の領域においてかかる規則性が見出されるかということであって、自由の問題の全体がそこに存しているからだ。われわれとしても、しばし諸君に同意して、因果律が要約するのはただ過去において観察された一様で無条件な継起のみであるということは認めよう。しかしその際、諸君はいかなる権利で、深奥の意識的事象にこれを適用すると言うのだろうか。というのも、深層の意識的事象の予見が挫折する以上、いまだそこに規則的継起は見分けられていないのだから。更に、諸君の考えでは、観察された事象についての決定論だけが因果律それ自体の唯一の根拠であるというのに、いかにして、この因果律に依拠して内的事象の決定論をうち立てようというのか。実を言えば、経験論者たちが人間の自由に反するものとして因果律を行使する際には、原因という語を新たな語義に取っている。ただし、それは常識の語義なのである。

実際、二つの現象の規則的な継起を確認することは、前者が与えられる際にはすでに後者が覚知されているのを認めることである。しかし、二つの表象のこのまったく主観的な結合に、常識は満足しない。常識にとっては、第二の現象の観念が第一の現象の観念のうちにすでに含まれているなら、第二の現象そのものが第一の現象の只中に何らかの形で客観的に現存していなければならないように思える。しかも、常識はこの結論に達するべくして達したのだった。なぜなら、諸現象間の客観的結合とそれらの観念間の主観的連合とを精確に区別することはそれ自体で、かなり高度な哲学的教養を想定しているからである。そのため、ひとは気づかぬ間に第一の意味から第二の意味へと移行し、因果関係を、将来の現象がその現在の諸条件のうちでいわば先駆的に形成されていることとして表象するようになる。ところで、この先駆的形成は大きく異なった二つの意味に解されうるもので、まさしくここに曖昧さ〔両義性〕が始まるのである。

実際、数学はこの類の先駆的形成のイメージをわれわれに提供してくれる。平面上で円周を引くという同じ運動がこの図形のすべての特質を生み出している。この意味において、無際限な数の定理が定義のうちに先在している。たとえ、それを導出する数学者にとっては、これらの定理が持続のうちで展開される宿命にあるにしても。なるほど、われわれはここで純粋な量の領域にいる。また、幾何学的諸特質を方程式の形にすることができる以上、図形の根底的な特質を表現する最初の方程式が、単に潜在的にしかそこに含まれていなかった無数の新たな方程式へと変形されることもよく分かる。反対に、相継起し、われわれの諸感官によって知覚される物理的諸現象については、これらは量によってと同じく質によっても区別されるから、まずもって諸現象は互いに等価であると表明するには、いささか困難が伴うだろう。しかし、まさにわれわれの諸感官がこれらを知覚するのだから、諸現象のあいだの質的差異をそれらがわれわれに及ぼす印象のせいにして、諸感覚の異質性の背後に等質的な物理的宇宙を想定することを妨げるものは何もない。要するに、物質から、われわれの感官がそれにまとわせている諸々の具体的な質——色や熱や抵抗、更には重さまで——を剝奪していけば、遂には等質的延長、すなわち物体なき空間を目の当たりにすることになろう。そうなると、図形を空間から切り抜いて、それらを数学的に定式化された諸法則に即して運動させ、物質の有する数々の見かけの質を、これら幾何学的図形の形、位置、運動によって説明するほかに、もはや採るべき方途はほとんど残されていないだろう。ところで、位置は固定量の体系によって与えられ、運動は法則によって、すなわち可変量のあいだの恒常的関係によって表現される。それに対して、形《フォルム》はイメージであって、たとえそれがいかに薄く、いかに透明なものと想定されようとも、形は、われわれの想像力がそれについていわば視覚的知覚を有する限り、物質についての具体的で、それゆえ還元不能な質をなおも成している。したがって、このイメージを一掃し、形を生み出す運動の抽象的定式をそれに置き換えなければならない。そこで、互いに絡み合い、この絡み合いそのものによって相互に客観化し合い、絡み合いの複雑さの効果だけで、可視的で触知可能な具体的実在を生み落とすような代数的諸関係を表象していただきたい。——その場合、諸君としては、現在の只中での未来の先駆的で現実的な形成の意味に解された因果律から諸帰結を抽き出す他ないだろう。現代の学者のなかで、抽象をここまで押し進めたのはおそらくウィリアム・トムスン卿だけであるように思われる。この才気に富んだ深遠な物理学者は、空間を、等質的で圧縮不能な流体によって満たされたものと想定し、この流体内で渦巻きが運動することで、物質の諸特質が生み出されるとした。これらの渦巻きが物体の構成要素なのである。こうして原子は運動となり、物理現象は圧縮不能な流体内で遂行される規則的諸運動に還元される。ところで、この流体が完全な等質性に属しており、その諸部分のあいだにはそれらを分かつ間隙も、それらを区別する何らかの差異も現存しないという点を銘記するなら、この流体のうちで遂行されるいかなる運動も実際には絶対的不動性に等しいことが分かるだろう。というのも、運動の以前も最中も以後も、全体としては何ひとつ変化することも、変化させられることもないのだから。したがって、ここで語られている運動は、現実に生じる運動ではなく、思考された運動であり、それはすなわち数々の連関のあいだの連関なのである。運動は意識的事象であり、空間内には同時性しか存在しないということが、おそらくははっきりと納得されないままに承認されているのであって、そのためわれわれは、われわれの持続の任意の瞬間に対しても、こうした同時性の諸連関を計算するための手段をあてがわれたのだ。ここでは物質の究極的要素の形そのものが運動に帰されているのだから、この体系以上に機械論が押し進められたことはなかった。ただし、デカルトの物理学はすでにこれと似た意味で解釈されうるように思われる。というのも、デカルトの主張したように物質が等質的延長に還元されるならば、この延長の諸部分の運動は、延長を司る抽象的法則によって、あるいはまた可変量のあいだの代数方程式によって思い描くことができようが、イメージという具体的な形のもとにそれらを表象することはできないからだ。とすれば、機械論的説明の進展によって因果性についてのこうした考え方が発展し、その結果、原子から可感的諸特質の重荷が除去されるにつれて、自然現象の具体的存在のほうは代数的煙幕のうちに消滅する傾向を強めるということは、たやすく証示できるだろう。

このように解するなら、因果性の連関は必然的連関であると言ったとしても、それは、ちょうど曲線がその漸近線に近づくように、因果性の連関が同一性の連関に無際限に近づいていくという意味においてである。同一律はわれわれの意識の絶対的法則である。同一律が主張するのは、思考されるものはそれが思考されるまさにその時に思考されるということだが、この原理を絶対的必然たらしめているのは、それが未来を現在に結びつけるのではなく、現在を現在に結びつけるということである。この原理は、みずからの役割に忠実に、魂の現実的で明白な状態を確認するにとどまる限りで、意識が自分自身のうちで感じる不屈の確信を表している。しかし、因果律は、それが未来を現在に結びつける限りでは、決して必然的原理の形をとらないだろう。なぜなら、実在的時間の継起的諸瞬間は互いに連帯してはいないし、いかなる論理的努力をもってしても、かつて存在したものはこれからも存在するし、存在し続けるだろうということ、同じ先行条件はいつも同一の諸帰結を招くだろうということを証明するには至らないからだ。デカルトはこのことをよく了解していたから、物理的世界の規則性や、同じ結果の継続については、それを神的摂理の恩寵が不断に更新されることに帰していた。[10] 彼が構築したのはいわば瞬間的な物理学で、かかる物理学は、その持続がすっかり現在の瞬間に収まるような宇宙にふさわしい。またスピノザは、現象の系列は、たとえそれがわれわれにとっては時間における継起の形をとうとしても、絶対者においては神的な単一性に等しいと主張していた。そうすることで彼は、一方では、諸現象間の外見的な因果性の連関は絶対者においては同一性の連関に帰着すると想定し、他方では、事物の無際限な持続は唯一の瞬間すなわち永遠のうちにすっかり収まると想定していた。要するに、デカルトの物理学にせよ、スピノザの形而上学にせよ、現代の科学理論にせよ、それらを掘り下げてみれば、原因と結果のあいだに論理的必然連関をうち立てようとする同じ執念が至る所に見出されるだろう。やがて分かるだろうが、この執念は、継起の諸連関を内属の諸連関へと変形し、持続の作用を取り消し、見かけの因果性を根底的な同一性に置換しようとする傾向として言い表されることになる。

ところで、必然的結合の意味に解された因果性概念の展開が、自然についてのスピノザ的あるいはデカルト的な考えへと導いていくとして、逆に、継起的諸現象のあいだに確立された必然的決定の連関はいずれも、こうした異質的諸現象の背後に、数学的機械論を漠然とした形のもとで認知することに由来しているはずである。われわれは、常識が物質の運動理論について、ましてやスピノザ流の機械論についても直観を有しているかもしれないなどと強弁するつもりはない。しかし、今に分かるだろうが、結果が原因に必然的に結びついたものとして現れるにつれて、結果はちょうど数学的帰結が原理のうちに置かれるように原因そのもののうちに置かれ、かくして持続の作用が抹消される傾向は強まっていく。同じ外的状況の影響を蒙りながらも、今日の私は昨日の私が行動したようには決して行動しないのだが、これは何ら驚くことではない。なぜなら、私は変化するし、私は持続するのだから。しかし、われわれによる知覚の埒外で考察されると、事物はわれわれには持続するようには見えない。そして、この考えを掘り下げるに従って、同じ原因でも昨日産出したのと同じ結果を今日産出することはないとの想定は不条理なものに見えてくる。

たしかにわれわれは、事物がわれわれのように持続しないとしても、事物のうちには何か不可解な理由が存しているはずで、そのために、諸現象は一挙に展開されることなく相継起するものとして現れるのだということを痛感している。だからこそ、因果性の概念は、同一性の概念に無際限に近づくとしても、これと合致するものとしてわれわれに現れることは決してないのだ。もっとも、われわれが数学的機械論の考えを明晰に覚知したり、あるいはまた、精緻な形而上学がこの点にまつわるかなり正当な躊躇を除去しにやって来るようなことがあれば、話は別であるが。それでもやはり、現象相互の必然的決定へのわれわれの信念は、持続がわれわれの意識のより主観的な形態とみなされるにつれて強固なものになるというのは明白である。言い換えるなら、われわれが因果的関係を必然的決定の連関へと仕立て上げれば仕立て上げるほど、それによってわれわれは、事物はわれわれのようには持続しないということをより強く主張するようになる。ということはつまり、因果律を強化すればするほど、心理的系列を物理的系列から分かつ差異はより強調されるということだ。結局ここから、この見解がいかに逆説的に見えようとも、外的諸現象のあいだに数学的な内属の諸連関を想定することは、その自然な、少なくとも首肯できる帰結として、人間的自由に対する信念をもたらすということが帰結する。ただし、この最後の帰結には今のところは係らないことにする。ここでは、われわれはただ因果性という語の第一義的な意味を規定しようと努めているのだが、現在における未来の先駆的形成が数学的形式のもとに難なく思い描かれるのは、持続についてのある考え方——そうは見えなくとも常識にかなり馴染み深い考え——のためであるということ、この点は示すことができたと思う。

しかし、また別な種類の先駆的形成が存在している。無媒介的・直接的な意識がそのイメージを提供してくれるだけに、われわれの精神によりいっそう馴染み深いものたる先駆的形成が。実際、われわれは相継起する意識の諸状態を通過するが、その際われわれは、後続状態が先行状態に少しも含まれていないのに、後続状態の観念を多少なりとも漠然とした仕方で表象していた。もっとも、この観念の実現はというと、それは確実なものとしてでなく、単に可能なものとして現れていたにすぎないのだが。とはいえ、ほとんど感知されないほど微妙な中間項が、観念と行動のあいだに置かれたのであって、その総体はわれわれにとって、努力感（sentiment de l'effort）と呼ばれる独特の形を帯びている。ただ、観念から努力へ、努力から行為への進展はきわめて連続的であったから、われわれはどこで観念や努力が終わり、どこで行為が始まるのかを述べることはできない。だから、お分かりのように、ある意味ではここでもまた、未来は現在のうちで先駆的に形成されていたと述べることができる。ただし、この先駆的形成はきわめて不完全なものであると付言せねばならない。というのも、未来の活動についての観念を現在抱いているとして、それは実現されたものとしてではなく、あくまで実現可能なものとして考えられているのだし、また、この行動を遂行するために必要な努力が素描されているときでさえ、まだ思いとどまるだけの時間があることははっきりと感じられるからだ。したがって、因果的関係をこの第二の形で考えることに決めたなら、原因と結果のあいだにはもはや必然的決定の連関は存在しないとア・プリオリに主張することができるだろう。というのも、その場合には結果はもはや原因のうちには与えられていないだろうから。結果が原因のうちに存するとしても、単に可能的な状態において、そして、対応する行動が後続しないかもしれない漠然とした表象として存しているにすぎない。しかし、子供や未開の人々が不安定な本性の観念——そこでは気まぐれが必然性と同じく重要な役割を演じる——を容易に受け入れることを思えば、常識がかかる近似で満足するとしても、驚くことはあるまい。それに、因果性についてのこのような表象のほうが、通俗的な知性にとってはより近づきやすいだろう。というのも、それは抽象化のいかなる努力も要さず、ただ、外界と内界のあいだの、客観的諸現象の継起と意識的事象の継起のあいだのある種の類推のみを含意しているからである。

実を言えば、原因と結果の連関についてのこの第二の考えは、それがただちに表象の要求に応える点で、第一の考えよりも自然である。実際、われわれが現象Bを、それに規則的に先行する現象Aのうちに求めるのは、二つのイメージを連合する習慣ゆえに、遂には現象Bの観念が現象Aの観念のうちに包まれたものとして与えられるからだ、とわれわれは言ったのではなかったか。われわれがこの客観化を極限まで押し進めて、現象Aそのものを、現象Bがそこに漠然とした表象の形で含まれているような心理的状態たらしめるのは自然な事態である。もっとも、そうすることでわれわれは、二つの現象の客観的結合は、その観念をわれわれに示唆してくれた主観的連合に類似していると想定したにすぎない。事物の質はこうして、われわれの自我の状態にかなり類似した真の意味での状態となるだろう。こうして、空間中に拡散した漠たる人格が物質的宇宙に帰属するに至るのだが、かかる人格は、意識的な意志をまったく授けられていないとはいえ、内的推力によって、努力によって、ある状態から別な状態へと移行する。古代の物活論とはこのようなもので、それは優柔不断で、かつ矛盾を孕んでさえいる仮説であった。というのも、この仮説は、物質に真の意識状態を帰属させながらも、同じく物質にその延長を温存させるからであり、また、物質の有する諸々の質を、内的状態すなわち単純状態として扱っていながら、同時にそれらを延長に沿って展開させるからである。この矛盾を除去して、次の点を示すことは、ライプニッツに残された仕事であった。すなわち、物質の質ないし外的現象の継起をわれわれ自身の観念の継起と解するなら、これらの質を単純状態ないし知覚たらしめ、それを支える物質を、われわれの魂に似た非延長的なモナドたらしめねばならないのだ。そうなると、物質の継起的諸状態はもはや、われわれ自身の心理的状態と同じく、外側からは知覚されえないものとなる。これらの内的状態すべてが、いかにして互いに表象し合うかを説明するためには、予定調和の仮説を導入せざるをえないだろう。こうして、因果性の連関についての第一の考えによってスピノザに達したように、第二の考えによってわれわれはライプニッツに達することになる。ただ、どちらの場合にも、われわれはただ、常識に属する優柔不断で漠然とした二つの観念を、極端にまで押し進めたり、もっと精確に定式化しているだけなのだが。

　ところで、この第二の仕方で解された因果連関が、原因による結果の決定をもたらさないということは明白である。歴史そのものがこの点を立証している。われわれは、因果性についてのこうした考えの最初の展開たる古代の物活論が、原因と結果の規則的継起を、紛れもない機械仕掛の神《デウス・エクス・マキナ》〔時の氏神〕によって説明していたのを知っている。この神はある場合には、諸事物に外在的で、それらの上を飛翔する必然性であったし、またある場合には、われわれの振る舞いを操る諸規則に酷似した諸規則に則った内在的〈ロゴス〉であった。[11] これらの事物と同じく、ライプニッツのモナドが有する諸知覚も互いに必然化し合うことはない。そこで、神があらかじめその秩序を統率しなければならなかったのだ。実際、ライプニッツの決定論は、モナドについての彼の考え方に由来するのではなく、彼が宇宙をモナドだけで構築した点に由来する。実体相互の機械的な影響を一切否定しながら、それでも彼は、実体の諸状態が互いにいかにして対応するのかを説明しなければならなかった。そこから決定論が出てくるのだが、その起源はというと、因果性の連関についての動的な考えのうちにあるのではまったくなく、予定調和を認めなければならないという必然性のうちにある。しかし、歴史のことは脇に置いておこう。力という抽象的な観念は、いまだ行為に到達せず、そこでは行為がなおも観念の状態でしか存在しないような未規定な努力の観念であるということを、意識は証示している。言い換えるなら、因果性の連関についての動的な考えは、われわれの持続と瓜二つの持続を、その本性がいかなるものであれ、諸事物に帰するのである。原因と結果の関係をこのように表象すること、それは、われわれ自身の意識にとってと同様、外界においても、もはや未来は現在に連帯していないと想定することなのである。

こうした二重の分析から、因果律は、持続について相矛盾する二つの考え方を含み、現在における未来の先駆的形成についても同様に両立不能な二つのイメージを含むことが帰結する。ある場合には、物理的、心理的を問わずすべての現象が、同じ仕方で持続するものとして、要するにわれわれと同様の仕方で持続するものとして表象される。その場合、未来は観念の形でのみ現在のうちに現存することになろうし、現在から未来への移行は、抱かれた観念の実現に必ずしも達することのない努力の相を呈するだろう。またある場合には、反対に、持続は意識的諸状態に固有な形態たらしめられる。その場合、事物はもはやわれわれのようには持続せず、事物に関しては、現在における未来の数学的先在を認めることになろう。もっともどちらの仮説も、別々に取り上げると、人間の自由を擁護している。というのも、前者は自然現象のなかにまで偶然性を認めるに至るだろうし、後者はというと、物理的諸現象が必然的に決定されていることの原因を、事物がわれわれのようには持続しないことに求めつつ、まさに持続する自我をひとつの自由な力たらしめるようわれわれを促すからである。それゆえ、因果性についての明晰な考え方はどれも、自己矛盾に陥らない限り、その自然な帰結として人間的自由の観念へと導かれる。しかし不幸にも、因果律を同時に二つの意味で捉える習慣が確立されてしまっている。なぜなら、一方はわれわれの想像力を更にかき立てるし、他方は数学的推論に好都合だからである。ある場合には、物理現象の規則的継起のことや、ある現象が他の現象へと生成する際の一種の内的努力のことがとりわけ念頭に置かれており、またある場合には、みずからの精神をこれらの現象の絶対的規則性に差し向けることによって、感知できないほど微妙な段階を経て、規則性の観念から数学的必然性の観念へと至る。前者のような仕方で解された持続を排する必然性の観念へと。しかも、これら二つのイメージを混ぜ合わせて中和させたとしても、逆に、科学の利害への配慮の多寡に応じてそのどちらかを優先させたとしても、何ら不都合は見出されない。けれども、このように曖昧な形をまとった因果律を意識的事象に適用すること、それは、首肯できる理由もないのに自発的に、抜け出しがたい困難を自分に対して作り出すことである。力の観念は、実際は必然的決定の観念を排するものであるのに、自然のなかで因果律が利用されたまさにその結果として、それを必然性の観念と結合する習慣がいわば身に付いてしまっている。一方では、われわれは意識の証言によってのみ力を認識するのだが、意識は将来の行為の絶対的決定を肯定しないし、それを理解することさえない。つまり、これこそ経験がわれわれに教えてくれるすべてであって、もしわれわれが経験に踏みとどまるならば、われわれは自分を自由であると感じると語り、またその正誤はともかく、自分は力をひとつの自発的な自由として知覚すると語るだろう。しかし他方では、この力の観念が自然のなかに持ち込まれると、必然性の観念と同道することになり、腐敗してこの旅路から戻ってくる。力の観念は必然性の観念に浸されて戻ってくるのだ。外界においてわれわれがそれに演じさせた役割に照らして、われわれは力を、そこからやがて出てくる諸結果を必然的な仕方で決定するものとして覚知する。ここでもまた、意識の錯誤は、意識が自我を無媒介的・直接的には眺めないという点に由来する。無媒介的・直接的にではなく、意識は、それが外的知覚に貸し与えた諸形式、ただし外的知覚もこれを意識に返す際には必ずそれをいわば自分の色に染めるのだが、それを介して一種の屈折によって自我を眺めるのだ。力の観念と必然的決定の観念とのあいだに、こうして一種の妥協がなされたわけである。二つの外的現象相互のまったく機械的な決定は、今やわれわれの目には、われわれの力とそこから発出する行為とのあいだの動的連関と同じ形をまとう。しかし逆に、この力と行為との連関も、人間の行動がそれを産出する力から機械的に、ひいては必然的に出てくる以上、数学的導出の相をまとうことになる。二つの相異なる、ほとんど相対立する観念のこうした融合が常識に数々の利点をもたらすということに疑いの余地はない。というのも、この融合によってわれわれは、一方ではわれわれ自身の現存の二つの瞬間のあいだに存する連関、他方では外界の継起的諸瞬間を互いに結合する関係を、いずれも同じ仕方で表象し、同じ一語で指示することができるようになるからだ。すでに見たように、たとえわれわれの最も深層の意識状態が数的多様性を排除するとしても、それでもわれわれはこれらの意識状態を互いに外的な諸部分へと分解するのだし、また、たとえ具体的持続の諸要素が相互に浸透し合っていても、持続は、延長として表現されることで、空間中に撒き散らされた諸物体と同様に互いに区別された諸瞬間を呈示することになる。そうであるなら、いわば客観化されたわれわれの現存の諸瞬間のあいだに、客観的な因果関係にも似た連関が確立されたとしても、また、自由な努力という動的観念と必然的決定という数学的概念とのあいだに内方浸透現象にも比すべき交換が生じるとしても、驚くことはないだろう。

しかし自然科学においては、自由な努力と必然的決定というこれら二つの観念の分断はひとつの既成事実である。物理学者は諸々の力について語りうるし、その作用の様相を内的努力との類比で表象することさえできようが、この仮説を科学的説明のうちに介入させることは決してないだろう。ファラデー〔Michael Faraday, 1791-1867. イングランドの化学者・物理学者〕に同意して、延長を有した原子を動的な点によって置換する人々でさえ、力の中心と力線を数学的に扱うだけで、活動ないし努力とみなされた力そのものは気にもかけない。したがってここでは、外的因果性の連関は純粋に数学的なもので、心理的力とそこから発出する行為の連関とはいかなる類似も有さないということが前提的了解となっている。

今やそこにこう付け加えるべきだろう。内的因果性の連関は純粋に動的であって、互いに条件づけ合う二つの外的現象のあいだの連関とはいかなる類似も有さない、と。というのも、等質的空間のなかで繰り返し生じうるものとして、外的現象が法則の構成に関与するのに対して、深層の心理的事象は、ひとたび意識に対して姿を現すや、もはや二度と現出することは決してないだろうからだ。心理的現象を注意深く分析することで、われわれが最初に到達したのがこの結論だった。因果性の概念と持続の概念をそれ自体において研究することで、われわれはこの結論を改めて確証したにすぎない。

自由の問題の起源

われわれは今や、自由についてのわれわれの考え方を定式化することができる。

自由と呼ばれるのは、具体的な自我とそれが遂行する行為とのあいだの連関である。この連関は、まさにわれわれが自由であるがゆえに定義不能である。実際、分析を施されるのは事物であって進展ではない。分解されるのは延長であって持続ではない。あるいはまた、それでもなお分析に固執するのであれば、無意識のうちに進展は事物へ、持続は延長へと変形されてしまう。具体的時間を分解すると称するまさにそれだけで、具体的時間の諸瞬間は等質的空間のうちで展開される。遂行されつつある事象の代わりに遂行された事象が置かれ、自我の活動をいわば凝固させることから始めたがゆえに、自発性が不活性に、自由が必然性に解消される様を目にすることになるだろう。——自由をどのように定義しようとも、この定義が決定論に道理を認めることになるのはそのためである。

実際、ひとたび遂行された行為について、それは遂行されないこともありえたと述べることで、自由な行為が定義されたことになるだろうか。それというのも、この主張は、その反対の主張と同様、具体的持続とその空間的象徴との絶対的等価性の観念を含んでいて、この等価性を認めるや否や、言明されたばかりの定式の展開そのものによって、実に頑迷な決定論に逢着するのだから。

では、「その全条件をあらかじめ知っていたとしても予見しえないような行為を持ち出せば」、自由な行為が定義されたことになるだろうか。しかし、すべての条件を所与と考えることは、具体的持続のなかでは、行為が遂行されるまさにその瞬間に身を置くことである。さもなければ、心理的持続の質料があらかじめ象徴的に表象されうるのを認めることになるが、すでに述べたように、このことは結局、時間を等質的媒体として扱い、持続とその象徴との絶対的等価性を新たな形で認めることに帰着する。したがって、自由についてのこの第二の定義を掘り下げることによっても、やはり決定論に逢着することになろう。

最後に、行為はその原因によって必然的に決定されはしないと述べれば、自由な行為を定義したことになるだろうか。しかし、こうした言葉はあらゆる種類の意味を失ってしまうか、それとも、同じ内的原因がいつも同じ結果を喚起するわけではないということを意味するかのどちらかである。つまり、自由な行為の心理的先行条件は改めて再生されうること、自由はその諸瞬間が相互に類似しているような持続のうちで展開されること、時間は空間のような等質的媒体であることが承認されているのだ。まさにそのことによって、ひとは持続とその空間的象徴との等価性という考えへと連れ戻されてしまう。だから、自由について立てられたはずの定義を圧迫することで、そこからまたしても決定論が抽き出されることになろう。

要するに、自由に関しては、その解明を求めるどんな要請も、それと気づかぬうちに、「時間は空間によって十全に表されうるか」という問いに帰着してしまうのだ。これに対してわれわれはこう答える、流れ去った時間については諾だが、流れつつある時間については否である、と。しかるに、自由な行為が生じるのは流れつつある時間においてであって、流れ去った時間においてではない。したがって、自由はひとつの事実であり、確認される数々の事実のうちでも最も明白な事実である。問題のあらゆる困難は、そして問題そのものもまた、延長に見出されるのと同じ諸属性を持続に見出そうとして、継起を同時性によって解釈し、自由の観念を、それを翻訳することが明らかに不可能な言語でもって表現しようとする点から生じてくるのである。

（1） この点に関しては、ランゲの『唯物論史』（Lange, *Histoire du matérialisme*, trad. fr., t. II, IIe Partie）を見られたい。〔原著は Geschichte des Materialismus und kritik seiner Bedeutung in der Gegenwart, 2Bde., 1866〕

（2） イルン『気体の流れと衝突の諸法則に関する実験的・分析的探究』（Hirn, *Recherches expérimentales et analytiques sur les lois de l'écoulement et du choc des gaz*, Paris, 1886）の、特に pp. 160-171 と pp. 199-203 を見られたい。

（3） オーギュスト・コント『実証哲学講義』第三二講（A. Comte, *Cours de philosophie positive*, t. II, 32e leçon）。

（4） イルン『熱力学理論』（Hirn, *Théorie mécanique de la chaleur*, Paris, 1868, t. II, p. 267）。

（5） スタッロ『物質と現代物理学』（Stallo, *La matière et la physique moderne*, Paris, 1884, p. 69）。〔原著は『現代物理学の諸概念と諸理論』*The Concepts and Theories of modern*

Physics, London, 1882〕

（6） スチュアート・ミル『ハミルトンの哲学』(*La philosophie de Hamilton*, trad. Cazelles, p. 554)。〔原著は『ウィリアム・ハミルトン卿の哲学の検証』*An Examination of Sir William Hamilton's Philosophy*〕

（7） 同右 (p. 556)。

（8） 同右 (p. 555)。

（9） ベイン『様々な情緒と意志』(Bain, *The Emotions and the Will*, chap. VI)。

（10） フイエ『自由と決定論』(Fouillée, *La liberté et le déterminisme*)。

（11） ミル『ハミルトンの哲学』(p. 551)。

（12） 同右 (p. 554)。

結論

　これまで述べてきたことを要約するために、まずはカントの措辞、更にはその教説を脇に置き、この点については後で立ち戻ることとして、常識の観点に身を置いてみよう。そしてこう述べておこう。現在の心理学は、われわれは自分自身の組成から借り受けられた形式を介して事物を覚知するのだという点を確証することに、特に専心しているようにわれわれには見えた、と。この傾向はカント以降次第に強調されてきた。このドイツの哲学者は時間と空間、外延的なものと強度的なもの、今日の言い方では意識と外的知覚とをはっきり分離していたが、それに対して、経験学派は、分析を更に押し進めて、外延的なものを強度的なもので、空間を持続で、外部性を内的諸状態で再構成しようと努めている。──加えて、この点に関しては、物理学が心理学の仕事を補完することになる。その物理学が示したところでは、現象を予見したければ、現象が意識に及ぼす印象を一掃しなければならないし、また、感覚を実在そのものとしてではなく実在の象徴として扱わなければならない。

　逆の問題を立てることにもそれなりの理由があるとわれわれには思えた。つまり、自我自身の諸状態のうち、われわれが無媒介的・直接的に把握すると思っている最も明白なものでさえも、大抵は外界から借り受けたある形式を介して覚知されるのではないか、外界はこうしてわれわれが貸し与えたものを返すのではないかと問うてみるのである。ア・プリオリに言って、事態がこのように進むのはほぼ間違いないように見える。というのも、ここで語られている諸形式、われわれはそれらに質料を当てはめるのだが、これらの形式は全面的に精神に由来すると想定するなら、それらを事物に恒常的に適用するとき、事物の色が直ちにこれらの形式に移ることは避け難いように思われるからだ。そうだとすると、これらの形式を自分自身の人格の認識に利用することで、われわれは、自我が置かれている枠組の、つまりは外界の反映を、自我の色合いそのものと取り違えかねない。ただし、もっと先まで進んで、以下のように主張することもできる。すなわち、事物に適用可能な諸形式は全面的にはわれわれの作品ではありえず、それは物質と精神の妥協の産物でなければならない、と。また、われわれがこの物質に多くを与えるとき、われわれはおそらく物質から何かを受け取るのであって、かくして、外界の周遊を終えて自分自身を再び捉えようと試みる際には、空いた手はもう塞がってしまっているのである。

ところで、物理現象相互の真の連関を決定するために、われわれは、知覚したり思考したりする自分の仕方のうちで、これらの関係に明白にそぐわないものを捨象するのだが、これと同様に、自我をその根源的純粋性において観想するためには、心理学は外界の明らかな徴しを帯びた諸形式を除去ないし訂正しなければならない。——これらの形式はいかなるものだろうか。互いに孤立させて、その各々を分化されたひとつの単位とみなすなら、心理的諸状態は多かれ少なかれ強度を有するものとして現れる。次にその多様性において考察するなら、心理的諸状態は時間のうちで展開し、持続を構成する。最後にその相互連関においては、ある種の単一性が多様性を通じて維持されている限り、これらの状態は互いに決定し合うものとして現れる。——強度、持続、意志的決定、これら三つの観念こそ、それらが外界の侵入に、言ってしまえば空間観念の憑依に負うているすべてのことをそこから一掃することで、純化されねばならないものなのだ。

われわれはまず初めにこれらの観念のうち第一のものを考察して、心理的事象はそれ自体では純粋な質ないし質的多様性であり、他方、空間内に位置するその原因は量であることを見出した。この質がこの量の記号となり、われわれがこの質の背後にこの量を推察する限りで、われわれはそれを強度と呼ぶ。したがって、ある単純状態の強度は量ではなく、量の質的記号である。諸君は強度の起源を、意識の事象である純粋な質と、必然的に空間である純粋な量とのあいだの妥協のうちに見出すだろう。ところで、この妥協を、諸君は外的事物を研究する際にはわずかの躊躇もなく放擲するだろう。というのも、そのとき諸君は、力は実在すると仮定しながらも、その測定可能で延長的な結果だけを考慮して、力そのものは脇に置いてしまうからだ。それにしても、今度は意識的事象を分析しようというときに、なぜ諸君はこうした折衷的概念を温存するのか。諸君の外部にある大きさが決して強度的でないならば、諸君の内部にある強度は決して大きさではない。このことを理解しなかったがゆえに、哲学者たちは外延量と強度量という二種類の量の区別を余儀なくされながらも、両者が有する共通点を説明することにも、これほど似ても似つかない事物に対して「増大する」「減少する」という同じ語をいかにして用いうるのかを説明することにも決して成功しなかったのだ。まさにそのことによって、哲学者たちは精神物理学の数々の誇張に責任を負うている。というのも、ひとたび感覚に対して、単なる比喩としてではなく、増大する能力を認めるや否や、われわれはそれがどれだけ増大するのかを求めたくなるからである。それに、意識が強度量を計測しないからといって、この強度量が大きさであるなら、科学はその計測に間接的にさえ達しえないとの結論は出てこない。したがって、精神物理学の定式が可能であるか、それとも、単純な心理的状態の強度が純粋な質であるかのどちらかということになる。

次に多様性の概念に移って、われわれが看取したのは、数の構築は第一に、相互に区別された諸項が配列されうる等質的媒体としての空間の直観を要請するが、第二には、これらの単位が動的に付加されてわれわれの言う質的多様性を形成していく際の浸透ならびに有機的組織化の過程を要請するということだった。このような有機的展開のお陰で、諸単位は相互に付加されるが、空間内に現前するがゆえに、それらは互いに区別されたものにとどまる。したがって、数ないし判明な多様性もまた妥協の産物なのである。しかるに、物質的対象をそれ自体として考察する際には、われわれはこの妥協を放棄する。というのも、そのときわれわれは物質的対象を不可入的で可分的なもの、すなわち互いに無際限に区別されたものとみなすのだから。とすれば、われわれが自分自身を研究する際にも、この妥協を放棄すべきであろう。そうしなかったがために、連合主義者たちは時にお粗末きわまりない誤謬に陥って、互いに区別された意識的諸事象の相互付加によって心理的状態を再構成しようと努めたり、自我の象徴で自我そのものを置換したりすることになったのである。

以上の予備的考察によって、この著作の主要な目的である、持続ならびに意志的決定の観念の分析に着手することが可能となった。

われわれの内部の持続とは何か。数とは類似しない質的多様性である。有機的展開ではあるが、増大していく量ではない。純粋な異質性であるが、その只中には、互いに区別された複数の質が存在しているのではない。要するに、内的持続の諸瞬間は互いに外在的ではないのである。

われわれの外部には、持続の何が存在するだろうか。現在だけ、あるいはこう言ったほうがよければ、同時性だけである。なるほど外的事物は変化するが、その諸瞬間はそれらを銘記する意識にとってのみ相継起する。われわれはある瞬間、みずからの外部に、数々の同時的位置の総体を観察するが、それに先行する数々の同時性については、何ひとつ残されてはいない。持続を空間のうちに置くことは、紛れもない矛盾を犯して、継起を同時性の真只中に置くことである。だから、外的事物は持続すると言うべきではなく、むしろ、外的事物のうちには何か表現しがたい理由があって、そのため、われわれがみずからの持続の継起的な諸瞬間に外的事物を考察する際には、決まってそれが変化していることを確認せざるをえないのだ、と言うべきである。もっともこの変化は、継起という語を新たな語義で解するのでない限り、継起を含意することはない。この点で、われわれは科学と常識の一致を確認した。

このように、われわれは意識のうちに、区別されることなく相継起する諸状態を見出す。そして空間のうちには、一方が現れるときにはもはや他方がないという意味で、継起することなく区別される諸々の同時性が見出される。——われわれの外部には、継起なき相互外在性があり、内部には、相互外在性なき継起があるのだ。

ここにもまた妥協が介入する。外界を構成するこれらの同時性は、互いに区別されているにもかかわらず、われわれにとってのみ相継起するものと化すのだが、われわれはこれらの同時性がそれ自体で相継起することを承認してしまう。ここから、事物をわれわれのように持続するものたらしめ、時間を空間のうちに置こうとの考えが生まれる。ただ、こうしてわれわれの意識が継起を外的事物のうちに導入するとき、逆に、これらの事物のほうもわれわれの内的持続の継起的諸瞬間を相互に外在的なものにしてしまう。物理現象における数々の同時性は、一方が生じるときには他方は存在を止めてしまっているという意味で絶対的に区別されているのだが、これらの同時性は、継起が相互浸透を含意するような内的生を、同時性と同様にはっきり区別され、互いに外在的な諸部分へと切り分けてしまう。たとえば柱時計の振り子が、発条《ばね》の動的で未分化な緊張を、互いに区別された諸断片へと細分化し、いわば長さとして展開するように。かくして、紛れもない内方浸透現象によって、測定可能な時間という混成的観念が形成される。等質性である限りでは空間であり、継起である限りでは持続であるという混成観念、つまるところ、同時性における継起という矛盾観念が形成されるのだ。

延長と持続というこれら二つの要素を、科学は外的事物をめぐる掘り下げられた研究を企てるに際して分断してしまう。科学が持続から同時性しか保持しないこと、運動そのものから運動体の位置、すなわち不動性しか保持しないことを、われわれは証明できたと思っている。ここでは、分断はきわめて明瞭に、それも空間の便宜を図って施されている。とすれば、内的現象を研究する際にも、やはり分断は施されるべきであろう。ただし今度は持続の便宜を図って。内的現象と言ったが、それはもちろん完成状態にある内的現象ではないし、論証的知性がそれを理解せんとして分割し、等質的媒体のなかで展開した後の内的現象でもない。そうではなく、形成途上の内的現象であり、また、相互浸透によって自由な人格の連続的展開を構成する限りでの内的現象なのである。持続は、こうしてそれ本来の純粋さに戻されると、まったく質的な多様性として、その諸要素が融合するに至るような絶対的異質性として現れるだろう。

ところで、この必要不可欠な分断を施すことを怠ったがために、ある人々は自由の否定へと導かれ、他の人々は自由を定義し、まさにそのことによって不本意にもやはり自由を否定するに至った。実際、行為の諸条件の総体が与えられたとき、その行為は予見されえたか否かを考えるとして、その場合、予見の可能性を肯定しようが否定しようが、諸条件の総体をあらかじめ与えられたものとみなしうるという点は承認されている。しかし、このことは結局、先にわれわれが示したように、持続を等質的事物として、強度を大きさとして扱うことに帰着してしまう。あるいはまた、自分が因果性という語の二重の意味を弄び、相容れない二つの形式を持続に帰しているのに気づくこともなく、行為はその条件によって決定されていると言うひとがいるかもしれない。最後に、エネルギー保存則が援用されることもあるかもしれないが、その際、この原理が、互いに等価であるような外界の諸瞬間にも、生命と意識を同時に有した存在の、互いを成長させ合うような諸瞬間にも、同様に適用可能であるか否かについて問われることはない。ひとことで言えば、いかなる仕方で自由を考察するにしても、時間を空間と同一視するという条件でしか自由は否定されないし、時間の十全な表象を空間に求めるという条件でしか自由は定義されない。どちらの意味でも、継起と同時性を前もって混同するという条件でしか、自由について議論することはできないのだ。したがって、どんな決定論も経験によって反駁されるだろうが、にもかかわらず、自由についてのどんな定義もが決定論に道理を与えることになるだろう。

科学は外界においてかくも自然に持続と延長を分断しているのだが、では、なぜかかる分断は内的状態に関してはこれほどの努力を要し、これほどの嫌悪を惹起するのだろうか。この点を探究しながら、われわれはほどなくその理由を認めるに至った。科学の主要な目的は予見し計測することである。しかるに、物理現象は、それがわれわれのようには持続しないという条件でしか予見されないし、計測は空間についてしかなされない。だからこそでは、質と量、真の持続と純然たる延長との断絶がおのずと遂行されていたのである。ただし、われわれの意識状態については、それらに外的事物の相互外在性を得させるという錯誤を維持するほうがわれわれには得策である。なぜなら、このような区別、と同時にこのような固化によって、われわれは、意識状態の不安定さにもかかわらず安定し、そこでの相互浸透にもかかわらず互いに区別された名称を、この状態に与えることができるからである。このような区別と固化によって、われわれは意識状態を客観化し、それをいわば社会的生の流れに参入させることができるのだ。

したがって、結局のところ二つの異なる自我があることになる。そのうちの一方は他方の外的投影のごときもの、その空間的で、いわば社会的な表象であろう。われわれは掘り下げられた反省によって第一の自我に到達し、この反省はわれわれをして、みずからの内的諸状態を、不断に形成途上にある生体として、計測に逆らい、互いに浸透し合う状態として捉えさせるのだが、これらの状態の持続における継起はというと、それは等質的空間における併置とはいかなる共通点ももたない。しかし、われわれが自分自身をこのように捉え直すのは稀れであって、だからこそ、われわれは稀れにしか自由ではないのだ。大抵は、われわれは自分自身に対して外的に生きているのだし、われわれはみずから自我について、その脱色された幻影、純然たる持続が等質的空間のうちに投射する影しか覚知しない。したがって、われわれの生存は時間よりもむしろ空間のうちで展開される。われわれはわれわれ自身のためというよりも外界のために生きるのだ。われわれは思考するよりもむしろ語る。われわれはみずから行為するよりもむしろ「行為させられる」。自由に行為するとは、自己を取り戻すことであり、純然たる持続のうちに身を置き直すことなのである。

カントの誤りは、時間を等質的媒体と捉えたことだった[1]。実在的な持続を合成する諸瞬間は互いに内在的で、また、持続がまったく等質的な形式をまとうのは、それが空間へと表現されたからであることに、彼は気づいたようには見えない。彼が空間と時間のあいだに確立した区別さえ、こうして結局は、時間を空間と混同し、自我の象徴的表象と自我そのものとを混同することに帰着してしまう。カントは、意識には心理的事象を併置以外の仕方で覚知することはできないと判断したのだが、その際、これらの事象がそこで併置され互いに区別されるところの媒体が必然的に空間であってももはや持続ではないことを失念していた。そこで彼は、空間において同じ物理現象が再生されるのと同様に、意識の深みにおいても同じ状態は再生されうると信じるに至ったのである。このことは少なくとも、彼が外界においてと同じく内界においても、因果性の連関に同じ意味と同じ役割を帰属させた際に暗黙裡に認めていたことである。かくして、自由は不可解な事実と化してしまった。にもかかわらず、カントは、内的統覚の射程を制限しようと努めつつも、無意識的でかつ無制限な信頼を内的統覚に寄せていたがために、自由を揺るぎなく信じていた。そこでカントは、自由を本体《ヌーメン》の高みにまで引き上げた〔『実践理性批判』を参照〕。しかも、彼は持続と空間を混同していたから、この実在的で自由な自我、現に空間と疎遠であるような自我を、空間と同じく持続に対しても外在的で、ひいてはわれわれの認識能力では捉えられない自我たらしめてしまった。しかし本当のところは、反省の力強い努力によって、つきまとう影から目を逸らして自分自身のうちに立ち戻るたびに、われわれはこの自我を覚知しているのである。本当のところはどうかというと、たとえわれわれが大抵は持続よりもむしろ空間のうちで、みずからの人格に対して外在的な仕方で生き、行為しているとしても、また、そうすることで、同じ結果を同じ原因に繋ぎ留める因果法則にきっかけを与えるとしても、それでもわれわれはいつでも純然たる持続のうちに身を置き直すことができるのである。純然たる持続の諸瞬間は互いに内在的で異質的なのだが、そこでは、ある原因がその結果を何度も生み出すことはありえない。というのも、原因それ自体、決して再生されることがないのだから。

われわれの考えでは、真の持続とその象徴とのこうした混同のうちにこそ、カント哲学の強みと弱みが同時に存している。カントは一方では物自体（choses en soi）を、他方では、それを介して物自体が屈折するところの等質的な〈時間〉と〈空間〉を想像する。こうして、一方では意識によって覚知される現象としての自我が、他方では外的事物が生まれることになる。したがって、時間と空間はもはやわれわれの内部にも外部にもなく、内部と外部の区別そのものが時間と空間の産物ということになろう。この学説の利点は、われわれの経験的な思考に堅固な基礎を提供し、現象は現象である限りで十全に認識可能であることを保証してくれる点にある。のみならず、義務を啓示する実践理性がプラトン的な想起のように介入して、不可視だが現前するものとして物自体は実在しているとわれわれに告知でもしない限り、われわれはこれらの現象を絶対的なものに仕立て上げて、不可解な物自体に訴えないで済ますこともできるだろう。このような理論全体を支配しているのは、認識における質料と形式のあいだの、等質性と異質性のあいだのきわめて鮮明な区別である。ただ、空間と同じく時間をも、それを満たすものに対して無差別的な媒体とみなさなかったなら、おそらくこの主要な区別がなされることも決してなかったであろう。もっとも、無媒介的・直接的な意識によって覚知されたままの時間が、空間と同様に等質的媒体であるなら、科学は空間に対してと同様、時間に対しても影響力をもつことができただろう。ところで、われわれは、持続である限りでの持続、運動である限りでの運動が数学的意識を逃れるものであり、数学的意識はというと、時間からは同時性だけを、運動そのものからは不動性だけを保持するということを証明するべく試みてきた。カント主義者たちは、更にはその敵対者でさえもこの点には気づいていないように思われる。科学によって作られた、このいわゆる現象界では、同時性すなわち空間へと翻訳できない連関はいずれも、科学的には認識不能なのである。

第二に、等質的と想定された持続においては、同じ状態が再び姿を現すこともありえようし、因果性は必然的決定を含むだろうし、どんな自由も不可解なものとなるだろう。『純粋理性批判』が到達したのはまさにこの帰結であった。ここから実在的持続は異質的であるとの結論を導いていたなら、それによってこの第二の困難は解明されるから、カントの注意は第一の困難へと向けられていただろうが、そうする代わりにカントは、むしろ自由を時間の外部に置き、われわれの悟性に全面的に委ねられる現象界と、われわれに堅く門戸を閉ざした物自体の世界とのあいだに、乗り越え不能な障壁を立てることのほうを好んだのだった。

しかし、現象界と物自体の世界とのこの区別はおそらくあまりにも截然としているし、この障壁も思ったより簡単に乗り越えることができる。というのも、実在的持続の諸瞬間がたまたま注意深い意識によって覚知されて、併置されることなく互いに浸透し合うとすれば、そしてまた、これらの瞬間が互いに係り合うことで異質性を形成し、そこで、必然的決定の観念があらゆる種類の意味を失ってしまうなら、意識によって把握される自我は自由原因となろうし、われわれは自分自身を絶対的な仕方で認識するだろうからだ。他方、ここにいう絶対者は現象に絶えず混入し、現象に浸されつつ現象に浸透するのであって、まさにそれゆえ、これらの現象は一般に言われているほどには数学的推論にとって接近しやすいものではないことになろう。

そこで、われわれは等質的〈空間〉を想定して、カントとともに、この空間をそれを満たす質料から区別した。彼とともに、われわれは等質的空間がわれわれの感性の一形式であることを認めた。ただ、そのことによってわれわれが言いたいのは、たとえば動物たちの知性のような他の知性は、対象を統覚するにはするが、これほど鮮明に対象同士を区別しはしないし、対象と自分を区別することもないということでしかない。等質的媒体についてのこうした直観は人間に固有の直観で、これによってわれわれは自分の抱く諸概念を互いに外在的なものたらしめたり、事物の客観性を自分に開示させたりできるのだが、かくしてこの直観は、一方では言語を優遇し、他方ではわれわれからはっきりと区別された外界——その知覚のうちであらゆる知性が交流する——をわれわれに呈示するという二重の操作によって、社会的な生を予告し準備するのである。

この等質的空間の正面に、われわれは、注意深い意識によって覚知されるがままの自我、生きた自我を位置づけるのだが、未分化であると同時に不安定なその諸状態は、互いに分断されると必ずや本性を変化させるし、固定されたり表現されたりすると決まって共通領域へと堕してしまう。外的対象をかくも明確に区別するとともに、それらをかくも容易に象徴によって表すところのこの自我にとっては、自分自身の生存の只中にも同じ区別を導入し、みずからの心理的諸状態の内密な浸透、それらのまったく質的な多様性を、互いに区別され、併置され、語によって表現される諸項の数的多数性に置き換えんとする誘惑は大きかったはずだ。その場合われわれは、諸瞬間が互いに浸透し合うような異質的持続の代わりに、諸瞬間が空間内に配列されるような等質的時間を有することになろう。内的生の継起的諸局面は、各々がその類において独自で、言語とは共約不能なものなのだが、そうした内的生の代わりに、われわれは、人為的に再合成可能な自我と、アルファベットの文字が語を形成する際のように離合集散する単純な心理学的諸状態とを得ることになろう。ただ、これは単に象徴的表象のひとつの仕方にすぎないのではない。というのも、具体的実在においては無媒介的・直接的直観と論証的思考は一体を成しており、最初は自分の振る舞いを説明するのに用いたまさにその機構が、遂には当の振る舞いを統御するに至るからだ。そうなると、われわれの心理的諸状態は互いに乖離して固化するだろうし、また、このように結晶化したわれわれの諸観念と、われわれの外的諸運動のあいだには、数々の安定した連合が形成されるだろう。徐々にわれわれの意識は、神経物質が反射行動を獲得する際の過程を模倣し、それにつれて、自動運動が自由を覆い尽くすだろう。(1)まさにこの瞬間、一方では連合主義者と決定論者たちが、他方ではカント主義者たちが立ち現れる。彼らはわれわれの意識的生のなかでもその最も共通な相しか検討しないから、諸状態を截然と区別されたもの、物理現象のように時間のうちで再生されうるものとして覚知するのだが、これらの状態には、因果的決定の法則が、言ってみれば自然現象に対してと同じ意味で適用される。他方、これらの心理的状態が併置されるところの媒体は、互いに外的な諸部分を呈示し、そこでは同じ事象が再生されうるように見えるのだが、そのため、彼らは躊躇することなく時間を等質的媒体とし、これを空間と同様に扱うのである。そうなると、持続と延長、継起と同時性のあいだのいかなる差異も廃絶されてしまう。残るはもはや自由を追放することのみである。あるいはまた、道徳上の配慮から自由を尊ぶ場合には、自由を物自体の非時間的領域――われわれの意識はその神秘的な敷居を跨ぎ越すことはない――に追いやることのみである。しかし、われわれの意見では、採るべき第三の途があるはずだ。それは、みずからの生存のなかで何かしら重大な決断を下した瞬間へと思考によって立ち戻ることだろう。かかる瞬間はその類において独自で、ちょうどある民族にとって、その歴史の消失した局面が戻ってこないのと同様に、もはや再生されることのないものなのだ。この途を採れば分かるだろうが、これら過去の状態が言葉によっては十全に表現されえず、より単純な諸状態の併置によっても人為的に再構成できないのは、これらの状態が、その動的単一性ならびにそのまったく質的な多様性において、われわれの実在的で具体的な持続、異質的持続、生きた持続の諸局面を表しているからなのである。また、われわれにとって自分の行動が自由なものと思われたのは、この行動とその出所たる状態との連関が何らかの法則によっては表現されえないからだ、ということも分かるだろう。それというのも、当の心理的状態はその類において独自なもので、もはや決して再生されるはずがないのだから。最後に、必然的決定という観念そのものがここではあらゆる種類の意味を失い、遂行される以前に行為を予見することも、遂行された後に反対の行動の可能性を推論することも論外であるのが分かるだろう。というのも、すべての条件が与えられることは、具体的持続においては、もはやそれを予見することではなく、行為の瞬間そのものに身を置くことなのだから。しかし、われわれはまた、いかなる錯誤の効果によって、ある人々は自由を否定せざるをえないと思い込み、別な人々はそれを定義すべきであると思い込むのかをも理解することになろう。それは、感知できないほど微妙な段階を経て、諸要素がそこで相互浸透するような具体的持続から、諸瞬間が併置されるところの象徴的持続へ、したがって、自由な活動から意識を伴った自動運動への移行がなされるからである。それは、たとえ自己のうちに立ち戻ろうと意志するたびにわれわれが自由であるにしても、そう意志することがわれわれには稀れにしか起こらないからである。最後にそれは、行動が自由に遂行されるときでも、われわれがそれについて推論するや、決まってその諸条件を、もはや純然たる持続のなかでではなく空間のなかで、互いに外在的なものとして展開してしまうからである。つまり、自由の問題は誤解から生まれたのだ。現代人にとってこの問題は、古代人にとってのエレア派の詭弁のごときものであった。そして、この詭弁そのものと同様、自由の問題の起源は、継起と同時性、持続と延長、質と量との混同という錯誤のうちにあったのである。

(1) ルヌヴィエ氏はすでに、反射運動にも比すべきこうした意志的行為について語っているが、そこで彼は自由を危機の瞬間に制限した。しかし彼にしても、われわれの自由な活動の過程が、いわばわれわれの知らない間に、意識の暗い深みでは持続の全瞬間にわたって継続されているということ、持続の感情そのものもここに由来するということ、われわれの自我がそこで進展していくところのこの異質的で未分化な持続がなかったなら、精神的危機もなかっただろうということ、これらのことに気づいていたようには思われない。だから、所与たる自由な行動についての研究が掘り下げられたとしても、それが自由の問題に決着をつけることはないだろう。考察しなければばならないのは、われわれの意識の異質的諸状態の系列全体なのである。言い換えるなら、持続の観念の注意深い分析のうちにこそ、問題の鍵は求められるべきであったろう。

訳註

第一章

〔1〕 第一章で分析される心理的諸状態の分類図をここで呈示しておきたい。

- 複合状態 états complexes
  - 深い感情 sentiments profonds（一八—三二頁）
    - e.g. 情念、希望、喜び、悲しみ、美的感情、道徳的感情
  - 表層的努力 efforts superficiels（三二—三八頁）
    - e.g. 筋肉努力
  - 中間的状態 états intermédiaires（三九—四三頁）
    - e.g. 注意、激しい情動
- 単純状態 états simples
  - 情緒的諸感覚 sensations affectives（四三—五〇頁）
    - e.g. 快苦
  - 表象的諸感覚 sensations représentatives（五〇—八二頁）
    - e.g. 音、熱、重さ、光

〔2〕『意識に直接与えられたものについての試論』の出版（一八八九）以前にも、ベルクソンは「催眠状態における無意識的模倣」(De la simulation inconsciente, *Revue philosophique*, novembre 1886, pp. 526-531) を発表して、「催眠状態」についての研究をすでに行っている

(*Mélanges*, pp. 333-341)。

〔3〕たとえばショーペンハウアーの『道徳の基礎』第一八―一九節、『意志と表象としての世界』第四巻第六七節を参照。

〔4〕ベルクソンによる引用は正確ではない。正確には、「われわれが陥るかもしれない不幸の抜け目のない予見(une habile prévoyance des malheurs où nous pouvons tomber)」である。

〔5〕ベインの一八九四年の著書『諸感覚と知解作用』(*Les sense et l'intelligence*, trad. fr., p. 51)を見ると、「筋肉によって受容される神経は、主に脳ないし神経中枢から発する刺激をそこへと導く運動神経であるから、以下のように想定するのが賢明であろう。すなわち、筋肉運動に併発する感性は、神経力の遠心的な流れに合致しているのであって、本来の意味での感覚のように求心神経によって伝達される外的影響から帰結するものではない」と記されている。

〔6〕ここで念頭に置かれているヴュルピアンの著書は、『神経組織に関する生理学的講義』(*Leçon sur la physiologie du système nerveux*, 1866)であろう。

〔7〕このことは、ジェームズの『心理学原理』(*Principles of Psychology*, 1891, vol. II, p. 1118)で指摘されている。

〔8〕フェヒナーのこの言葉は、『精神物理学要諦』(*Elemente der Psychophysik*, B. II, SS. 490-491)に記されているが、ベルクソンはリボーの『注意の心理学』(pp. 99 ff.)からいわば孫引きしている。

〔9〕『物質と記憶』第二章では、「純粋記憶」の働きを導き出すための本質的な役割を担わされたものとして、「意志的注意」(attention volontaire)が分析されている。

〔10〕 厳密に言うと、この表現は、カルディアックの『哲学基礎研究』（Cardillac : *Etudes élémentaires de philosophie*, 1830）で用いられたものである。

〔11〕 ロッツェは、われわれが刺激の部位を識別できるのは、皮膚上の各点がみずからの場所の指標（サイン）を与えるからであるとして、「局所指標」の説を提唱した。「局所指標」の説がロッツェの著作に最初に現れたのは、『医学的心理学もしくは魂の生理学』（*Medicinische Psychologie oder Physiologie der Seele*, 1852, Leipzig, Weidmann, S. 331）においてである。

〔12〕 フェヒナーは『精神物理学要諦』第一巻（pp. 134 ff.）でウェーバーの法則を批判しているが、因みに、ウェーバーの法則に数学的表現を与え、「ウェーバーの法則」と名づけたのも、他ならぬフェヒナーであった。

〔13〕 精神物理学の測定法のひとつで、二つの感覚的刺激の中間を被験者に求めさせる方法。他に、恒常法、極限法、調整法などがある。

〔14〕 精神物理学の測定法のひとつで、現在は「極限法」と呼ばれることが多いが、刺激を徐々に増減させて、被験者が弁別できる最小の刺激変動量を求めるもの。

〔15〕 「習得的知覚」について、ベルクソンはトマス・リードの『人間の心の探究——常識の諸原理について』（*An Inquiry into the Human Mind : On the Principles of Common Sense*, 1785）を参照している。ベルクソンが参照したと思われる仏訳では、Recherches sur l'entendement humain, d'apres les principes du sens commun, Œuvres complètes de Thomas Reid, 1828, t. II, p. 309 にあたる。なお、この問題に関しては、『ベルクソン講義録』第一巻「クレルモン心理学講義」第一九講（邦訳一〇三頁）をも併せ読まれたい。

第二章

〔1〕 ユークリッド『幾何学原論』第七巻の定義二では、「数とは諸々の一〔単位〕(monas) から複合される多である」と言われている。

〔2〕 ここでベルクソンが「不可入性」と呼んでいるものは、ジョン・ロックにおける同一性のテーゼに酷似している。曰く、「同じ種類の二つの事物が同じ時間に同じ場所に存在することは決して見出されないし、これが可能であるとも想念されない」(『人間知性論』第二巻)。「不可入性」を空間そのものから区別された物質の第一性質と規定したのは他ならぬロックであったから、「不可入性」をめぐるこの定式化は明らかにロックに対する皮肉を含んでいることになろう。

〔3〕 この仮説をニュートンに帰す者もいるが、むしろライプニッツ的な延長の観念が念頭に置かれているように思われる。「延長は延長体 (extendum) から抽象されたものであり、数や多様性が実体とは考えられないように、延長も実体とは考えられない。」(デ・フォルダー宛ての書簡、『ライプニッツ著作集』工作舎、第八巻、一二〇頁)

〔4〕 「局所指標」については、第一章の訳註〔11〕を参照。ロッツェはまた、「空間観念の形成について」と題された『形而上学』第三巻第四章では、空間観念の心理的起源を探究しているが、彼によれば、知覚された対象は感覚によって既知の生得的空間のなかに局所化される。

〔5〕 ダーウィンがフランスの昆虫学者ファーブルに対して提案した仮説であるが採用されなかった。

〔6〕 左右の質的差異を主張するベルクソンは、「均衡無差別」を否定するライプニッツを採っている。しかし、左右の差異を概念的差異に求めることができないという側面から見れば、逆に『プ

ロレゴメナ』でのカントに近いとも言えるだろう。ライプニッツにおいては、質的差異はそれを表現する概念的差異へとつねに帰着させることができるのだが、ベルクソンではそうではないのであって、こうしてベルクソン固有の問題は、概念的に規定しえない質的差異の表現の問題へと絞り込まれていく。

〔7〕この表現については、特にスピノザ『エチカ』第三部「感情の起源および本性について」の序言冒頭の言葉を参照されたい。「感情ならびに人間の生活法について記述した大抵の人々は、共通した自然の法則に従う自然物について論じているのではなくて、自然の外にある物について論じているように見える。実に彼らは自然のなかの人間を国家のなかの国家のごとく考えているように思われる。」

第三章

〔1〕ここでベルクソンが念頭に置いているのは、トムスンの一八六七年の論考「渦動的原子について」(On vortex atoms, *Proceedings of Royal Society of Edinburgh*, 6, 1867, pp. 94-105) のこと。

〔2〕「予定調和」については、ライプニッツの『形而上学叙説』第一五節、『モナドロジー』第七八、八〇節、『自然と恩寵の原理』第三、第一五節を参照。また、スピノザの主張については、『エチカ』第二部定理五、六および六の系を参照。

〔3〕「燐光」(phosphorescence) の比喩を用いたこの一文は「附随現象説」と呼ばれる立場を表している。「附随現象」(épiphénomène) とは、アンドレ・ラランドによると、「本質的とみなさ

れる現象の産出に際して、その現前ないし不在が重要ではないような現象」の謂であるが、この説を採る人物としては、モズレイ、クリフォード、ハクスレイ、ホジスンなどがいる。

〔4〕この「鍵盤」の比喩はヨハネス・ミュラーが提唱したもので、一九世紀心理学の文脈のなかで、善きにつけ悪しきにつけ、大きな影響力を及ぼした。「鍵盤」の比喩に対する批判としては、すでにロッツェによる批判が存在するが、『物質と記憶』第二章で、「イマージュ中枢」を呈示するに際しては、ベルクソン自身が「鍵盤」の比喩に訴えている。

〔5〕「非弾性体」(corps inélastique)は、クラークとの往復書簡で論じられた論点のひとつである。しかし実際には、ライプニッツは運動量と力を区別しつつも、「非弾性体」の衝突の事例を力の保存則の例外とは認めていない。そこでは逆に、力は「消滅させられたのではなく小さな諸部分に散らされている」として、力の保存則が維持されている(「ライプニッツ第五の手紙」、『ライプニッツ著作集』工作舎、第九巻、三七八頁)。

〔6〕「恒存的体系」と訳した原語は systèmes conservatifs であるが、以下の論述でベルクソンは三つの「体系」を区別していると言ってよい。第一は、「運動しうる諸点がその最初の位置に回帰できるような体系」であるが、それとは異質な「体系」として、「生命の領域」と「意識的事象の領域」が挙げられ、それぞれに対して保存則の適用可能性が吟味されている。

〔7〕過去が実在性を有するのは、単に羅列的に保存されるという意味においてではない。過去の実在性は、第一に、相互に組織化されることでひとつの「全体性」を成し、第二に、かかる過去が充塡されることで存在の強度が増大するという実効性を含意している。かくして、生命と意識をもつ存在が有する諸瞬間は互いに肥大化し合うことになるのだが、このように、『物質と記憶』

で全面的に開花することになるベルクソン固有の「過去実在論」は、本書のいくつかの箇所ですでに胚胎されていたのである。

〔8〕意識状態の相互浸透それ自体に複数の度合いが認められているという点で、この箇所は重要である。ひとつの意識状態が魂の全内容を反映するとされる場合にも、そこには、意識が「十分な深みに達し」、また、このことを「選ぶ術を知ってさえいれば」との条件が付されていた。これから論じられるように、「自我の稠密な集塊」に完全に溶け込まないという意味で、その「表面」「包皮」にとどまる意識的事象が存在するのである。

〔9〕『講義録』第一巻（邦訳、二五七頁）によると、ベルクソンはここで当時の犯罪学を念頭に置いているようである。ただ、こうした事例が援用されるのは、あくまでそれが催眠と同じく人格と一体化しないということを指摘するためである。

〔10〕デカルト『哲学原理』第二部三六、三七を参照。「連続創造説」と呼ばれるもので、『省察』では「第三省察」で提唱されている。

〔11〕前者はアナクサゴラス、後者はヘラクレイトスの立場を指していると思われる。アナクサゴラスの「機械仕掛の神」についてはアリストテレスによる批判（『形而上学』985a17）を参照。

結論

〔1〕カント『純粋理性批判』の「超越論的感性論」第二節「時間について」を参照。

解説

平井靖史

本書の主題は、「はじめに」に銘記されてあるように、「自由」の問題である。ところが、本書がベルクソンの哲学的な処女作として採り上げられる際には、一般に、しばしば「時間」論の書として扱われるという事情がある。もちろん、ベルクソン思想の全体にとって、ここに胚胎した「持続」の思想が決定的な重要性を持つことに、異論を唱える者はいないだろう。しかし、少なくともこの『試論』を一本の完結した作品として扱うとき、「はじめに」における以下のような表明は、決して軽んじられてはなるまい。ベルクソンはそこで、はっきりとこう述べているのである。すなわち、「強度」を論じる第一章とともに、「持続」を解明する第二章もまた、「自由」の問題を扱う「第三章への導入として役立つように書かれている」、と。

とすれば、持続の進展についての独自の思想も、意識的事象の多様性を巡る主張も、本書においては、やがて自由という根本的なテーマへと収斂するべく周到に配慮されたものとして考えなければならない。こうして織り上げられる繊細な論述の流れの只中から、

「時間」論なるものを別個の主張として取り出して、しかも「自由」に並ぶ本書のもう一つの主題として掲げるのは、不適切とは言わないまでも、そこに何らかの回顧的な判断が介入していることは疑い得ない（『時間と自由』という通称が、いかにベルクソン本人の承諾を得た合法的な通称であるにしても、やはり便宜的なものに留まると訳者が考えるのは、まさにそれ故でもある）。――そこで本解説では、本書を自由論として読み解くための、いくつかの足がかりを提示することを試みてみたい。

一　ベルクソニアン・アンチノミー

本書が自由論の書であると述べたばかりであるが、ベルクソンによる、われわれの自由を確証するための積極的な論弁を期待しながら本書を読み進んだ読者は、ともすれば肩すかしを食らったような気分を味わうかもしれない。というのも、まさに「自由」という副題を付された本書第三章において、その主軸をなす肝心の議論からは、むしろ自由については消極的な結論しか導き出されていないように見えるからだ。

そこでは、対立する二つの陣営が登場する。一方は決定論者であり、他方は「自由の擁護者」と呼ばれる論者である。しかし、ベルクソン自身はといえば、どちらの陣営に与するでもなく、その論争全体に対してすっかり身を引いて、もっぱらその裁定者の役割を自任している。自由を争う両陣営間の対戦は、都合三度執り行われるわけだが、ベルクソンは丹念な分析を通じて、すべての対戦において双方の陣営がともに依って立っているある共通の要請を摘出してみせる。「時間を空間によって、継起を同時性によって十全に表す可能性を認めること」(二〇〇頁)と定式化されるこの共通の要請こそが、ベルクソンによれば自由の問題の核心にかかわる致命的な錯誤をなしている以上、自由の問題そのものについては双方完全に空振り、というのがベルクソンの下す最終的な診断である。しかし逆に言えば、これらの論争において、同じ要請から出発して、一方では自由を否定する議論が、他方では自由を肯定する議論が仕立て上げられるわけであるから、その意味で、ベルクソンによって再構成されたこれらの論争を、ベルクソン流のアンチノミーと呼ぶことが許されるだろう。

三つの対戦は、それぞれ自由についての「偶然性モデル」、「予見可能性モデル」、「因果性モデル」とでも名付けられる議論類型を巡って争われる。これらすべての論争が、結局のところ、この同じ要請に帰着する点については、他ならぬベルクソン自身による簡潔な要約がある(二三九—二四二頁)ので、ここでその論証を逐一辿り直すことは省くが、われわれが予想外に感じるのは、この論争に対する、ベルクソン自身のコミットメントがあまりに少ないことであろう。実際、自由の問題がこの争論の中で、「手つかずのまま潜り抜け」てしまうことを繰り返し指摘しつつも、ベルクソン自身はといえば、いっこうに肝心の自由を巡る論争に踏み入ろうとしない。しかも、論争の一翼を担うのは仮にも「自由の擁護者」であるにもかかわらず、ともすればベルクソン自身は、その論旨の一貫性の観点から、決定論者の議論の方に荷担しかねない勢いすらある（一九八頁）。どちらにせよ、そこにあるのは、自由そのものについての議論ではなく、自由についての議論についての議論ではないか。われわれが最初に突き当たる当惑は、このようなものであろう。

二　表現としての自由

では、ベルクソン自身の哲学的立場からは、自由そのものについての積極的な言明はすっかり放棄されてしまっているのだろうか。実はそうではない。自由にまつわる根本的な先入見を洗い出してくる綿密な論証過程の狭間に、ただしやや唐突とも見える仕方で、自由についてのベルクソン固有の見解が散見されるのである。しかもそれらの言説には、一貫した明確なモチーフを見て取ることができる。それは、《表現としての自由》という着想である。たとえば以下のような記述を見ていただきたい。

この内的状態の外的顕現こそ、まさに自由行為と呼ばれるものであろう。というのも、自我のみがその作者であったろうし、また、この顕現は自我全体を表現するであろうからだ（一八五頁）。

要するに、われわれが自由であるのは、われわれの行為がみずからの人格の全体から発出し、これらの行為が人格の全体を表現する場合、である（一九一頁）。

実を言えば、われわれの魂の深層の諸状態、数々の自由な行為によって翻訳される諸状態は、われわれの過去の経歴の総体を表現し、要約している（二〇五頁）。

たしかに、これらの文は、それぞれの置かれている前後の脈絡の中で、必ずしもはっきりと論理的に導き出された見解として呈示されているわけではない。しかし強調点をずらしながらも、幾度も反復されるこの同じ主題が、ベルクソン固有の自由観を表明するものであることは、まず間違いないと見ていいだろう。

そこで、この主題を、自由についての表現モデル——ベルクソン自身はこれを論証しているというよりは、提唱しているというべきだろうが——とでも名付けることにしよう。では、この自由についての表現モデルによって、具体的には、どのような事例が念頭におかれているのだろうか。その点を検討するための準備として、まずは、ベルクソンが自我ないし人格について、どのような描像を抱いていたかを確認しておく必要があろう。というのも、このモデルにおいて、自由が表現するとされるその内実こそ、他ならぬ「自我全体」、「人格の全体」なのであるから。

この書物で繰り返し論じられるように、ベルクソンはわれわれの自我ないし人格を、意識的諸事象の織りなすひとつの全体的な構造体として描いている。これが「異質的多様性」と名付けられるわけであるが、この多様性を特徴づけるのは、まず第一に、それを構成する意識的諸事象が判明に分化された併置状態にあるのではなく、相互に浸透・混入した状態で「錯雑な集塊」(二〇、一四八、一八七頁)をなしているという点であった。言語上の制約のために「諸」事象と複数形で語らざるをえないにしても(一三七—一三八頁)、これら諸事象のなす異質的多様性のうちに、個々の意識的事象同士を分かつ分割線が引けるわけではないし、ましてやそれらを枚挙できるわけでもない。そして、こうした相互浸透の様態によって、異質的多様性は、諸項が離散的に併置される等質的多様性(外的空間)と明確に対比づけられることになるのである。

たしかに、こうした内外の截然とした対比、しかもこれは主客の対比に重ねられるわけだが、このような截然とした対比で事が済むなら、議論のあまりの単純さに拍子抜けするかもしれない。しかしながら実際には、外的空間との対立を示すことで、くだんの自我の構造体が説明し尽くされるわけではない。ベルクソンは、さらに、この構造体自体の内的組成として、その「表面」と「深み」を区別した上で、この「表面」においては意識的事象は、「互いに融合しながらも、〔外的空間の〕相互外在性をいくらかは保持している」（一四一頁）、としているからである。しかも、この「表面」と「深み」は単純な二層構造をなすわけではない。両者の間には度合いが想定されてさえいるのである。曰く、「われわれの意識状態を内から外へともたらす流れがよりいっそう強調されるにつれて、少しずつこれらの状態は対象ないし事物へと変容していく」（一五四頁）、と。とすれば、自我の構造体を特徴づける相互浸透は、その多様性の全域にわたって均一な浸透性を呈するわけではなく、その緊密さに度合いを容れるのであり、この度合いが、「深さ」という尺度の実質をなしていることになろう。無数の意識的事象の相互浸透が全体として自我を構成しているにしても、そのうちで、表層部に漂動する諸事象はといえば、深みにおいて「稠密な集塊」（一八六頁）をなす諸事象から見れば、その相互浸透の度合いは相対的に低く、各事象が相互に外在化する傾向にあるわけである。その際、諸事象は「互いに乖離するのみならず、われわれからも乖離する」（一五四頁）から、かくして、表面には、中核をなす意識的諸事象の緊密なつながりから、浮き離れてしまった「独立した諸項」が見出されることになる。――もっとも、これらが独立しているといっても、完全に隔絶してしまっているわけでもない。ベルクソンが繰り返し強調するように、そこにあるのは「唯一の同じ人格」（二四一頁）であり、「同じひとつの自我」（一五五頁）なのであるから。

そうなると、自我の構造体は、中心から周縁に向けて次第にその緊密さを減じていく相互浸透の度合いによって、単調なグラデーションを呈していると考えればよいのだろうか。否、実はこうした表象は依然として不十分である。ベルクソンは、これら「独立した諸項」とは別に、「より複雑な諸系列」もまた、そこに見出しているからである。そして注意していただきたいのは、これら諸系列について、その諸要素は「なるほど相互浸透してはいるが、自我の稠密な集塊のうちにみずから完全に溶け込むには決して至らない」（一八六頁）と記述されている点である。つまり、自我の中核をなす緊密な相互浸透の他にも、部分的・局所的にではあれ、相互浸透の度合いの高い領域が見出されるというのである。ベルクソンが例として挙げるのは、権威主義的な教育によって叩き込まれた感情や観念の総体である。これらの感情や観念は、相互に浸透して一体化しているにしても、魂全体に溶け込んでいるわけではない（いわゆる自己抑圧や疎外はこの点に起因すると言えよう）。したがって、自我を織りなす意識的諸事象の相互浸透の多様な度合いは、深さという一元的な尺度にしたがって整然と順序づけられているというよりも、そこかしこにいわば局所的な群生地帯を形成しつつ、自我の全体に複雑《コンプレックス》な構造性をもたらしていると考えられるのである。

反応的な生と自発的表現

以上、人格を構成する意識的諸事象の多様性について、簡単に概観してきたわけだが、自由の表現モデルに話を戻せば、自由な行為が表現するのは、まさにこのような複雑性を内包した意識的諸事象の全体である、ということになろう。

ベルクソンによれば、われわれの日常を満たす数々の行動は、その大半が、「私の意識全体を揺さぶるには至ら」(一八七頁)ない。そうあるべき場面においてさえ、われわれは、「相も変らぬ局所的過程が遂行されるに任せてしまう」(一八八頁)。つまり、「意識ある自動機械」(同頁)と形容されるわれわれの日常的生において、魂は、部分的にしか機能していない。

また、この機能は、単に部分的であるのみならず、所与の条件に呼応する形で、一定の決まった処理を機械的に引き起こす、という意味で、反応(反作用)的であると規定できる。われわれの通常の社会的活動の多くは、「私の人格がそれに関与せずとも、印象に後続して生じる」(一八八頁)という意味で、状況対処的に、あるいはもっと言えばほとんど条件反射的に営まれているし、好むと好まざるとにかかわらず、われわれはそのように営むことを訓練されているのだ。さらに興味深いことに、ベルクソンは、こうした「多くの面で反射行為に類似した運動」によって、いわゆる習慣的な身体運動のみならず、「意識的でかつ知性的でさえある」ようなそれをも念頭においている(同頁)。見かけ上知的と呼びたくなるような振る舞いも、その大半は、われわれによって部分的で反応的な仕方で処理されているというわけだ。この地平にこそ心理学的連合法則が妥当するとされるのも、それ故である。

こうした事態を、上に確認した自我の構造体の見地から分析的に記述し直してみれば、こうなるだろう。われわれが世界から受け取る印象は、自我の奥底にまで響き及ぶにはほど遠く、表層で留まってしまう。するとこの印象は、習慣によって身につけられた反応的な諸規則の回路に回収されて、即座に対応する行動へと引き渡される。印象が表層を穿ち、掘り進むことがないならば、行動もまた「人格の全体から発出する」(一九一頁)にはほど遠い。

これに対して、われわれが印象を、「魂全体とともに」受け取り、「人格全体がいわば振動する」ならば、それは自我の深みで相互浸透する意識的諸事象のすべてを巻き込んで、熟慮の過程を引き起こす。この熟慮は、当人の過去の「経歴の総体」(二〇五、二〇七、二一七頁)を、たとえ明白な形においてではないにしても、総動員することになるだろう。ところで、この熟慮の本義は「動的進展」(二〇二頁)、「動的系列」(一九一頁)のうちに存しており、そこでは諸状態は「互いに浸透し合い、互いに強化し合い、自然な発展によってやがて自由な行為に到達する」(一九一頁)とされる。人格の全面的な関与を起点として出来する意志的行為は、もはや反応的ではなく、自発的と規定されるべきものであろう。ベルクソンが、自由な決意は「魂全体から発出する」(一八六頁)と表明するとき、そこで念頭におかれているのは、自我ないし人格の、こうした全体的かつ自発的な発現としての行動なのである。

理由なき理由の逆説

みずからの幸福と名誉とを賭けた、ある重大な局面において、ひとが、彼の「最も内密な感情や思考や希求の総体」(二八九―一九〇頁)に訴えつつも、悩み、熟慮し、その自然な発露として、ある行為を結実させたとき、したがって、その行為そのものに彼の人格、彼の性格、彼なりの生き方が申し分なく反映していると言えるとき、そのとき、その行為を、あるいはその行為を遂行しつつある当人を、自由という名で呼んでもいいのではないか。ベルクソンの提案はこのようなものである。それは、自由という語の新しい意味の提唱である。あるいは、自由という問いに対する、ベルクソンなりの解である、と言ってもいいだろう。

ベルクソンが、自由は、「行為それ自体のあるニュアンスないし質」(二〇二頁)のうちに求められるべきであると語るとき、行為が呈するこのニュアンスないし質とは、まさに自我の内的多様性がそこに現れ出る、「人格の徴し」に他ならない。「われわれの人格の徴しを帯びている行為は紛れもなく自由な行為である」(一九二頁)。

だが自由についてのこうした特徴づけを、伝統的な自由概念の枠組みのうちに位置づけようとしても、益するところは少ない。ベルクソンの掲げる自由の表現モデルは、拘束や強制からの解放という観念に拘泥するわけでもなければ、行動に際しての選択肢の豊富さという条件とも直接的には無縁であるからである。しかし、もっとも注意が必要であるのは、伝統的に「無差別的自由」と呼ばれる自由モデルとの差別化であろう。「無差別的自由」とは、与えられた条件下において、その可能性が互いにまったく等しいような二つ以上の選択肢を前にして、すなわち、どれかを優先するいかなる理由もないと仮定される状況において、それでもなおひとつの決断を下すことができる、そのような能力を指す。この議論類型に関しては、ともすればベルクソン的自由がこれと混同されかねないテキスト上の事情が存在するがゆえに、一層の配慮が必要と思われるのである。

現にベルクソンは、人格の全体的発現としての行為に関して、それを人間が「動機なしに選択できる」(一九〇頁) 事例として記述している。

われわれは自分がいかなる理由によって決断したのかを知りたがるが、われわれは、自分が理由なしに決断したということ、それも、おそらくは一切の理由に反してさえ決断したのだということに気づく (一八九頁)。

しかし、ここから、ベルクソンが無根拠な、つまり恣意的な選択を自由の典型として称揚していると考えるならば、致命的な誤読を犯すことになろう。引用箇所の段落末に現れる、「具体的な理由 raison tangible」（一九〇頁）という表現に着目してほしい。自由の度合いが増すにつれて、その欠如が顕著なものとなるとされているのは、正確には、この「具体的な理由」なのである。

この「具体的な理由」という語によって指し示されているのは、本文に明らかなとおり、「〔決意に〕先行する外面的な諸事情」（一八九頁）であり、「容易に表現されるような表層的観念」（同頁）である。とすれば、ベルクソンが人格の発現としての行為に関して、それが理由を欠くと述べるのも、まさにそれが相互浸透する全体の関与を含むがゆえに、個別的なものとして取り出せるような独立した動機によって説明し尽くすことができない、そのような事態を指してのことである。つまり、そこでは人格を構成するすべての意識的事象が、渾然たる集塊状態のまま、問題の決定過程に動機として参画しているわけであるから、とりわけそのうちのどれかが動機として取り沙汰されることが意味をなさないのである。

しかし、否、だからこそ、別な意味では、そこにはこの上ない「最良の理由」（一八九頁）があると言えるわけである。その理由とは、すなわち、緊密な全体をなしているかぎりでの意識的諸事象の総体、つまりは、人格の全体そのものに他ならない。

したがって、「理由なき選択」という誤解を招く表現とは裏腹に、伝統的に「無差別的自由」と呼ばれる自由モデルについては、ベルクソンはこれを明白に排斥していると考えねばならない。現に、ベルクソンは、むしろ一見どうでもいいように（つまり無差別的に）見える選択こそ、これが「何らかの決定動機に結びついていることは難なく示せるだろう」（一九〇頁）と述べているのだから。

三　観察者と役者

ここまでの二つの節で示してきたように、本書において、ベルクソンは、一方では、自由にまつわるアンチノミーを構成して、自由を定義する試みも否定する試みも双方が必然的に挫折することを示しながら、他方では、そうした論争の文脈から離れた地点において、極めて特異な自由観——これをわれわれは自由の表現モデルと呼んだわけだが——を掲げてみせる。しかし、これら二つの記述の間には、いかなる内容的連関も見出されないのであろうか。

そこで、われわれとしては、実はある興味深い論点に関して、二つの言説のあいだには互いに共鳴する部分があることを指摘しておきたい。それは、認識と行為との合致、とでも言うべき論点なのであるが、これは、具体的には本書第三章における、自由の予見可能性モデルについてのアンチノミーの論証にかかわっている。予見可能性モデルとは、「何らかの高度な知性であれば、今の時点で未来の先行条件すべてを認識したなら、そこから出てくるであろう決断を絶対的な確実さで予言できるかどうか」(二〇三頁) という形で自由の問題を定式化した上で争われる議論類型を指すものであった。すでに述べたように、こうした予見の可能性を肯定する決定論者の議論も、これに否定的である「自由の擁護者」の議論も、ともに挫折することをベルクソンは示すわけであるが、その際に援用される、《観察者と行為者の漸進的同一化》とでも言うべき論点が、われわれの注目する論点である。

結論から述べておけば、両陣営に対するベルクソンの診断とは、このモデルの存立に決定的な重要性を持つ「全先行条件の認識」という条件について、双方とも不十分な洞察しか有しておらず、逆に、この条件を真摯に考えれば考えるほど、それははじめに予想されたのと違って、次第に自由を阻害するものではなくなる、というものである。とすれば、一方で決定論者は、自分が述べていることをまじめに考え抜かないまま、自由を反駁したつもりになり、他方でこうした疑似決定論を真に受けてあわてて反論してしまう論者の側も、自分が何を恐れているのかを分かっていないまま、自由を擁護したつもりになっているわけである。この点を具体的に解明するために、仮想上の人物ピエールとポールが呼び出されるわけであるが、そこでのベルクソンの論述は極めて特異な議論構造を呈しており、それ自体興味深いと思われるので、まずはその過程を順次確認することにしたい。

まず、任意の行為者としてピエールを考え、ピエールに時間的に先行する観察者としてポールを考える。このポールが、ピエールの行為の全先行条件を認識した上で、当の行為を予見する役目を担う。

さて、ここで問題となる先行条件とは、実際には、ピエールの行為を決定するために考慮されるべき諸動機である。しかし諸動機の力関係のなかから導きだされる最終的行為を推定しようとするのであれば、これら諸動機が何であるかということと同時に、それら各々の強度がどれほどのものであるかが認識されなければなるまい。そこで、ベルクソンはまず、こうした心理的諸状態の強度を認める仕方に二通りあるとして、そこに「枢要な区別」(二〇五頁)を設けている。

第一は、当の心理的諸状態をみずから経由する場合であり、第二は、これを他人に説明する場合である。前者の場合、状態の強度は、「状態そのものの有するある表現し難い質」(二〇六頁)に求められるがゆえに、いかなる計測も比較も要さず、ただ感得されるものである。ところがこれを言葉によって他人に表現しようとすれば、この状態の強度は、先行・後続状態との比較に基づいて計測した上で、たとえば「冪《べき》指数」(同頁)のような数学的本性の記号によって示される他ない。

ところで、前者の場合には、なぜ問題の状態以外の諸状態に直接訴えることなく、強度が感得されることになるのだろうか。たしかに、心理的諸状態が互いに連関し合っている以上、たとえば同じ悲しみも、和やかな談笑の直後に不意に訪れるのと、底なしの悲嘆に打ちひしがれている日々の只中におかれるのとでは、その質的な強度に違いが出てこようことは、難なく理解できる。それはちょうど、ニュアンスを変えるようなものだろう。しかし、そてはその文のおかれる脈絡に応じて、ニュアンスを変えるようなものだろう。しかし、その場合にしても、そこでの単語の意味は、前後のつながりを比較し、文脈全体を考慮・検討したがゆえに、決定されるのではないか。こう反論したくなるかもしれない。

心理的諸状態の各々に固有な質的ニュアンスがもたらされるのは、残りの心理的諸状態の全体と相互浸透しているがゆえである——なるほど、こうした着想をベルクソン的文脈原理と呼びうるにしても、やはり、文字通りの文脈原理とは決定的に異なる事情がそこには存在する。すなわち、心理的諸状態の強度については、これが持続の只中におかれているまさにそれゆえに、そのままの形で「読み返す」ことができない、という事情である。もちろん、つい先ほど感じ取った印象を、思い返してみることはできる。しかしそこには必ずや、持続の効果が介入する。というのも、思い返された観念は、まさに思い返されたという心理的な事実によって、新たな別の状態となるからである。意識的事象は、「反復されることで変容する」(二四七頁)し、その持続を短縮することによっても(一三二頁)、引き延ばすことによっても(一七三頁)、やはり変容を蒙る。

にもかかわらず、状態の諸々の強度を経由することで現に行為が帰結する以上は、われわれはまさにその状態が現れるその瞬間において、当の強度を何らかの仕方で感得していると言わざるをえない。問題は、この感得がいかなる意味で認識と呼べるようなものであるのか、という点なのである。

ピエールとポールの話に戻ろう。全条件の認識を任命されているのはポールであるが、この場合、上述の第二の仕方で認識することとは、論点先取の理由で却下される。というのも、ポールはその立場上、ピエールのある心理状態が、目的の行為にどれほど貢献したかを斟酌しなければならないわけであるが、彼が外的な観察者に留まるかぎり、これは予見されるべき最終的行為を前提してしまうからである。そこで、当初の舞台設定に若干の変更を施さざるをえなくなる。ポールは観察者というよりも役者であって、ピエールに先立ってピエールの立場を実演してみることで諸条件をみずから感得し、それをもとに、ピエールの行為を予見するのだ、と。

ここまでは議論の第一ステップに過ぎない。次なる問題は、先行条件の「すべて」を感得する、とはいかなることであるか、という点である。もちろん、すべてと言っても、それは、争点となっている最終的行為に関与するかぎりでの、すべての心理的条件であることは認めよう。だが、実はこの類の留保は実質的な効果を持たない。というのも、ピエールの現在の意識を構成しているすべての心理的諸事象のうちから、特定の行為に働きかけたものだけを選択するとして、その基準は、結局のところ、最終的行為そのものを想定せずしては設定することができないからである。さらに、上記のベルクソン的文脈原理を認めるならば、ピエールの現在の状態には、ピエールの過去の経歴の総体が、何らかの仕方で反映されていると考えなければならないわけだが、ピエールに生じた過去の無数の出来事のうちで、問題の行為決定にまったく影響しなかったようなものを捨象することもまた、同様にして結論を先取りせずしては不可能であろう。このような議論によって、ベルクソンは、当該の予見においては、いかなる細部の省略も、いかなる瞬間の短縮も許されないことを導く（二〇八―二〇九頁）。

こうして、われわれは、当初の舞台設定に第二の、そして決定的な修正を施さざるを得なくなる。ポールはもはや、ピエールに先行してすべての条件を実演することができない。同時に、同じ時間幅を費やして、同じ場所で、同じ身体によって、同じ心理的諸事象を感得する他ないのである。とすれば人格として二人を区別することは望めなくなるだろう。結局、ピエールとポールは同一人物となる。こうして、「全条件の認識」とはじめに称されていたものは、その条件の要請するところを丹念に拾い出して、それを額面通り引き受けるならば、実は「遂行された事実の単なる確認」（二〇九頁）に他ならないことが判明する。

以上が、ベルクソンが展開する議論の大筋である。この議論の妥当性については、読者各位に慎重に検討していただきたいが、もしベルクソンの述べるとおりであるならば、決定論者は予見可能性によって自由を反証できていないわけであるし、自由の擁護者の側も、何も恐れることはなかったのである。

だが、それならば一体何を、われわれは恐れていたのだろうか。なぜ、行為の予見可能性は、直感的にではあれ、自由に対する脅威と感じられたのであろうか。こうした逆向きの疑問について、以下、一言だけ補足しておきたい。

われわれが、未来の行為の予見を、何かしら自由を脅かすものと感じるとすれば、そのとき、暗黙のうちにこうした予見のモデルとなっているのは、おそらくは、ある一般的な法則が特殊事例に適用される場面なのではないだろうか。たしかに、ベルクソン自身はといえば、問題の議論の中ではもっぱら条件の認識の方に焦点を当てているように見える。しかし、何らかの導出法則を手にしているのでなければ、すべての初期条件についての知識を得たとしても、そこから後続する状態についての帰結を抽き出すことはできないだろう。とすれば、このような一般法則の存在こそ、われわれが危惧していた当のものであると言えよう。

さて、今問題となっているような心理的諸事象の領域において、仮にこうした心理学的法則がいくつか見出されるとして、その際、これらの諸法則の一般的妥当性は、これを現実の意識状態に繰り返し適用してみることで、実験的・経験的な仕方で測られる他ないように思える。一度きりの適用では、その際仮に法則が真なる帰結を導いたとしても、それが偶然の一致でしかない可能性は、原理的に排除できないからである。

ところが、先行条件の数を次第に増していくことで、法則の適用可能な領域は、徐々に狭まっていかざるをえない。そしてついには、全条件を満たす事例が、端的に一度きりしかありえないほどにまで要請が高められたとすれば、法則はもはやその妥当性を検証しえないという意味で、無効化することになろう。全条件の認識という強力な要請が、まさにその強力さそのものによって、予見という言葉の意味を奪ってしまうのは、このような事情があるからと言えるのではないだろうか。

四　反省的自己認識としての表現

われわれは先に、予見可能性についてのベルクソンの言説が、表現としての自由という理念とのあいだに、ある接点を有していると予告しておいたが、その点については、取り急ぎこう述べることができるだろう。すなわち、一方で予見可能性の議論において、先行条件の徹底化が、まずはポールを役者にし、しまいにはピエール当人にしてしまうという意味で、観察行為のコミットする《当事者性》が次第に増していくという事態が見出されたとすれば、他方で人格の表現としての自由行為にあっては、もはや判明には認められないような自分の全過去、微細な意識的諸事象に至るまで、一切を包括的に引き受けざるをえないという意味で、まさにかかる《当事者性》の極限が見出される、と。

とすれば、予見可能性モデルに固有な問題として先に確認した、認識と行為の合致とでもいうべき事態は、自由の表現モデルに対して、どのような光を投げかけてくれるだろうか。まずは《観察者と行為者の漸進的な同一化》とわれわれが呼んだ議論の結末部に当たる、以下の一節を引いておこう。

……諸条件の総体を諸君がより多く補完するにつれて、諸君はこの人物の現存によりいっそう肉迫することになろうし、その最も些細な細部に至るまで彼の現存を生き直そうとする傾向を強めるだろう。こうして、諸君は遂に、行動が遂行されつつあるがゆえに、もはやこの行動を予見することが問題となりえず、ただ行為することのみが問題となりえたような、まさにそういう瞬間に到達するだろう（二〇九頁）。

ベルクソンによれば、全先行条件の認識が可能であるとすれば、それは結局のところ、ここに言う「ただ行為すること」に帰着する。だが同時に忘れてはならない点は、ベルクソン自身が指摘するように、そこでは認識それ自体の様相も根本的に変容している、ということである。というのも、この同一人物であるピエール＝ポールが、行為の現場に立ち会うまさにそのことによって、すべての条件を認知する、とある意味では言えるにしても、それは、はじめに「何らかの高度な知性」としての予言者に想定されたような、明確な形での判明な認識とはもはや呼び難いものであろうからである。

そこで見出されるのは、役者と観察者とが、認識と行動とが、もはや区別できないような事態であった。とすれば、ベルクソンは、通常「行動」と概念的に対置される意味での「認識」とは別な意味での「認識」、言うなら、行為としての認識、あるいはそれ自体認識であるような行為のごときものを、ピエール＝ポールに帰していることになる。これが単に言葉を弄するものに過ぎないのでないとすれば、われわれはそこで何を考えればよいのだろうか。

たとえば、「実在的持続と予見」と題された節の末尾に目を転じてみよう。

要するに、深層の心理的諸事象の領域では、予見すること、見ること、そして行為することのあいだに、感知できるほどの差異はないのである（二一九頁）。

われわれが注目したいのは、ここでさりげなく冠されている「深層の profonds」という修飾辞である。自我の多様性は深さの尺度を容れるものであったが、本解説の第二節で見たように、その尺度の実質をなすのは、意識的諸事象同士の相互浸透の度合いであった。とすれば、ベルクソンはここで、相互浸透の相対的に緊密な領域においては、行為決定にかかわる諸動機の感得は、まさに当の行為決定そのものと区別されない、と述べていることになる。実際、「ある深い感情の強度はこの感情そのもの以外ではない」(二〇五頁)以上、ある心理的状態の力を認めることは、まさにこの状態から影響を蒙る、ということに他ならない。この領域において、観察が観察対象に影響を与えずにはいない点についてはすでに指摘したが、逆に、観察されたものが、観察者に影響を及ぼさないこともありえないのである。なぜなら、意識的事象も、この事象を意識するのも、まさに同じひとつの自我なのであるから。

そこで、自我の深みにおいて、相互浸透の効果そのものによって全体的な変容を自ら蒙りつつ、まさに変容し続けることによって自由な行為へと至り出る、そのような局面を表すのにベルクソンが用いた措辞が「表現」であったことを想起すれば、まさに「それ自体認識であるような行為」の具体的な事例として、この表現としての自由を考えることができないだろうか。実際、緊密に撚《よ》り上げられた熟慮の過程から、自由な行為が遂にほどけでるのは、「自然な発展によって」(二九一頁)とされていたが、この「自然な発展」こそまさに、認識が事象に不可避的に介入しつつも、逆に認識される事象が認識そのものに作用するという、深層の意識的事象の相互浸透に固有の事情を言い表しているのではないだろうか。

表現が認識と行為の二重性を孕み持つとすれば、これは当然自由の規定にも顔をのぞかせるはずである。現に、自由を行為そのものに帰属させていたベルクソンは、ある別な箇所では、自由の規準をある種の認識の妥当性に見出している。ベルクソンによれば、われわれが自らの自我の深みにおける相互浸透の様相を、それとして認識しうるのは、「掘り下げられた反省」(二五三―二五四頁)によってであるが、われわれがこの反省を実際に行使して、自己を捉え直し、この渾然たる多様性を把握することは、実際問題として、稀れである。「だからこそ、われわれは稀れにしか自由ではないのだ」(二五四頁)とベルクソンは言う。するとこの文脈では、われわれの自由はいかに行為するかというより、むしろ、いかに自己を認識するかにかかっていることになろう。

だが、こうした言説を引き合いに出して、ベルクソン固有の自由論のうちに齟齬ないし不整合を主張することが、問題の核心を見失うことであるのは、もはや言うまでもあるまい。というのも、ベルクソンの自由論が目指しているのが、まさに認識と行為というカテゴリカルな対立が効力を失ってしまうような地点なのであるから。

五　自由の度合い

しかし、ひとつだけ、気になる点が残る。上述のように、一方で予見可能性の議論が、表現としての自由論に呼応する論点を多く含んでいるのは事実であるにしても、他方では、二つの議論の間には、見逃すことのできないズレもまたある、という点である。というのも、予見可能性の議論の方は、必ずしも、人生を賭したと言えるような特権的な自由行為でなくとも、妥当するように思えるのである。

それは、こういうことである。第一章に言う「表象的感覚」に代表されるような、外的原因との対応が明白な諸事象、比較的表層に位置する諸事象を考えてみてほしい。ベルクソンによれば、こうした諸事象には連合法則が妥当するから（二八八頁）、ある限定的な意味で、こうした諸事象に引き続くであろう行為を予見することは意味を持つように見える。しかしながら、いかに表層的と想定しようと、感覚にはその強度がある。そして、強度がある以上、その感得の仕方が問題となるのであって、そのかぎり、最終的行為を前提することなしに、これを計量的に見積もることはできないだろう。とすれば、やはりそのかぎりで、ピエール＝ポールの議論は、表層的で反応的な行動にも適用可能であるはずである。しかるに、他方でこうした行動を、ベルクソン的な意味で自由と呼ぶことはできそうもない。とすれば、そこには、何かしら引かれるべき区別があるはずである。
この問題は、ベルクソンの自由論の、ここまで検討してこなかったある重要な側面に光を当てるものである。それは、「自由は度合いを容れる」(一八五頁)、という主張である。この主張を加味するならば、われわれの日常的で表層的な行動についても、実は、これがある弱い意味において自由であると言えることになる。そして、この論点を導き出すことは、これまでの議論を踏まえるならば、それほど面倒なことではない。われわれとしては、最後にこの点を見届けて、この解説を終えることにしよう。

では、一体どういう仕掛けによって、表層的な認識に基づく反応的な行動でさえ、「ある意味で」自由であると言えてしまうのだろうか。現に、自我の中核で緊密な相互浸透をなしているような深層の意識的事象をそれとして捉え返すことは、意識の「掘り下げられた反省」を要するものであった。だから逆に認識が浅いものに留まる場合には、そこに魂の深みは関与してこないはずではないか。しかしながら、相対的に表層的と言われる諸事象も、大局的に見れば、自我の総体から完全に隔絶してしまっているわけではないことを想起していただきたい。こうした表層的諸状態が、それ自体で、極めて低い度合いにおいてであれ、やはり魂の残りの全体に繋留されているのであれば、原理的な言い方をすれば、認識の側では、そのうちの任意のひとつを採り上げさえすれば、間接的・媒介的にそこに人格の証しがかいま見られる、ということになるだろう。つまり、認識の努力が直接自我の深みに到達しなくても、表層に存している意識状態の方が、それ自身の相互浸透の効果によって、より深層にある事象を反映してくれているがゆえに、認識の側ではこの表層的状態に訴えるだけで、結果的には深層の自我の姿がそこに炙り出されることになる、と。自我の相互浸透に度合いがある、というまさにそのことが、こうして、自由に度合いをもたらすわけである。

もちろん、ベルクソンが自由の表現モデルの典型として念頭に置いていたのは、明らかに、自ら根底的自我の内に沈潜し、これと無媒介的に対面するような事態であっただろう。自由な行為が自我全体を「表現し、要約する」(二〇五頁)と言われるのは、このような《当事者性》の積極的な引き受けとしての認識=行為なのである。しかし、これと逆に、われわれの自己沈潜が感覚の表層的な次元で留まってしまう場合には、自由はきっぱり否定されてしまうのだろうか。問題は微妙である。たしかに、感覚の相互浸透の度合いにしても、これが当の感覚を意識する自我の認識の様相如何から独立であるとは決して言えないであろうから、そこに自我が全体として表現されるということを即座に肯定することはできない。しかしながら、少なくとも、一定の相互反映はそこに見出されるはずであるし、そのかぎりで、表現的な自由の性格が完全に失われることはないだろう。現に、感覚の存在理由に関して、ベルクソンはある箇所でそれを「自由の始まりである」(四五頁)と述べている。

　われわれの自我の相互浸透が、それ自体度合いを容れるという、まさにこの事情のゆえに、反省が極めて低次のものに留まるときでさえ、われわれは自由を与えられてしまっている。しかしその際、認識が自我の全体に及ぶのは媒介的にでしかないし、行為に顕現する人格の徴しはおぼろげなものであろうし、認識と行動と自我が一体化するにはほど遠いであろう。――あるいはもっと中間的な度合いを考えることもできる。たとえば、根底的自我の様相をわれわれに告げ知らせる比喩として、本書には芸術家や小説家が何度か登場する。しかしこの類比は、重要な留保を付されていた。本書二九頁の記述によれば、芸術家の暗示する感情や思考が、彼の経歴を「表現し、要約する」にしても、それは彼の経歴の「一部」を「多かれ少なかれ」表現し、要約するに留まるのである。

　それでも、ベルクソンは、「われわれの自由な活動の過程が、いわばわれわれの知らない間に、意識の暗い深みでは持続の全瞬間にわたって継続されている」(二六二頁)と述べる。度合いとしての自由は、われわれが持続するまさにそれだけで、いかなる認識の効果からも独立に、いわば常に遍在するというわけだ。ベルクソンにおいて、自我の持続の存在論が、自由を獲得する認識論的努力に論理的に先行する場所があるとすれば、それはこうした地点においてなのだろう。

　自由は、私がひとつの人格として存在している以上、もうここにある。むしろ、自由を求めるのに、何かしら外的な事情へと、あるいは自らに欠けている何らかの能力や特質へとこれを探しに出ても無駄である——自由の度合いの理論が語るのは、こうした教えであろう。しかし逆に、常にもうここにあるからこそ見損なわれるものがあるとすれば、自由はそうしたものの最たるものだ。そして悪いことに、この領域において、見ないことは、作動しないことなのである。自由は、認められ、引き受けられ、積極的に自らを表現してこそ、自由である——表現としての自由の理論が訴えるのは、こうした規範なのだろう。

自由の度合いという着想は、ともすれば自由を安売りすることで、自由の問題そのものをトリヴィアルな問題に解消しかねない。本書はこの逆説を隠そうとはしない。ただ、たとえば、「われわれは自分なりの愛し方、憎しみ方を有していて、この愛、この憎しみはそのひとの人格全体を反映している」（一八四頁）、と口にするとき、自由は優れてそこにこそある、そう述べる権利を、本書は尋ね求めているのである。

訳者あとがき

私（合田）の属する専攻での新入生ガイダンスでは、「推薦図書」のリストが学生たちに配布される。毎年、担当者から問い合わせがあるのだが、私はここ十数年、「またか」と思われるのを覚悟のうえで、執拗に次のような言葉を新人たちに贈ることにしている。――「思想という言葉は大変曖昧な響きを有しています。ですから、自由度の高い空間をそこに求めがちなのですが、実際はむしろ逆で、特に現代の思想的なテクストを読むときには着実な語学力と広い歴史的知識が必要となります。ですから、まず様々な授業に出て様々なフランス語と接するべきでしょう。その上で、思想的なテクストと取り組む場合には、ベルクソンの著作から始めることを勧めます。」

とはいえ、私は決してベルクソンの専門研究家ではないし、その信奉者でもない。授業でベルクソンのテクストを取り上げたことも一度もない。「幸福な場所」（『現代思想』一九九四年九月臨時増刊号）という拙い論文を除くと、ベルクソン論を書いたこともない。ただ、今から四半世紀前、むしろフランス語力を身につけようとの思いで、ベルクソンの『意識に直接与えられたものについての試論』（以下、『試論』と略記）の一部を読もうと努めた、まさに努めたときの不可思議な感覚は忘れることができない。

当時の私の語学力では、フランス語の文章の魅力を判断することなどとてもできなかったはずなのだが、生意気にも「実に美しい文章だ」と直観したのである。その印象は、後年『試論』の朗読を聞いたときにも鮮やかに甦った。二〇世紀フランスの作家ジュリアン・グラックの『シルトの岸辺』を読んだときにも、それに類似した印象を得たと記憶しているが、実際、私は二十代の半ば、仏作文の能力を伸ばすために、ベルクソンのテクストから文例を集め、それを模倣するという訓練を数年にわたって続けたのである。

そんな思い出が、今も私に「ベルクソンの著作から始めることを勧めます」という言葉を書かしめているのだろうが、フランスの文芸批評家で『タルブの花』の著者ジャン・ポーランであれば「言語のテロリスト」と呼ぶであろう哲学者から、言語と文体、「いかにして語るか」の極度の重要性を学ぶとはいかにも皮肉な事態ではある。しかし、逆に言うと、精緻な芸術作品のように彫琢されたベルクソンの言語作品それ自体が、表層的で寄生的で数的で、社会生活の有用性に縛りつけられた言語と、言明不能な深層の質的差異ないし多様体との二分法を突き崩しているのだ。

「他者は私が見たり聞いたりするものの余白に、私の側に、私のかたわらに、私の背後にいる。(……)どんな他者も、ある種の患者がつねに自分のかたわらにいるように感じる分身である」——これは「他者知覚と表現」(『世界の散文』所収)でのメルロ＝ポンティの言だが、思い返せば、フランス思想と係り始めて以来、ベルクソンはいつも私の「かたわらに」いたように思われる。それも、いくつもの意味で。

まず、私はここ十数年、ウラジーミル・ジャンケレヴィッチという哲学者について調査を続け、足掛け六年にわたって雑誌『みすず』に連載したジャンケレヴィッチ論「境界のラプソディー」を脱稿したところだが、ご存じのように、ジャンケレヴィッチはベルクソン論の若き執筆者としてフランス思想界に登場した人物であり、また、ベルクソン自身述べているように、ジャンケレヴィッチの哲学者としての才能を初めて認めたのはベルクソンそのひとだった。ジャンケレヴィッチに宛てたベルクソン直筆の書簡の写しが、『最初と最後のページ』(みすず書房) に収められているので、ぜひともご覧いただきたい。

それだけではない。二〇世紀が「昨日」であるとすれば、一九世紀は今や「一昨日」であろうが、なぜか私は学生時代から「一昨日の教え」を重視しなければならないと思ってきた。初めてフランスに留学したときにも、『ベルクソニズム』の著者でもあるドゥルーズの講義には出ることなく、パリの国立図書館 (BN) にこもって、あまり知名度も高くない哲学者たちの、特に一九世紀末の論考を読み漁り (もっとも、ドゥルーズ自身は一九世紀思想の偉大な発掘者でもあったのだが)、それを書き写し、そのコピーを大量に取る作業を続けた。そんなことをして何になる、との虚しい思いが萌さなかったわけではない。実際、こうした作業はすぐ何かに役立つというものではなく、何と二〇年を経て、私はようやく、メーヌ・ド・ビランからピエール・ジャネに至るフランス一九世紀哲学についての自分なりの概観図を、それも実に不完全な概観図を作り上げたばかりなのだから。

ただ、そのような文脈のなかで私は、ベルクソンは一九世紀の哲学者であるとの考えを強く抱き続けていた。そして、この思いをよりいっそう強固にしてくれたのが、アンリ・ユードによるベルクソンの『講義録』（全四巻、邦訳、法政大学出版局）の出版だった。一読して、思想史的な多大な興味を覚えはしたが、当初は自分がその訳者になろうとは思っていなかった。法政大学出版局の当時の編集長、故稲義人氏の要請を受けて、谷口博史、江川隆男、高橋聡一郎の三名と共に訳出の作業を始めたのが今から六年前、困難をきわめた翻訳の作業も二〇〇一年の一〇月にやっと終わったところである。

『講義録』第三巻の共訳者で、極めて優れたドゥルーズ研究家の江川隆男の名を挙げたが、その江川と共に、ドゥルーズのヒューム論をめぐる私の授業にやってきたのが、今回の共訳者、平井靖史であった。今から六年前の春と記憶している。それにしても、私の周辺には、ベルクソンを研究する学生たちが何と多くいることか。その意味でもまた、ベルクソンは私の「かたわら」にいるのだが、『レヴィナス・コレクション』完成後の雑談で、「ちくま学芸文庫」の前編集長熊沢敏之さんから、ベルクソンを文庫で訳し直したいとの話を初めて伺ったときに思い浮かんだのは、彼ら、彼女ら若きベルクソン研究者たちの顔と名前だった。もっとも、熊沢さんも最初から私を訳者として想定していたわけでは決してないだろうが。

平井との共訳でまず『試論』を訳し直すことに決まったのが今から三年前、平井も私も様々な仕事を抱えて作業は遅々として進まなかったが、平井が先に全体の訳稿と訳註を造り、合田がそれを全面的に修正し、それを最後に二人で検討することで成ったのが、今回の翻訳である。「二人で」と記したが、翻訳の最終的な責任は合田にある。訳出に際しては、先学諸兄の数々の訳業を大いに参考にさせていただいた。特に『試論』については、邦訳の歴史と訳書の比較それ自体が大きな研究主題になりうると言っても過言ではなく、訳しながら、屋上屋を架す思いが萌すこともしばしばだった。

ただ、一々その箇所を挙げることは控えるが、われわれの訳でも、これまでとは異なる訳語を充てたり、これまでとは別様の解釈を採用した箇所が多々ある。いや、むしろ意図的に随所で相違を強調してさえいる。また、これまでの訳書に較べると、原語を添記した箇所がかなり多いはずだが、そこには、従来必ずしも鍵語とは思われていなかった表現を、新たに鍵語——もちろん訳者たちにとっての——とみなし、鍵語たる語彙をレリーフのように浮き彫りにしたいとの意図が込められている。たとえば、「道徳的感情」を論じた箇所（三〇頁）では、一見すると無用と思われるだろうが、「他人たち」「同類のものたち」「他者」などにも、原語を付記してある。

更にわれわれとしては、原註への訳者付記や訳註からも分かるように、平井の調査研究の成果を役立てながら、ベルクソンが参照している書物の原典をできる限り指示し、ベルクソンのいわば道具箱を読者諸氏が探索していくための通路を少しでも拓こうと試みたつもりである。この点については、先述の『講義録』とその詳細な編者註もぜひ参照していただきたい。

最後に述べておくべきは、本書の題名についてである。訳者たちは、多くの邦訳が採用している『時間と自由』（ベルクソン自身が承認した英訳の題名）ではなく、原題の『意識に直接与えられたものについての試論』（*Essai sur les données immédiates de la conscience*）を用いることに固執した。字数の都合と語呂の良さから、著者自身のつけた題名が副題化され、しかも、そのことが「常識」と化した状況を大いに危惧してのことである。出版社にとっては苦渋の選択であったに相違ない。原題が採用されたとの報せに、平井は「本当ですか。画期的なことだと思います」と合田に歓びを伝えたほどである。英断を下された「ちくま学芸文庫」編集長の渡辺英明さんに心よりお礼を申し上げたい。

平井も合田も、ベルクソンのテクストを訳すのは初めてである。平井にとっては、翻訳という作業それ自体がある意味では初めての経験で、彼はきっと研究者と翻訳者との奇妙な接合を思い知ったに相違ない。平井とはちがって、たしかに合田はこれまで多くの書物を翻訳してはいるが、それだけにいっそう、そしてまた、ベルクソンと自分自身との係りが言語と文体を核としていただけに、ベルクソンの散文の魅力を伝えることのできないもどかしさと己が非力を痛感する日々だった。にもかかわらず、何とか訳稿を完成することができたのは、ひとえに平井の緻密な読解と的確な指摘のお陰である。

翻訳に際しての読解は、「通常の」読解よりもはるかに緊張した読解であって、そのことはしばしば訳者に新たな発見（と彼が思うもの）をもたらす。平井にとって今回『試論』がどのような書物として現れたかについては「解説」をお読み頂くとして、私自身もまた、『試論』という書物について自分が抱いてきたイメージの大きな変動を経験することとなった（因みに、私はあえて平井の「解説」をまったく読むことなくこの文章を綴っている）。ひとことで言えば、『試論』はある意味では他者論（本書二〇六頁参照）と共同体論の書物でもあって、数的多様性と質的多様性の二分法を超えて、「分割できないものの分割＝共有（partage）」というジャン＝リュック・ナンシー的な主題を、「コンパッション」の可能性をはるかに望見しているように、私には思われたのである。そして、『道徳と宗教の二源泉』にいう「絶対的正義」と「祖国」（パトリ）との連関もこの可能性と無関係ではない、と。

別の言葉で言い換えてみよう。「お前より俺のほうが大変なんだから」「俺のほうがお前よりも何倍も苦しんでるんだから」「俺の苦しみに較べればお前の苦しみなんて大したことない」「お前の苦しみに較べれば俺の苦しみなんて大したことない」——私たちは日常の会話のなかでこんな言葉をよく口にする。何気なく聞き流されることもあれば、そこから争いが始まることもあるだろうが、いずれにしても、これらの言葉には実は、私たち各人の実存の全重量が掛っているのであって、まさにそれゆえ、こうしたやりとりは「私」と「他者」との、ひいては民族と民族、国家と国家との果てなき「相剋」（コンフリクト）の汲めども尽きぬ源泉となるのだ。しかし、それを口にする者自身どこかで気づいているように、先の言明には何ら明確な根拠はない。それをベルクソンは、強度と延長、数的多様性と質的多様性との区別を通じて明らかにしたと言えるだろう。ただ、ベルクソン自身、第一次世界大戦に際しては、この区別を恣意的にフランスとドイツの関係に適用して、前者を「枯渇しない精神的エネルギー」、後者を「枯渇する物質的エネルギー」と規定したのだったが。この区別は日本での「近代の超克」論争とも決して無縁ではない。

とはいえ、すでに示唆したように、ベルクソンの根本的意図は二項のこのような峻別に尽きるものではなかった。「常識」もしくは「共通感覚・共通方位」へのベルクソンの不断の依拠は、たとえば感情のように、比較不能で共通部分（更には、分割されたものとしての部分）をもたないものの共通性・共同性を追究しようとするベルクソンの姿勢を明かしている。スピノザにおける「共通観念」の形成のことを思わずにはおれないが、ベルクソンにおいては、「質的差異」は「共通なもの」の反対語ではなく、むしろ「質的差異」が「共通なもの」であるのだ（たとえば、柄谷行人の『トランスクリティーク』はこの点への無理解を示した典型的な論考であろう）。この観点からすると、「苦しみを分かち合う」「歓びを分かち合う」といった表現は、ベルクソンそのひとにとっても、単なる「言語の濫用」、自家撞着を表しているのではない。むしろ逆に、こうした表現によって意味される事態の、粗雑なイメージなき可能性をこそ、ベルクソンは思考しているように、少なくとも私には思えるのだ。

まさに我田引水、ここまで現在の私自身の関心に大きく引き寄せた意見だけを記してきたが、ベルクソンの現代性がそれに尽きるものでないことは言うまでもない。私自身にはそのような力はまったくないが、自然科学の様々な分野でベルクソンの死後に得られた成果を縦横に活用しながら哲学しようとする試みが、いずれ新しき人々のなかから現れるだろうと私は確信している。そしてそのとき、彼あるいは彼女を勇気づけてくれる過去の哲学者のひとりがまさにベルクソンであるとも。更には、かつてベルクソンの教説がシャルル・ペギーや『暴力論』の著者ジョルジュ・ソレルを魅了したように、今後もそれが数々の異端児たちを生み出すことになるだろうとも。

そんな思いもあって、私としては、ベルクソンの他の諸著作についても、「ちくま学芸文庫」の一環として今後も新訳を世に問うていきたいと考えている。もちろん、若き研究者たちの協力を得ながら、であるが。本書についてのみならず、この企画についても、忌憚のないご意見、ご批判をお聞かせ頂ければ幸いである。末筆ながら、「ちくま学芸文庫」編集部の渡辺英明さんと天野裕子さんに心よりお礼を申し上げます。どうもありがとうございました。

二〇〇二年四月一三日

合田正人（訳者を代表して）

本書は、「ちくま学芸文庫」のために新たに訳出したものである。

ベンヤミン

ケイギル／コールズ／アピニャネジ
久保哲司訳

〈批評〉を哲学に変えた思想家ベンヤミン。親和力、多孔質、アウラ、廃墟などのテーマを通してその思想の迷宮をわかりやすく解説。詳細な年譜・文献付。

ビギナーズ 哲学

デイヴ・ロビンソン文
ジュディ・グローヴズ画
鬼澤忍訳

初期ギリシャからポストモダンまで。社会思想や科学哲学も射程に入れ、哲学史を見通すビジュアルガイド。哲学が扱ってきた問題が浮き彫りになる！

ビギナーズ 倫理学

デイヴ・ロビンソン文
クリス・ギャラット画
鬼澤忍訳

正義とは何か？ なぜ善良な人間であるべきか？ 倫理学の重要論点を見事に整理した、道徳的カオスの中を生き抜くためのビジュアル・ブック。

ビギナーズ『資本論』

マイケル・ウェイン
チェ・スンギョン画
鈴木直監訳 長谷澪訳

『資本論』は今も新しい古典だ！ むずかしい議論や概念を、具体的な事実や例を通してわかりやすく読み解き、今読まれるべき側面を活写する。（鈴木直）

宗教の哲学

ジョン・ヒック
間瀬啓允／稲垣久和訳

古今東西の宗教の多様性と普遍性は、究極的実在に対する様々に異なるアプローチであり応答である。「宗教的多元主義」の立場から行う哲学的考察。

自我論集

ジークムント・フロイト
竹田青嗣編
中山元訳

フロイト心理学の中心、「自我」理論の展開をたどる新編・新訳のアンソロジー。「快感原則の彼岸」「自我とエス」など八本の主要論文を収録。

明かしえぬ共同体

モーリス・ブランショ
西谷修訳

G・バタイユが孤独な内的体験のうちに失うという形で見出した〈共同体〉。そして、M・デュラスが描いた奇妙な男女の不可能な愛の〈共同体〉。

フーコー・コレクション
（全6巻＋ガイドブック）

ミシェル・フーコー
小林康夫／石田英敬／
松浦寿輝編

20世紀最大の思想家フーコーの活動を網羅した『ミシェル・フーコー思考集成』。その多岐にわたる思考のエッセンスをテーマ別に集約する。

フーコー・コレクション1
狂気・理性

ミシェル・フーコー
小林康夫／石田英敬／
松浦寿輝編

第1巻は、西欧の理性がいかに狂気を切りわけてきたかという最初期の問題系をテーマとする諸論考。〝心理学者〟としての顔に迫る。（小林康夫）

フーコー・コレクション2　文学・侵犯
ミシェル・フーコー　小林康夫／石田英敬／松浦寿輝編
狂気と表裏をなす「不在」の経験として、文学がフーコーによって読み解かれる。人間の境界＝極限を、その言語活動に探る文学論。（小林康夫）

フーコー・コレクション3　言説・表象
ミシェル・フーコー　小林康夫／石田英敬／松浦寿輝編
ディスクール分析を通しフーコー思想の重要概念も精緻化されていく。『言葉と物』から『知の考古学』へ研ぎ澄まされる方法論。（松浦寿輝）

フーコー・コレクション4　権力・監禁
ミシェル・フーコー　小林康夫／石田英敬／松浦寿輝編
政治への参加とともに、フーコーの主題として「権力」の問題が急浮上する。規律社会に張り巡らされた巧妙なるメカニズムを解明する。（松浦寿輝）

フーコー・コレクション5　性・真理
ミシェル・フーコー　小林康夫／石田英敬／松浦寿輝編
どのようにして、人間の真理が〈性〉にあるとされてきたのか。欲望的主体の系譜を遡り、「自己の技法」の主題へと繋がる論考群。（石田英敬）

フーコー・コレクション6　生政治・統治
ミシェル・フーコー　小林康夫／石田英敬／松浦寿輝編
西洋近代の政治機構を、領土・人口・治安など、権力論から再定義する。近年明らかにされてきたフーコー最晩年の問題群を読む。（石田英敬）

フーコー・コレクション　フーコー・ガイドブック
ミシェル・フーコー　小林康夫／石田英敬／松浦寿輝編
20世紀の知の巨人フーコーは何を考えたのか。主要著作の内容紹介・本人による講義要旨・詳細な年譜で、その思考の全貌を一冊に完全集約！

マネの絵画
ミシェル・フーコー　阿部崇訳
19世紀美術史にマネがもたらした絵画表象のテクニックとモードの変革を、13枚の絵で読解。フーコーの伝説的講演録に没後のシンポジウムを併録。

間主観性の現象学　その方法
エトムント・フッサール　浜渦辰二／山口一郎監訳
主観や客観、観念論や唯物論を超えて「現象」そのものを解明したフッサール現象学の中心課題。現代哲学の大きな潮流「他者」論の成立を促す。本邦初訳。

間主観性の現象学Ⅱ　その展開
エトムント・フッサール　浜渦辰二／山口一郎監訳
フッサール現象学のメインテーマ第Ⅱ巻。自他の身体の構成から人格的生の精神共同体までを分析し、真の関係性を喪失した孤立する実存の限界を克服。

間主観性の現象学Ⅲ　その行方
エトムント・フッサール
浜渦辰二／山口一郎監訳

間主観性をめぐる方法、展開をへて、その究極の目的（行方）が、真の人間性の実現に向けた普遍的目的論として呈示される。壮大な構想の完結篇。

内的時間意識の現象学
エトムント・フッサール
谷　徹　訳

時間は意識のなかでどのように構成されるのか。哲学・思想・科学に大きな影響を及ぼしている名著の新訳。詳密な訳注を付し、初学者の理解を助ける。

風土の日本
オギュスタン・ベルク
篠田勝英訳

自然を神の高みに置く一方、無謀な自然破壊をする日本人の風土とは何か？　フランス日本学の第一人者による画期的な文化・自然論。（坂部恵）

ベンヤミン・コレクション1
ヴァルター・ベンヤミン
浅井健二郎編訳
久保哲司訳

ゲーテ『親和力』論、アレゴリー論からボードレール論を経て複製芸術論まで、ベンヤミンにおける近代の意味を問い直す、新訳のアンソロジー。

ベンヤミン・コレクション2
ヴァルター・ベンヤミン
浅井健二郎編訳
三宅晶子ほか訳

中断と飛躍を恐れぬ思考のリズム、巧みに布置された理念やイメージ。手仕事的細部に感応するエッセイの思想の新編・新訳アンソロジー、第二集。

ベンヤミン・コレクション3
ヴァルター・ベンヤミン
浅井健二郎編訳
久保哲司訳

過去／現在を思いだすこと——独自の歴史意識に貫かれた《想起》実践の各篇「一方通行路」「ドイツの人びと」「ベルリンの幼年時代」などを収録。

ベンヤミン・コレクション4
ヴァルター・ベンヤミン
浅井健二郎編訳
土合文夫ほか訳

〈批評の瞬間〉における直観の内容をきわめて構成的に叙述したベンヤミンの諸論考——初期の哲学的思索から同時代批評まで——を新訳で集成。

ベンヤミン・コレクション5
ヴァルター・ベンヤミン
浅井健二郎編訳
土合文夫ほか訳

文学、絵画、宗教、映画——主著と響き合い、新たな光を投げかけるベンヤミン〈思考〉の断片を立体的に集成。新編・新訳アンソロジー、待望の第五弾。

ベンヤミン・コレクション6
ヴァルター・ベンヤミン
浅井健二郎編訳
久保哲司ほか訳

ソネット、未完の幻想小説風短編など、ベンヤミンの知られざる創作世界を収録。『パサージュ論』成立の背後を明かすメモ群が注目の待望の第六弾。

ベンヤミン・コレクション7
ヴァルター・ベンヤミン
浅井健二郎編訳

文人たちとの対話を記録した日記、若き日の履歴書、死を覚悟して友人たちに送った手紙——20世紀を代表する評論家の個人史から激動の時代精神を読む。

ドイツ悲劇の根源（上）
ヴァルター・ベンヤミン
浅井健二郎訳

〈根源〉へのまなざしが、〈ドイツ・バロック悲劇〉という天窓を通して見る、存在と歴史の〈星座〉〈状況布置〉。ベンヤミンの主著の新訳決定版。

ドイツ悲劇の根源（下）
ヴァルター・ベンヤミン
浅井健二郎訳

上巻「認識批判的序章」「バロック悲劇とギリシア悲劇」に続けて、下巻は「アレゴリーとバロック悲劇」に、関連の参考論文を付して、新編でおくる。

パリ論／ボードレール論集成
ヴァルター・ベンヤミン
浅井健二郎編訳
久保哲司／土合文夫訳

『パサージュ論』を構想する中で書きとめられた膨大な覚書を中心に、パリをめぐる考察を一冊に凝縮。ベンヤミンの思考の核を明かす貴重な論考集。

意識に直接与えられたものについての試論
アンリ・ベルクソン
合田正人／平井靖史訳

強度が孕む〈質的差異〉、自我の内なる〈多様性〉からこそ、自由な行為は発露する。後に『時間と自由』の名で知られるベルクソンの第一主著。新訳。

物質と記憶
アンリ・ベルクソン
合田正人／松本力訳

観念論と実在論の狭間でイマージュへと焦点があてられる。心脳問題への関心の中で、今日さらに重要性が高まる、フランス現象学の先駆的著書。

創造的進化
アンリ・ベルクソン
合田正人／松井久訳

生命そして宇宙は「エラン・ヴィタル」を起爆力に、自由な変形を重ねて進化してきた——。生命概念を刷新したベルクソン思想の集大成的主著。

道徳と宗教の二つの源泉
アンリ・ベルクソン
合田正人／小野浩太郎訳

閉じた道徳／開かれた道徳、静的宗教／動的宗教への洞察から、個人のエネルギーが人類全体の倫理的行為へ向かう可能性を問う。最後の哲学的主著新訳。

笑い
アンリ・ベルクソン
合田正人／平賀裕貴訳

「おかしみ」の根底には何があるのか。主要四著作に続き、多くの読者に読みつがれてきた本著作の最新訳。主要著作との関連も俯瞰した充実の解説付。

社会学的想像力　C・ライト・ミルズ　伊奈正人／中村好孝訳
なぜ社会学を学ぶのか。抽象的な理論や微細な調査に明け暮れる現状を批判し、個人と社会を架橋する学という原点から問い直す重要古典、待望の新訳。

パワー・エリート　C・ライト・ミルズ　鵜飼信成／綿貫譲治訳
エリート層に権力が集中し、相互連結しつつ大衆社会を支配する構図を詳細に分析。世界中で読まれる階級論・格差論の古典的必読書。（伊奈正人）

メルロ＝ポンティ・コレクション　モーリス・メルロ＝ポンティ　中山元編訳
意識の本性を探究し、生活世界の現象学的記述を実存主義的に企てたメルロ＝ポンティ。その思想の粋を厳選して編んだ入門のためのアンソロジー。

知覚の哲学　モーリス・メルロ＝ポンティ　菅野盾樹訳
時代の動きと同時に、哲学自体も大きく転身した。それまでの存在論の転回を促したメルロ＝ポンティ哲学と現代哲学の核心を自ら語る。

精選　シーニュ　モーリス・メルロ＝ポンティ　廣瀬浩司編訳
メルロ＝ポンティの代表的論集『シーニュ』より重要論考のみを厳選し、新訳。精確かつ平明な訳文と懇切な注釈により、その真価が明らかとなる。

悪魔と裏切者　山崎正一　串田孫一
ルソーとヒュームのどうしようもないケンカの記録。いったいこの人たちはなぜ……。二人の大思想家の常軌を逸した言動を読む。（重田園江）

われわれの戦争責任について　カール・ヤスパース　橋本文夫訳
時の政権に抗いながらも「侵略国の国民」となってしまった人間は、いったいにどう戦争の罪と向き合えばよいのか。戦争責任論不朽の名著。（加藤典洋）

哲学入門　バートランド・ラッセル　高村夏輝訳
誰にも疑えない確かな知識など、この世にあるのだろうか。近代哲学が問い続けてきた諸問題を、これ以上なく明確に説く哲学入門書の最高傑作。

論理的原子論の哲学　バートランド・ラッセル　高村夏輝訳
世界は原子的事実で構成され論理的分析で解明しうる——急速な科学進歩の中で展開する分析哲学。現代哲学史上あまりに名高い講演録、本邦初訳。

現代哲学
バートランド・ラッセル　高村夏輝訳
世界の究極的あり方とは？　そこで人間はどう描けるのか？　現代哲学の始祖が、哲学と最新科学の知見を総動員。統一的な世界像を提示する。本邦初訳。

存在の大いなる連鎖
アーサー・O・ラヴジョイ　内藤健二訳
西洋人が無意識裡に抱き続けてきた「存在の大いなる連鎖」という観念。その痕跡をあらゆる学問分野に探り「観念史」研究を確立した名著。（高山宏）

自発的隷従論
エティエンヌ・ド・ラ・ボエシ　山上浩嗣訳　西谷修監修
圧制は、支配される側の自発的な隷従によって永続する——支配・被支配構造の本質を喝破した古典的名著。20世紀の代表的な関連論考を併録。（西谷修）

自己言及性について
ニクラス・ルーマン　土方透／大澤善信訳
国家、宗教、芸術、愛……。私たちの社会を形づくるすべてを動態的・統一的に扱う理論は可能か？　20世紀社会学の頂点をなすルーマン理論への招待。

中世の覚醒
リチャード・E・ルーベンスタイン　小沢千重子訳
中世ヨーロッパ、一人の哲学者の著作が人々の思考様式と生活を根底から変えた——。「アリストテレス革命」の衝撃に迫る傑作精神史。（山本芳久）

レヴィナス・コレクション
エマニュエル・レヴィナス　合田正人編訳
人間存在と暴力について、独創的な倫理にもとづく存在論哲学を展開し、現代思想に大きな影響を与えているレヴィナス思想の歩みを集大成。

実存から実存者へ
エマニュエル・レヴィナス　西谷修訳
世界の内に生きて「ある」とはどういうことか。存在は「悪」なのか。初期の主著にしてアウシュヴィッツ以後の哲学的思索の極北を示す記念碑的著作。

倫理と無限
エマニュエル・レヴィナス　西山雄二訳
自らの思想の形成と発展を、代表的著作にふれながら語ったインタビュー。平易な語り口で、自身によるレヴィナス思想の解説とも言える魅力的な一冊。

仮面の道
C・レヴィ＝ストロース　山口昌男／渡辺守章／渡辺公三訳
北太平洋西岸の原住民が伝承する仮面。そこに反映された神話世界を、構造人類学のラディカルな理論で切りひらいて見せる。増補版を元にした完全版。

ちくま学芸文庫

意識《いしき》に直接《ちょくせつ》与《あた》えられたものについての試論《しろん》

二〇〇二年六月　十　日　第一刷発行
二〇二五年二月二十五日　第十刷発行

著　者　アンリ・ベルクソン
訳　者　合田正人（ごうだ・まさと）
　　　　平井靖史（ひらい・やすし）

発行者　増田健史
発行所　株式会社　筑摩書房
東京都台東区蔵前二―五―三　〒一一一―八七五五
電話番号　〇三―五六八七―二六〇一（代表）
装幀者　安野光雅
印刷所　株式会社精興社
製本所　株式会社積信堂

ISBN978-4-480-08705-8 C0110